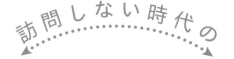

訪問しない時代の

営業力強化の教科書

営業×マーケティング統合戦略

株式会社セールスフォース・ドットコム／
株式会社パーソル総合研究所 共著／渥美英紀 編著

《 Sales×Marketing 》

SHOEISHA

はじめに

訪問しない時代の営業×マーケティングに向けて

　新型コロナウイルス対策の影響で、営業環境は大きく様変わりしました。

　これまでの営業訪問を前提とした商談の組み立て方は通じなくなってきています。オンラインでの商談がメインとなり、アポイントの取り方もプレゼンテーションのやり方も影響を受けています。それらの変化に伴い、営業の準備、営業の指導の仕方、営業マネジメントの方法も変わっていく必要があります。しかしながら、まだまだ新しい仕組みを確立できていない営業組織も多いのではないかと思います。

　また、マーケティングの環境も一変しています。訪問型の営業が難しくなる中、リード獲得への期待の高まりはこれまで以上のものとなっています。それまで重要な役割を占めていたリアルイベントやセミナーといった従来手法がそのまま活用できず、郵送によるダイレクトメールも、お客様がテレワーク環境に移行している状態では開いてもらえる確証すらありません。Webを中心としたマーケティング施策の展開やMA（マーケティングオートメーション）の本格的な活用が急務となっています。

　私たちがご支援する会社では、営業とマーケティングが一体となった活動が準備できていた会社では新しい環境への適用に向けてアクセルを踏むことができましたが、準備がまだ整っていない会社や事業部ではアクセルを踏みたくても踏めませんでした。本書を手に取っていただいたみなさまの中にも、変化に対応しようと試みたのに、なかなかうまく推進することができずに苦い思いをした人も多いのではないでしょうか？

　アクセルを踏めなかった会社の特徴は、次のようなものです。

マーケティング的な要因

- Webセミナーをやろうにも、集客のもととなる母集団・データベースがない
- 広告を強化しようとしても、今までの実績がなく予算が承認されない
- Webサイトを強化しようとしてもコンテンツのネタに乏しい

営業的な要因

- 営業の活動内容がオンライン化でよく分からなくなった
- 営業担当に適切なアドバイスをしようにも、対面で行っていたような指導やOJT

ができない

- お客様の変化に合わせた新しいサービスやその商談の準備ができていない

複合的な要因

- 営業とマーケティングの役割分担がうまくできていない、そもそも機能がうまく分かれていない
- 営業とマーケティングの手法やメッセージがちぐはぐで、一貫した施策になっていない
- 営業やマーケティングのシステムの整備や連携ができていない

　これらは、それぞれ個々に対策を考えていても、すぐに解決できるものではありません。また、SFA（営業支援システム）を導入する、MAを導入するといった単一のシステムのみを刷新しても、統合的な解決が期待できるわけではありません。変化のスピードが速すぎたために、課題にひとつずつ対処していっても間に合わなかったのです。

　逆に、アクセルを踏むことができた会社は、営業とマーケティングの仕組みが確立し、一定の軌道に乗っていた会社です。営業とマーケティングが高度に分業し、連動がうまくいっており、システム活用も浸透している会社です。戦略、システム、組織、計画、体制、様々な要素が一枚岩になって変化に対応できています。戦略の実行体制ができあがっているということもできます。

　この危機に直面することで、営業とマーケティングについて統合的な力がついているかが否応なく試されました。その結果、新しい時代に向けた営業×マーケティングの準備状況の成熟度が鮮明になるきっかけとなりました。これは角度を変えてみれば、変化への対応がうまくいかなかった会社にとっては、抜本的な見直しのチャンスであると感じています。

　そこで、本書はこれから訪れるであろう"訪問しない営業"がメインとなる時代に向けての指南書として企画しました。もちろん訪問しないからといって営業という機能がなくなるわけではありませんし、すべてのやり方が変わるわけではありません。営業戦略の立て方や商談の組み立て方など、本質的に変わらない考え方もあります。良き考え方や活用できるフレームワークは活かし、往年のフレームワークであっても"訪問しないこと"を前提に考え直すことで、自社のあるべき姿を改めて問い直すきっ

けになります。また、積極的にシステムやWebマーケティングを活用することも必須です。それら営業とマーケティングを横断する要素を捉えながら、統合的な未来を見据えたシステムや組織の在り方にも着目して本書を構成しています。

本書の使い方

　本書では、営業戦略や営業研修、営業人材育成の分野で30年以上の実績の「株式会社パーソル総合研究所」、SFAやMA分野で世界でも有数の実績をもつ「株式会社セールスフォース・ドットコム（以下、Salesforce）」、BtoB分野のWebマーケティングに深い造詣をもつ「株式会社ウィット」、この3社が参画し、それぞれ最前線で問題解決に当たっている立場から、惜しみなくノウハウを提供しています。

　10のテーマは、「営業戦略」「営業マネジメント」「営業スキル」「営業人材の育成」「SFA」「MA」「インサイドセールス」「カスタマーサクセス」「マーケティング」「統合的戦略に向けたロードマップ」となっています。営業とマーケティングを統合的に捉え、これ1冊で全体像がつかめるほど網羅的な内容になっています。

　また、営業×マーケティングの分業体制として支持を得ている「The Model」について、その考案・推進をしてきたSalesforceが自ら解説しています。先駆的なモデルを学び、自社にあったモデルを検討するにはうってつけの、まさに"教科書"になったと思います。

　各章の執筆者が異なることから、関連するテーマについて各社それぞれの立場からの視点でノウハウが提供されているものがあります。例えば、「パイプラインマネジメント」は、営業マネジメントから見た場合、SFAから見た場合、インサイドセールスから見た場合など、様々な角度からのアプローチがあります。これらの捉え方は、読者の営業環境や現在の成熟度によっても正解が異なる側面があることから、本書では、無理に整合性を取るようなことはせず、それぞれ専門の立場からの意見・主張を尊重しています。必ずしも主張が一致しない部分はあるかもしれませんが、それは完全な正解というものがまだ存在しないテーマでもあるということです。こういったテーマは、様々な考える視点を知ることが重要であり、納得度の高い著者の章をよく読むことで自分にとっての視点を作る良い学びになるはずです。

基礎を深く、分かりやすく

　営業戦略といっても必ずしも営業担当だけの問題ではありません。営業出身の人、マーケティング出身の人、畑の違う分野から転籍してくる人、マネジャー層や経営層、どの職種につくべきか悩んでいる求職者などなど様々な属性が考えられます。企業にとって「売上を上げる」ことは、多くの人が関わるテーマです。そのため、営業を取り巻くあらゆる人に分かりやすいように、各章は10節で構成し、それぞれのテーマを図と文章の見開きで読み切れるようにしています。

　それぞれのページは、読む人の立場により、基礎的と感じる人もいれば新しいテーマだと感じる人もいるかもしれません。ここで重要なことは、様々な立場の人の土台としての知識や理解が揃うことです。統合的な戦略を考えるには、自分だけのテリトリーではなく、網羅的な知識と理解が不可欠です。共通の理解があることで、それぞれの企業にとって正確な議論がしやすくなります。具体的な現場レベルでの情報のすり合わせや、施策立案、その他ディスカッションにおいて、建設的な議論を促します。

　また、コンパクトに小さなテーマがまとまっていることで、活用の幅が広がります。例えば、朝礼や書籍の輪読、アイデア出しのテーマやディスカッション前の基本資料など、様々なシーンで手軽に共有できます。知識の土台としてだけでなく、ぜひ実践の場で本書が活用されることを願っております。

　急速な環境変化が、統合的に「営業×マーケティング」を考える必要性を投げかけています。ぜひ、この難局に立ち向かうことで、強靭な営業モデルを確立する、そういう可能性にチャレンジしていただければと思います。本書がその新しいチャレンジの一助になれば幸いです。

著者代表　渥美英紀

CONTENT

Chapter

1

営業戦略

組織としての営業戦略の立案に必要な、3C、ターゲティング、SWOT分析、BSCといったベーシックなフレームワークを構造的に押さえた上で、戦略の実行を促進するコミュニケーションについて解説します。更に個々の顧客戦略への展開とKPIの設定、SFA/CRMを活用したABMの実践について紹介します。

Writer：河村 亨

1 | 1 | 営業戦略に必要な要素

　まず戦略について認識を合わせましょう。戦略とは「長期的・全体的展望に立った闘争の準備・計画・運用の方法」（大辞林第三版）とあります。よく、「戦略の基本は“選択”と“集中”だ」などといわれますが、そのためにも「長期的」「全体的」に熟考した上で、効果が期待できる施策に集中していくのです。本節では上記のような“熟考”を効率的に行うための、スタンダードな戦略のフレームワークとその組み合わせ方について解説します。

▶ **3C分析（課題の整理）**　3C分析とは「Customer（お客様）」「Company（自社）」「Competitors（競合）」の略で **図1**、戦略立案に向けた環境要因を分析します。その使い方としては、まず「お客様の求める価値」は何か、それはどのように「変化しているか」を考え、それに対して、自社は対応できているか（可能か）、競合は対応できているか（可能か）を考えます。そしてお客様の求める「価値」や「変化」に自社が対応できていなければ、明確な課題となります。更に、競合が対応できていたとしたら深刻度は増しますし、価値提供を諦めなければならなくなるかもしれません。それら課題の中から、成果を上げるためには、何を解決、達成しなければならないかを考え、戦略課題として、優先順位をつけていきます。

▶ **ドメイン（方向性の確認）**　3Cで抽出した戦略課題の優先順位をつけるために「ドメイン」を考えてみます **図2**。まず「ターゲット」を明確にし、その「ターゲット」に対しての提供価値を考えます。その際営業部門としてだけでなく、会社や事業として提供している価値（バリュープロポジション）も考えます。そしてその提供価値を実現するために今持っている、またはこれから身につけなければならないコアコンピタンスを考えます。

▶ **SWOTクロス分析（戦略内容の検討）**　次に、具体的な打ち手を考える方法として「SWOTクロス分析」があります **図3**。これは3C分析で整理した「強み：Strength」「弱み：Weakness」、「機会：Opportunity」と「脅威：Threat」を掛け合わせ、「強みを活用して機会をとらえるために何をするのか」「弱みによって機会を逃さないために何をするのか」「強みを活用して脅威を排除するために何をするのか」「弱みによって脅威を増大させないために何をするのか」を考えます。

▶ **BSC（戦略目標の設定）**　SWOTクロス分析で出した「打ち手」の候補から、「何」を「どれくらい」やるのか「戦略目標」としてまとめます。その際にBSC（バランスドスコアカード）の考え方を使いまとめていきます（詳しくは1-7で解説）。

図1 3C 分析（課題の整理）

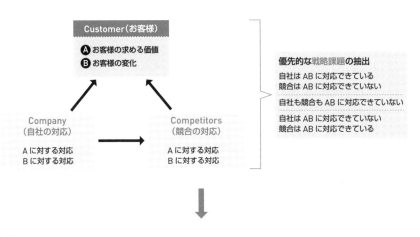

Customer（お客様）
- Ⓐ お客様の求める価値
- Ⓑ お客様の変化

Company（自社の対応）
A に対する対応
B に対する対応

Competitors（競合の対応）
A に対する対応
B に対する対応

優先的な戦略課題の抽出

自社は AB に対応できている
競合は AB に対応できていない

自社も競合も AB に対応できていない

自社は AB に対応できていない
競合は AB に対応できている

図2 ドメイン（方向性の確認）

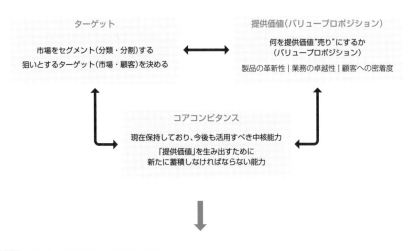

ターゲット
市場をセグメント（分類・分割）する
狙いとするターゲット（市場・顧客）を決める

提供価値（バリュープロポジション）
何を提供価値"売り"にするか
（バリュープロポジション）
製品の革新性｜業務の卓越性｜顧客への密着度

コアコンピタンス
現在保持しており、今後も活用すべき中核能力
「提供価値」を生み出すために
新たに蓄積しなければならない能力

図3 SWOT クロス分析（戦略内容の検討）

	機会	脅威
強み	**強み × 機会** 強みを活用して機会をとらえるために何をするのか	**強み × 脅威** 強みを活用して脅威を排除するために何をするのか
弱み	**弱み × 機会** 弱みによって機会を逃さないために何をするのか	**弱み × 脅威** 弱みによって脅威を増大させないために何をするのか

1 | 2 | 戦略は作るだけでは遂行されない

　本戦略実行に向けて、「理解」「納得」「実行」「定着」という流れがありますが**図1**（'11年弊社白書より）、実は「納得」以前に戦略が正しく理解されていないケースが多いです。本節では「**フレームワーク**」と「**自己決定**」というキーワードからその解決策を解説します。

　よく「戦略的な新商品が売れない」といったケースがあります。本来であれば"売りやすい"はずですが、新商品だけに初期不具合や故障があるかもしれない、サポートが追いつかないかもしれない、何より自分自身が新しい商品知識を覚えられないなどの先入観や不安から営業担当者が売ろうとしないのです。その結果、単に新商品が売れないだけでなく、新たなポジションの獲得という戦略的な目的に対して、十分な取り組みがなされないままにその可能性が摘まれてしまうのです。

　こういった営業担当者の不安が妥当なものでしたら、ある意味仕方がないのですが、問題なのは、間違った理解や不十分な理解によって（それゆえに）納得していないというケースです。

　例えば、過去の失敗の教訓からこの新商品は不具合やサポート、専門的知識に対応するために、専門スタッフによる支援体制を万全に整え、営業担当者はお客様との接点機会を作るだけでよかったとします。それをいくら説明しても理解をしないままでは「前にやったが、ダメだった」という記憶の引き出しに入ってしまい、その後何度いっても理解されません。

　こういった状況を防ぐためには、最終的な"答え"としての"指示"を出すのではなく、「自己決定」する余地を残し、そこに向かって思考させるようにするのです。よくマネジメントの世界でいわれる「コーチング」と同じ考えです。しかし「考えた結果それはやらないほうが良いと思います」などと「決定」されてはいけないので、適正な結論に導くための、考え方の枠組みやプロセスを示しておきます。それが「フレームワーク」です**図2**。

　例えば、部門の戦略を考える際にメンバーも巻き込んで一緒に考えさせます。普通は既存商談の積み上げで目標に届くことはないので、「新商品をどう活用しようか」という話になります。

　マネジャーは前節で説明したような、フレームワークに基づき、「まず考えさせる問いかけ」を行い、条件をつけたり外したりしながら「思考を助ける問いかけ」を行い、"適正な結論"に導いていきます。そして「やることを合意する問いかけにより」結論とアクションを引き出します。これにより、メンバーからは思考による正しい"理解"と自ら考えたことによる"納得"を引き出すことができるようになります**図3**。

図1 「戦略実行の段階」と「理解と納得の関係」

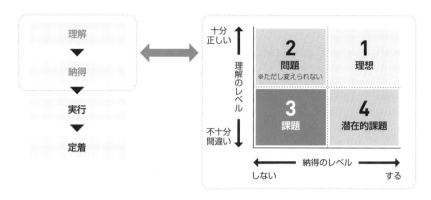

図2 「思考させるコミュニケーション」に必要な「自己決定」と「フレームワーク」

自己決定	フレームワーク
実行者自身に考えさせ、オーナーシップを醸成しコミットメントを引出す対話の進め方・問いかけ（まず考えさせる問いかけ／思考を拡大させる多角的な問いかけ／結論とアクションを引き出す問いかけ） もし、自己決定がないと… （実行者としての実感がない中での会話になるので）	限られた時間・制約の中で効率的に対話しゴール到達するための方法論（共通言語・認識／帳票／ワークシート／ファシリテーション） もし、共通のフレームワークがないと…
❶ 聞くだけで対話する必然性がないのでコミュニケーションの総量が減る ❷ 実行しているイメージが想像されず理解が進まない ❸ べき論からくる現実的でない施策が盛り込まれる	❶ 何をどう話を進めていいか分からずコミュニケーションの総量が減る ❷ 課題が整理できず、理解が進まない ❸ 概念的な話に終始し、具体化しない、話がループ ❹ 本来的目的と連動しない偏った施策展開となる

図3 問いかけによる「思考させるコミュニケーション」の実現

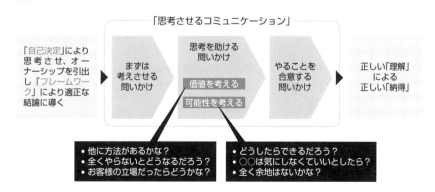

1 | 3 | 営業とマーケティングの統合戦略

　本節では営業とマーケティングの統合戦略を考える上で、スタンダードになりつつある「セールスイネーブルメント（Sales Enablement）」や「セールステック（Sales Tech）」というキーワードを交えて、その本来的な意味合いと、有効に連携させるためのポイントを解説します。

　セールスイネーブルメントというと最近では「セールスを早期に戦力化するための一連のしくみ」という考え方も広まっていますが、本来的には「顧客の購買のプロセスに迅速に対応するため、組織全体が連携して営業成果を出すための活動の総称」として用いられており、本章でもこの考え方に沿って解説していきます 図1 。

　まず、顧客の購買プロセスに対応する売り手側の販売プロセスがあり、その中で「マーケティング」が「ウェビナー」や「MA（マーケティングオートメーション）」ツールを活用しながら「リード」と呼ばれる個人情報を獲得し、それを「インサイドセールス」が、電話や「オンライン商談」ツールを活用しながらナーチャリング（育成）や見極めを行います。その後、商談化しそうなリードに関しては、「フィールドセールス」に引き継ぎ（トスアップ）され、「SFA/CRM」ツールを活用しながら商談を成約までもっていく、そして成約後は「カスタマーサクセス」に引き継がれ、継続的取引に向けて、様々な能動的サポートを行います。それらの流れがスムーズに進むように、営業推進部門が必要な支援施策を行ったり、人材開発部門が必要な育成（教育）を行う。そしてそれら全ての取り組みを戦略に基づいて経営や執行部がサポートし、現場でマネジャーがマネジメントするといったことになります。

　ここで重要なのは「部分最適に陥ることなく各機能がシームレスにつながり営業成果を上げるために一貫して取り組む」ことです。よくある課題としては、マーケティングやインサイドセールスがセールステックを駆使して良質なリードをトスアップしてもフィールドセールスが追わず、またはスキルや知識が足りず、成約に至る件数が伸びなかったり、またスキルや知識を教育してもマネジャーが有効にマネジメントできていなかったりと、どこか部分を強化しても、全体の成果にはつながらないといったものです。その原因としては様々なものがありますが（次節でも日本企業特有の課題について触れます）まずは成果が上がるように全体の構想・連動を考えなければなりません 図2 。

　これは営業上の成果を上げるためには「能力」「しくみ」「マネジメント」の3要素が有機的に連動しなければならないことを表しており、例えば教育で教えた内容があるとしたら、その人は「なぜそれをしなければならないのか」というルールや評価面も考慮しなければなりませんし、何よりも日々接しているマネジャーが有効にフォローできなければ行動には結びついていきません。

図1 セールスイネーブルメントの本来的意味

「顧客の購買のプロスに迅速に対応するため、
組織全体が連携して営業成果を出すための活動の総称」
部分最適に陥ることなく各機能がシームレスにつながり営業成果を上げるために一貫して取り組む

図2 セールスイネーブルメントを実現させるための要素

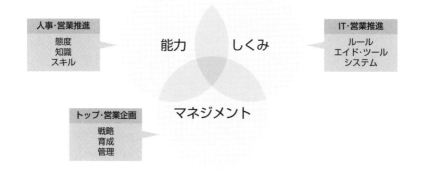

1 | 4 | 営業戦略を考える場合、意識しなければならない営業の型

　セールスイネーブルメントは、よくSaaS企業などで、洗練されたモデルとして紹介されていますが、多くの日本企業の場合、営業組織の形態が追い付いていなく、そのまま真似ようとして混乱しているケースがあります。

　BtoBにおける営業形態の対極的な形として「**プロダクト型**」と「**アカウント型**」があると考えられます **図1**。プロダクト型とは文字通りプロダクトを軸に据えてニーズのある顧客を探し販売するもので、商材は明確であり、対象はより多く（エリアで捉える）、こういった企業には"洗練された分業体制"がよく合います。当然商談のリードタイムは短く、スピードや効率が求められますし、キーパーソンも明確であるため、その人の購買意欲をいかに早く"見極める"かも需要な要素になります。

　アカウント型は顧客（個客）を軸に据えて、その顧客が求めているものを販売するというもので、当然対象顧客数は少なくなり、商材も複合的な「ソリューション」になります。こうした営業形態では、扱う商材も多岐にわたるので、顧客自体をよく理解し、幅広く商談機会を探す「アカウント担当」と、具体的なニーズが顕在化したら、専門的な見地から商談を進める「専門営業」とが協業しながら営業活動していくことが目指す姿となります。商談のリードタイムも長くなり、予算取りから始めるなど、売り手側の都合では商談を早められないことも多いので、いかに適正に進捗を管理するのかが問われます。また「複合ソリューション」であるために、意思決定には多くの部門が関与し、「ボトムアップ」で合意形成がなされていきます。こういった状態では特定のキーパーソンに対応すればよいというわけではなく、意思決定のタイミングで適切な対象にアプローチし、その決定をサポートする必要があります。そのためには「なんとなく」ではなく、日ごろから商談分野ごとの意思決定構造を整理、可視化しておかなければなりません。

　なぜこのようなことになるかというと **図2**、どの企業も最初は「コア製品」に対する「プロダクト型」でスタートするのですが、事業拡大につれ、（特に日本のBtoB企業では）今お取引のある顧客の周辺需要を取りにいくような形で事業拡張を行います。結果として（特にメーカーなどでは）右上の「包括ソリューション」を提供することになり、特に取引の深いお得意様が存在（徐々に拡張）するようになります。

　そして、更に問題なのは上記の経緯から、特に手を打たれることがなく1人の営業担当者に、よく「2:8の法則」と呼ばれる（2割の顧客で売上の8割を上げている）ような"お得意様"とその他の顧客が混在し、混沌としているということです **図3**。

　このような状態では前述のセールスイネーブルメントの体制を整えて、「上質のリードを渡してもフィールドセールスが追わない」という現象が発生し、調べてみたら「フィー

図1 営業活動における"対極"としての営業の「型」

	プロダクト(型)	アカウント(型)
商材(プロダクト範囲)	明確(単一・プロダクト)	不明確(複合・ソリューション)
対象顧客数(ターゲット)	多い(エリア)	少ない(個客)
目指す営業形態	洗練された分業 マーケティング⇒IS⇒FS⇒CS	適正な協業 アカウント担当⇔専門営業
商談のリードタイム	短い(スピード / 効率)	長い(適正 / 管理)
キーパーソン	明確(トップダウン)見極め	不明確(ボトムアップ)整理

IS：インサイドセールス
FS：フィールドセールス
CS：カスタマーサクセス

図2 事業発展に伴うサービス領域の変化

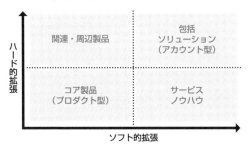

図3 日本企業における営業担当上の課題

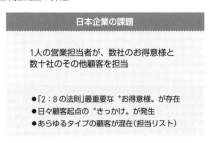

ルドセールスは既存取引のサポートで、8割の工数を取られていた」などということもありました。営業体制を考える際は現状の営業現場の状態がどうなっているかを正しく把握することが重要です。

1 | 5 | アカウント型営業に必要な要素

　日本では新規よりも特定の重要顧客の比重が多く、既存顧客から新たな商談創出を図らなければなりません。特に現在の環境下で新規商談が発生しにくい状況において、営業部門として取り組めることは「既存のお客様の中で、まだ十分に取引していていただけない（伸びしろのある）お客様との取引を拡大する」ということだと思います **図1**（詳細は2-3で解説）。企業規模（購買力）が大きく本来は大きなお取引がいただけるはずなのに、それに見合うお取引がいただけていない（シェアが獲得できていない）お客様に働きかけることになります（図中Bゾーン）。

　そこでは既存の取引のある部門に対して、その部門に違う商材をおすすめしている（クロスセル）場合もあるでしょう。または現在お取引のない部門を新たに開拓するという活動もあるでしょう。そしてそれら活動の中には、相談されたり、お客様から何らかのきっかけをいただく場合と、一から啓発し商談化するという活動もあると思います。更にその中には、今の競合品を自社製品に置き換えていただくものや、事業拡大に合わせて追加購入（需要創出）していただくものもあり、営業担当者には実に複雑な作業が求められます。既存のお客様からのお取引拡大を狙うためには、まずこういった活動の比重（どのような営業行為からどれくらいの売上をいただいているのか）を把握した上で、どのような拡大の可能性があるのか、意図して方針を考えていかなければなりません。

　そして、アカウント型営業を志向する上で、とても大事な営業姿勢として「価値共創型営業」があります **図2**。これは「新需要創出提案」を行うために必要な考え方になります。例えば、工場で使う工作機械を販売すると仮定して、お客様が「生産が追い付かないのでもっと速く処理できる機械が欲しい」と顕在ニーズを口にしたとします。そこにすぐ"飛びつき"「この機械は毎分○○の処理が可能です」などと話をするのではなく、もっとお客様の状況を掘り下げ、トータルとして生産性を上げるためには何が必要かを一緒に考える。更に、「生産が追い付かない」ほどの需要が今後も続くのかも含め、どのような手を打ち続ければよいのかも一緒に考える（または一緒に考える相手として頼りにしていただく）ことが必要で、そのためには"お客様以上にお客様を知り抜く"ことが重要になります。

図1 ターゲティング・ポートフォリオ

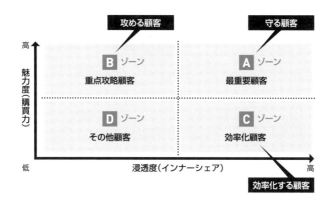

図2 価値共創型営業

高い視座に立ち、本質的・総合的・
将来的課題解決に向けてお客様と共働する営業活動

「価値共創型営業」を展開するためには
"お客様以上にお客様を知り抜く"ことが重要

アカウントプランの必然性

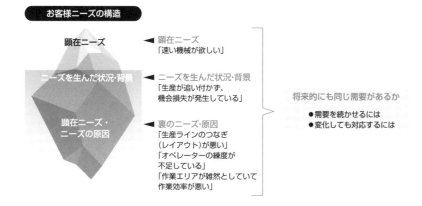

1 | 6 | アカウントプラン

　前節**図1**のBゾーンのような競合の牙城に食い込み、その中でいろいろな部門に対して複雑な活動をするためには、ただ訪問すればよいわけではありません。"お客様以上にお客様を知り抜く"ためにも、綿密な攻略プランである「アカウントプラン」が必要になります。

　アカウントプランは大きく3つの情報領域で構成されます**図1**。

　1つ目はお客様の「事業課題」に関すること。「取引を拡大する」わけですから既存取引の担当窓口の方と同じ目線でニーズを捉えていては、取引拡大は望めません。加えて、BtoBである以上こちらが販売する商材はお客様の事業活動（戦略）の一部として機能するわけですから、お客様の事業課題や戦略を知らずして、営業担当者は務まりません。そこでお客様を中心に据えた3C（お客様と、お客様のお客様、お客様の競合）の枠組みの中で、お客様の抱えている課題を仮説し、常々お客様と共有しておく必要があります。

　2つ目は、「顧客内ホワイトエリア」です。一言で「伸びしろのあるお客様」といっても、実際にどのような「伸びしろ」があるのか、具体的にイメージできていなければなりません。そこで（一例として）自社とお取り引きいただける可能性のある「部門」はどこか、どのような「商材」であれば可能性があるのかを、あらかじめ可視化しておく必要があります。営業担当者の"頭の中"ではこのような想像はしているはずですが、それを明確な仮説として可視化することによって、既存取引部門に新商材（クロスセル）を仕掛けるのか、同じような役割を持った別の部門を紹介してもらうのかなどの打ち手が出てくるのです。そしてそれらの仮説は、商談が発生していようがしていまいが、「仮説ストック」として明文化しておく必要があります。お客様がせっかくニーズらしき言葉を発しているのに、それを"スルー"してしまうか、"タイムリーに反応"できるかは、営業担当者の"感性"ではなく、こうした仮説ストックをどれだけ蓄えているか（明文化して常に意識しているか）によるのです。

　3つ目は「意思決定関係者情報」です。前述のように「事業課題」に対応するのですから、その意思決定には多くの方が（部門をまたいでそれぞれの事情や思惑をもって）関係してきます。当然こういった情報も「キーパーソン」として、営業担当も十分"頭の中で"意識していることと思いますが、実際に書き出してみると実に多くの人が意思決定に影響を与えていることが分かります。またそれらの構成メンバーは「事業課題」ごとに違ってきます。そういったものを漠然と頭の中でイメージしているのではなく、明文化して具体的に攻略のシナリオを考える必要があります。

図1 「アカウントプラン」の構成要素

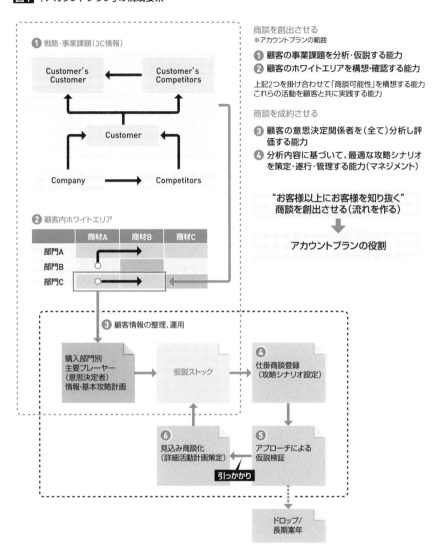

商談を創出させる
※アカウントプランの範囲

① 顧客の事業課題を分析・仮説する能力
② 顧客のホワイトエリアを構想・確認する能力

上記2つを掛け合わせて「商談可能性」を構想する能力
これらの活動を顧客と共に実践する能力

商談を成約させる

③ 顧客の意思決定関係者を（全て）分析し評価する能力
④ 分析内容に基づいて、最適な攻略シナリオを策定・遂行・管理する能力（マネジメント）

"お客様以上にお客様を知り抜く"
商談を創出させる（流れを作る）

↓

アカウントプランの役割

1 | 7 | 営業戦略の可視化

　1-1に関連し、戦略とそのつながりを論理的に示す方法としてBSC（バランスドスコアカード）の「戦略マップ」があります。

　昨今の「テレワークの進展」に対して「離れている社員の仕事の進捗をどう管理するのか」というマネジャーの不安がよく聞かれますが、これは"進捗"が管理できないのではなく、（訪問件数や提案数など）会社から与えられているKPIが"自分ものになっていない"、それで最終的な成果が上がるのかの道筋が実感できていないことに起因していると思われます。現場では今期の数字だけでなく、将来への種まきも含めマネジメントしていかなければなりません。そのためにはトップだけでなくミドルも含めた、バランスの良い戦略の構想力、成果へのつながり（トレーサビリティー）、意味ある進捗（KPI）マネジメントが必要になります。

　そこで、十数年前に非常に流行し、今なお戦略フレームワークのスタンダードとなっているBSCの考え方を活用して、部門戦略を可視化・展開する方法を解説します。

　トレーサビリティーを担保する上で重要なのは、目標（KPI）の因果関係が論理的につながっていることになります。BSCでいうと**図1**、最終的な「財務の視点」の成果を上げるためには、「顧客の視点」でどのような価値をお客様に提供し、どのような評価をいただくのかを想定します。そして、その評価をいただくためには「業務プロセスの視点」で"何をするのか"、それらを実行するために「学習と成長の視点」でどのような"実行力"をつけるのかを考えます。この一連の目標を「戦略群」と呼びそのストーリーに納得性があればトレーサビリティーも上がってきます。そしてその戦略群は、最終的な財務的成果に対してイコールになるようにその構成要素を分解（セグメント）して設定します。営業の場合は前述の「ターゲティング・ポートフォリオ」の顧客ゾーンごとに設定するのが良いでしょう（2-3参照）。

　そしてそれら戦略群を**図2**のように大きくテーマ展開します。この時に、取り組むべきことばかり書いてとてもやりきれないものになったり、総花的でメリハリのないものを作ってしまいがちです。何かを「増力化」するためには、そのリソースを確保するために「省力化」する必要があります。必ずセットで議論し、メリハリのある戦略展開を図らなければなりません。

　そして、各視点の戦略群のテーマに対して、更に具体的な目標（KPI）を設定していきます。この段階でもまだ部門として追っていく「目標」になりますので、この後、更に具体的な「施策」として「実行計画書」を作成し、各営業担当者に割り振っていきます**図3**（2-2参照）。

図1 戦略の全対象とBSC

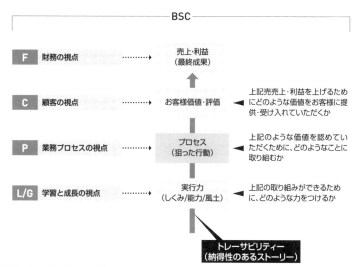

F	財務の視点	·········▶	売上・利益 (最終成果)
C	顧客の視点	·········▶	お客様価値・評価	◀ 上記売上・利益を上げるためにどのような価値をお客様に提供・受け入れていただくか
P	業務プロセスの視点	·········▶	プロセス (狙った行動)	◀ 上記のような価値を認めていただくために、どのようなことに取り組むか
L/G	学習と成長の視点	·········▶	実行力 (しくみ/能力/風土)	◀ 上記の取り組みができるために、どのような力をつけるか

トレーサビリティー
(納得性のあるストーリー)

図2 戦略群における戦略マップ例

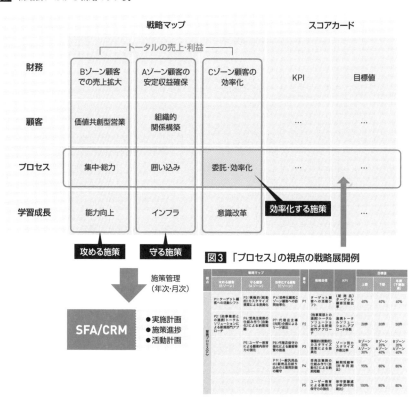

戦略マップ ／ スコアカード

		トータルの売上・利益				
財務	Bゾーン顧客 での売上拡大	Aゾーン顧客の 安定収益確保	Cゾーン顧客の 効率化	KPI	目標値
顧客	価値共創型営業	組織的 関係構築		…	…
プロセス	集中・総力	囲い込み	委託・効率化	…	…
学習成長	能力向上	インフラ	意識改革	効率化する施策	

攻める施策 　 守る施策

施策管理
(年次・月次)

SFA/CRM
● 実施計画
● 施策進捗
● 活動計画

図3 「プロセス」の視点の戦略展開例

1 | 8 | 戦略展開における「戦略対話」の実践

　1-2で「営業戦略は作るだけでは遂行されない」という話をしましたが、部門展開やメンバー展開を図る上で有効な「**戦略対話**」(戦略策定プロセスへの部分的な巻き込み)の実行方法とポイントを解説します。

　現場は以下の3つを意識して活動していくことになります。1つ目は「ルーチン」の活動で、営業部門であれば目標達成に向けた通常の営業活動を指します。そして、ルーチンの活動だけでは目標に達しないので、期の途中から「訪問件数の倍増」や「短期的に成果の上がる商材へのシフト」など、「短期成果への指示」が下りてきたりします。その上で「戦略商品の拡販」や「新市場開拓」などの戦略に沿った活動を求められます **図1**。現場からすると「あれもこれも」という感じになり、冷静に戦略を「理解」し「納得」することが難しくなってしまうのです。しかし本来的にはどれも別々の活動ではなく、目標達成に向けた連携した取り組みでもありますので、そこを現場にも冷静に理解してもらわなければなりません。そのために「戦略対話」が必要になります。「戦略対話」とは、前述の「フレームワーク」と「自己決定」による「思考させるコミュニケーション」を階層間で組織的に行うことです **図2**。

　組織がある程度の大きさになると、本部(トップ)⇒部長⇒課長⇒メンバーといった階層ができます。そして、戦略も各階層でブレイクダウンされて、展開されていきます。組織の規模や文化によって、「執行部」と「現場」の境界戦(三遊間)で戦略伝達の障害が起こります。

　そこで、戦略対話では、伝えられる側を巻き込んで、「フレームワーク」に基づいて"思考(自己決定)"しながら戦略を決めていきます。本部⇒部長(部門)の間で戦略展開を図る場合は、部長を参加させながら、本部戦略を策定します。ただこの場合、本当に一から作るのではなく、本部戦略はすでにあるのですが、最初に出すのではなく(売上目標など)与件と環境要因、考える手順(フレームワーク)などを提供して、かつ本来の戦略を1つの「案」や「意見」として提示しながら効率的に進行し、部分部分で思考してもらうのです。その結果本当に良い案が出てきたら採用すればよいのですが、大抵はすでにある本部案と同じような結論に行きつくことになります。ただ、それでも部長の理解度は格段に上がるので下への展開がしやすくなります。そしてその下では、今度は部長がファシリテーターとなり、課長を巻き込んで部門戦略を策定していくことになります。課長からメンバー間でも同じことをやったほうがメンバーの理解度や参画度は上がりますが、余裕がない場合は日々のコーチングの中で浸透させていくこともできます。一見手間のかかる作業のように感じられますが、上手くやれば各階層で数時間でも実行できますし、KPIや目標値をただ「割り振る」よりも、結果としてより多

図1 一般的現場活動の要素

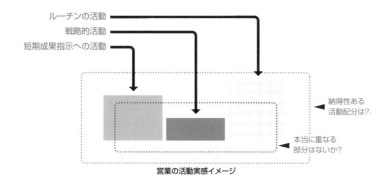

図2 階層間での「戦略対話」実施例

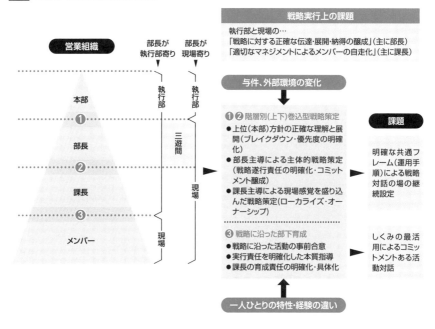

くのコミットメントの総量を引き出すことが可能になります。その手間を惜しむことによって期末に「戦略的な活動が何もできていなかった」となるよりは、はるかに効率的だといえるのではないでしょうか。

1 | 9 | 営業支援の体制作り

　戦略展開において、「やること」ばかりを決めても実現性が乏しくなります。営業現場における本質的でない「付帯業務」の削減方法に関して、陥りやすいポイントや、有効な切り分けの方法について解説します。

　後述する「標準営業プロセス」(2-6参照)は"現状"ではなく、より"ストレッチ"したものでなければなりません。よく付帯業務だけにいきなり焦点を当ててしまうと「あれもこれも」となり、収拾がつかなくなりますが、そういったことを防ぐためにも「この業務がなければこの(ストレッチした)活動ができるのに」という感じで、紐づけて付帯業務を整理します。それにより、付帯業務の削減効果を想像できることで優先度がつき、かつ秩序立てた討議ができるようになります 図1 。

　まず、各フェーズに付随する「負担業務」を洗い出します(「負担業務」とは単純に営業担当者が「負担」と感じている業務で、本来は営業担当者がやらなくてもよいかもしれない「付帯業務」とは区別します)。それを次の2つの視点で整理し、4つの象限に分割します。まず、その作業には「個別のお客様の情報」を理解していなければならないかどうか、そしてその作業には「専門的な知識」が必要かどうかです。共通の知識(個別のお客様の知識が必要なく)かつ一般的な知識で対応できるもの①は事務センターなどで対応可能な「効率化・代行業務」。②共通の知識で対応可能だけれども、専門的な知識が必要な業務を「専任化業務」とし、技術資料や(業界動向などの)提案書の「専門的な部分」を作成したりする支援が可能です。そして、③一般的な知識で対応可能だが、個別のお客様の知識が必要なものは「営業効率化業務」とし、拠点の「営業アシスタント」の業務拡大が可能です。また、現在はリモート商談が増え、比較的容易に営業アシスタントの商談参画が可能となりましたので、より商談や案件状況の実情を共有しやすくなったといえます。よく、地方の営業所などでは3年で移動してしまう営業担当者より、長く勤めている営業アシスタントの方がお客様に頼りにされているといった事象が起こります。そして、整理するのは負担業務の項目だけでなく、現状1ヶ月あたりどれくらいの工数がかかっているのか"タラ・レバ"でもよいので「こんな支援が受けられたら○○時間負担が減る」といった「解決イメージ」も同時に考えます。それにより、削減率の予測をするのですが、それ以外にも状況により「業務価値」(業務単体として価値があり、その費用を顧客に請求、または価格転嫁しても競争力が低下しないもの)や「顧客の心理的障害」(実際には他者へ業務移管が可能だが、お客様が難しいと思いこんでしまっているもの)などもスコアリングし、解決策選択の際の参考にします。

　これらの作業は、ハイパフォーマーを集めて2〜3回のワークにより整理していきます 図2 。

図1 一般的現場活動の要素

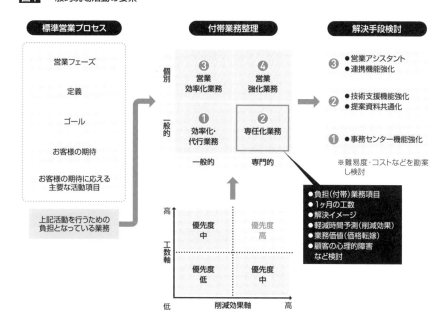

標準営業プロセス

- 営業フェーズ
- 定義
- ゴール
- お客様の期待
- お客様の期待に応える主要な活動項目

上記活動を行うための負担となっている業務

付帯業務整理

個別	❸ 営業効率化業務	❹ 営業強化業務
一般的	❶ 効率化・代行業務	❷ 専任化業務
	一般的	専門的

高	優先度中	優先度高
工数軸	優先度低	優先度中
低	削減効果軸	高

解決手段検討

- ❸ ●営業アシスタント ●連携機能強化
- ❷ ●技術支援機能強化 ●提案資料共通化
- ❶ ●事務センター機能強化

※難易度・コストなどを勘案し検討

- ●負担(付帯)業務項目
- ●1ヶ月の工数
- ●解決イメージ
- ●軽減時間予測(削減効果)
- ●業務価値(価格転嫁)
- ●顧客の心理的障害 など検討

図2 「付帯業務整理表」策定の取り組み概要

標準営業プロセスマップ同様ハイパフォーマーをコアメンバーにプロジェクトを組んで制作します。
ワークショップは2〜3回実施し、それぞれの回では付箋紙を用いてアイデアを出していきます。

付帯業務整理の目的
- ●現状の標準的な負担業務を可視化し、その負担量(時間)と解決に向けた可能性(手段)を合わせ議論することで、負担業務解決に向けた優先順位のイメージを共有する
- ●本来の営業の役割を議論し、負担業務を付帯業務と本業務に分けるための軸を検討する
- ●負担業務を象限に分けて分類し、付帯業務の範囲と解決に向けた方向性を共有する

例 「負担業務」検討の様子

例 3回実施のイメージ(1回4〜5h)

第1回	第2回	第3回
負担業務の整理	役割の検討	予備解決に向けた方向付け
実施内容 ●負担業務の整理 ●負担業務の量検証 ●解決手段の抽出	**実施内容** ●解決手段の検証 ●営業の役割検討 ●分類方法の検討	**実施内容** ●負担業務の分類 ●解決に向けた機能のイメージ共有

1 | 10 | ABMの実践

前述のアカウントプランに関連して、特定顧客から商談を創出する方法として話題のABM（アカウントベースドマーケティング）について、営業的な説明とその考えを一歩進めた「インサイド型ABM」について解説します。

現状の環境下で全方位的には新規商談が発生しにくい状況下では、マーケティングの世界でもより伸びしろの大きいお客様（攻める顧客）にシフトする「アカウント型」の考え方が必要になります **図1**。

通常のMA（マーケティングオートメーション）は、広く市場にリーチし、興味喚起を行いながら、育った顧客に対して商談化を図りますが、ABMでは企業を特定し、そのキーパーソンに対する興味喚起を行い商談化を図るという考えです。したがって通常のMAではリードが「Hot」か「Cold」かが主な確認基準になりますが、ABMではターゲットがどれくらいの意思決定への影響力があるかも大きく問われます。

リードナーチャリング（育成）の方法については、通常のインサイドセールスであれば企業自体も"見極める"ことが重要になりますが、ABMの場合は「キーパーソン」を探し出し「意地でも育てる」という作業が必要になり、フィールドセールス的な能力が必要になります **図2**。

まず、ターゲット企業のリードを獲得したら、それがどのような立場の人かを仮説、分類します。そこには、想定される商材に対して「決裁ルートに関わるか」、「（現場や評価部門など）どれくらい影響力を発揮しそうか」などをマッピングしていきます。また、通常MAでは商材の検討部門でない場合は対象から外れますが、ABMではターゲット企業のリードは貴重なので、たとえ現場の人が自己勉強のためにウェビナーに参加したものであっても、「将来的に影響力を発揮する余地はないか」「検討部門の人を紹介してくれる可能性はないか」を多角的に捉え、長期に育成をします。そしてしかるべきタイミングが来たらフィールドセールスにトスアップするのですが、ただ渡すだけでなくSFA/CRMツールなどでフォロー状況を確認し、トスアップの有効性を検証したり、フォローが十分でない場合は、該当フィールドセールスの上司にフォロー状況を報告、対応を促すなどします。通常のMAですと新人のキャリアパスとしてインサイドセールスを担当する場合が多いのですが、ABMではこれらの高度な作業をともなうのでベテランを配置するやり方もあります。

また、ターゲット企業に対して連続した不断の営業活動を展開しなければならないので、SFA/CRMで意思決定への影響力をスコアリングし、MAで育成レベルをスコアリングしながら、それらを連動させて、最適な顧客対応をシステマチックに行うことも可能です。

図1 ABMとは

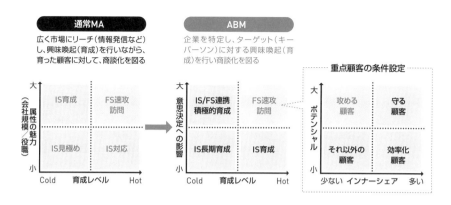

通常MA
広く市場にリーチ（情報発信など）し、興味喚起（育成）を行いながら、育った顧客に対して、商談化を図る

ABM
企業を特定し、ターゲット（キーパーソン）に対する興味喚起（育成）を行い商談化を図る

重点顧客の条件設定

（会社規模の魅力／役職）属性の魅力

大

IS育成　　FS速攻訪問

IS見極め　IS対応

小

Cold　　育成レベル　　Hot

意思決定への影響

大

IS/FS連携積極的育成　　FS速攻訪問

IS長期育成　　IS育成

小

Cold　　育成レベル　　Hot

ポテンシャル

大

攻める顧客　　守る顧客

それ以外の顧客　　効率化顧客

小

少ない　インナーシェア　多い

図2 ABMによるSFA連携の促進と販売機会の最大化

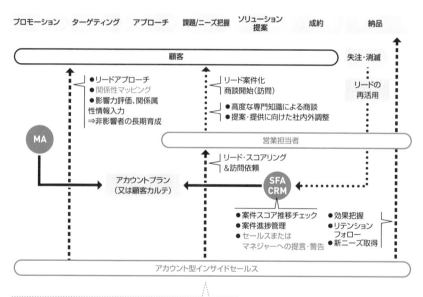

プロモーション　ターゲティング　アプローチ　課題/ニーズ把握　ソリューション提案　成約　納品

顧客

失注・消滅

●リードアプローチ
●関係性マッピング
●影響力評価、関係属性情報入力
⇒非影響者の長期育成

リード案化
商談開始（訪問）

リードの再活用

●高度な専門知識による商談
●提案・提供に向けた社内外調整

MA

営業担当者

リード・スコアリング
&訪問依頼

アカウントプラン
（又は顧客カルテ）

SFA
CRM

●案件スコア推移チェック
●案件進捗管理
●セールスまたはマネジャーへの提言・警告

●効果把握
●リテンションフォロー
●新ニーズ取得

アカウント型インサイドセールス

	決済者	影響者		非影響者	
		評価者	使用者	情報	その他
最終	事業部長				
中間1	製造部長	購買部長			
中間2	工場長	品証課長	製造課長	製造課長	開発担当
起案	設計課長	生技課長			製造担当

フレームワークや経験値を基に顧客担当を評価、将来的起案影響力を判定、経過を監視ししかるべきタイミングでFSへフィードバック

重要顧客は会社の資産
●情報を残す
●意図して攻略する

①コアコンピタンス

その名の通り企業の中核(コア)となる能力(コンピタンス)であり、ビジネス上の強みのことを指す。お客様のニーズが分かっていても、そのニーズを"競合より上回って"満たすことができなければ満足は得られない。そのための能力を常に強化しておく必要がある。

②バリュープロポジション

直訳すると「価値提案」。自社の持つ強みにより、お客様が享受できる価値のこと。本書では、一般的によくいわれている、成功企業に共通している価値を類型化し、「製品の革新性」「業務の卓越性」「顧客への密着度」として紹介している。

③BSC(バランスドスコアカード)

Balance Score Cardの略。目標管理の考え方のひとつ。目標の考え方を「財務の視点」「顧客の視点」「業務プロセスの視点」「学習と成長の視点」で配置し各目標の因果関係を示すことにより、「短期⇔長期」「過去⇔現在⇔未来」「プロセス⇔成果」に関する目標をバランスよく配置することができる。

④セールスイネーブルメント

一般的には「営業強化」と同義で幅広い意味で使われているが、本章では、特に「マーケティング⇔セールス⇔カスタマーサクセス」などのプロセスや「担当者⇔マネジャー⇔経営」などの職階、「しくみ⇔能力⇔システム」などの機能が相互に連携し合い"共通の成果を創出する"ための取り組みの総称とする。

⑤クロスセル

既存取引のある顧客(又は部門)に対して、既存取引以外の商材を提案し、取引の幅を広げていくという考え方。装置メーカーであれば「本体⇒周辺装置・消耗品」などのハード的拡張や「本体⇒サービス」などのソフト的拡張などを通して最終的に「包括ソリューション」へと発展する関係性を目指す。

⑥アップセル

「クロスセル」と意味合いが一部重複するが、既存取引のある顧客(又は部門)に対して、既存取引のアップグレードを提案し、取引の高度化を目指す考え方となる。装置メーカーであれば「現行機種⇒上位機種」「機器販売⇒生産請負」など、より高度な取引や関係性を目指す活動を指す。

⑦ABM(アカウントベースドマーケティング)

Account Based Marketingの略。BtoBにおけるマーケティングを考える上で、重要な考え方。顧客を特定してナーチャリング(育成:より購買に対して積極的な状態にする)するため、より個人(キーパーソン)の特性(意思決定の傾向や考え方)を踏まえた、意図的な情報発信が求められる。

⑧インナーシェア

顧客内で自社の取引可能性のある商材がどれくらいのシェアをとれているかを計る時の考え方。装置メーカーであれば、全事業所の内、何割の事業所で採用されているかの「量的シェア」や周辺装置や消耗品など、どれだけ深いお付き合いができているかの「質的シェア」などをトータルで考えることが重要になる。

Chapter

2

営業マネジメント

営業マネジメントを体系的かつ具体的に理解するため、戦略、市場、顧客、商談、活動の観点でポイントを解説します。戦略目標を展開する「実行計画書」や顧客の「層別活動指針」、「標準営業プロセスマップ」とパイプラインマネジメントの考え方、商談マネジメントを確度と進度からデザインする方法などを取り上げています。

Writer：河村 亨

2 | 1 | 営業マネジメントの構成要素

　営業マネジメントの基本的な構成要素を「戦略」「市場」「顧客」「商談」「活動」に分けて体系的に管理していくためのポイントを解説します 図1 図2。

　まず、マネジャーとしてどこまで本格的な「戦略」を立案するかは会社によって異なると思いますが、少なくとも施策展開と管理はしなければなりません。たとえ本部から下りてきた施策でも、自らの言葉でトレーサビリティー（何でその施策で成果が上がるのかの合理的な理由）をもって展開・説明する必要があります。

　次にその施策をどの市場（部門レベルであればどの顧客ということになると思いますが）にぶつけるのか、を決めます。ただその際、施策が下りてきてからターゲットを一から考えるのではく、自分の与えられた市場で、どの顧客をより「攻める」「守る」「効率化」するのかを明確な基準をもって層別しておき、施策特性に合わせてターゲットを決定することが重要です。そしてメンバーがすぐ動けるように、日ごろから顧客の層別に沿ってメリハリの利いた活動指針を浸透させておくことが必要になります。

　そして、特に重要な顧客に関しては「アカウントプラン」のように、顧客が何を考え（どんな戦略をとり）どのような課題を抱えているのか、自社として解決余地がどれくらいあり、どこにまだ手がつけられていないのかを仮説としてしっかり持ち、長期的なパートナーとしてより強固に認知されるよう取り組まなければなりません。

　更に商談管理、これは意識して取り組まれていると思いますが、上手く基準化やルール化ができていないと1件1件、メンバーと One on One で商談進捗のすり合わせを全数行わなければならず、とても負荷がかかっている上に、結果がばらつくという話を聞きます。詳しくは2-7で解説しますが、「どういう状態の商談の受注確度が高くて、どのような状態が低いのか」「どのような商談を管理してどのような商談を管理しないのか」客観的な基準をメンバーと共有し、認識を一致させていく必要があります。

　そして最後に活動について、よく訪問件数だけを管理しているマネジャーを見ますが、それぞれの訪問や面談が商談進捗につながっているのか、そのためにどのような準備をし、スキルを磨いているのか、中身の確認や指導を行っていかなければなりません。その点、今後オンライン面談などが定着すれば同行（同席）しやすくなり、「面談の質」の指導という意味ではプラスの変化といえるかもしれません。

図1 法人営業マネジメントの概念図

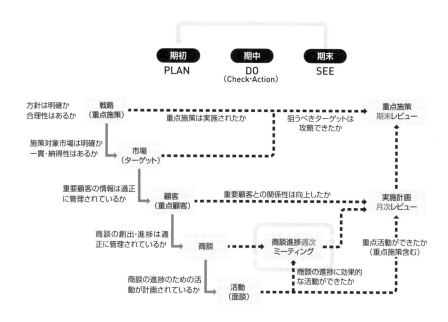

図2 階層別取り組み課題・項目

階層	取組課題	取組項目	ポイント	フォロー施策
戦略	組織・マネジャーの戦略展開力を強化	戦略立案	トレーサビリティーの担保された施策設定	月度進捗会議への参加、アドバイザリー
		施策KPI・目標値	実効性のある細分化されたプロセスKPI	
		月度割実施計画	均等割でないストーリー性のある計画	
市場	組織・担当者の市場接点活動を最適化	顧客層別	明確な基準による顧客の層別	月度、四半期ごとの進捗会議への参加、アドバイザリー
		顧客優先度	客観的スコアリングによるターゲット選定	
		層別活動指針	メリハリのついた活動ウェイト配分	
顧客	重要顧客の情報管理・活用により成果を最大化（商談創出）	顧客戦略理解、共有	お客様3Cによる仮説立案と顧客への確認	アカウントプランの策定、半期・年間ごとの進捗会議、アドバイザリー
		企業内浸透度把握	顧客内総需要の把握とホワイトエリアの抽出	
		顧客別商談仮説	潜在的な商談の仮説立案とストック	
商談	商談管理を強化し、取りこぼしのない営業組織を作る	商談の優先順位付け	明確な基準による管理商談の層別	週次の商談進捗ミーティング、月次の戦略検討会への参加、アドバイザリー、マネジャーへのコーチング
		受注確度管理	客観的スコアリングによる受注確度の検証	
		商談進捗計画	長スパン商談の中間マイルストーン設定	
活動	一人ひとりの面談力・顧客接点でのパフォーマンス強化	施策別活動計画・遂行力	メンバー均等割でない計画化と育成・フォロー	同行指導、個別コーチングへの参加、アドバイザリー、マネジャーへのコーチング
		面談シナリオ・遂行力	重要面談前シナリオ確認・同行・レビュー	
		「個客の声」蓄積・活用	情報種別（タグ付け）による蓄積・活用	

2 | 2 | 戦略遂行のマネジメント

　本節では、1-7で説明した「BSC」に沿って、具体的に部門メンバーに展開、その遂行を管理していくための方法論として「実行計画書」の活用方法を解説します。

　テレワークの進展により、部下の仕事の進捗がマネジメントしづらくなったという意見をよく聞きます。これは訪問件数や提案件数など、会社から与えられているKPIが「自分のもの」になっていない（有効なシナリオがない）ことによる漠然とした不安に起因していることが多いと考えられます。

　これはプロセスの視点以下の「戦略目標」を施策展開した際の「実行計画書」ですが**図1**、まず「P1：新商品（新分野）拡販に向けたターゲット顧客への活動シフト」をするためにターゲット顧客の活動比率を40％にしたとします。ただ「40％を新規ターゲットに行け」といったところで、具体的な成果が上がるわけではありませんので、「施策」と「ストーリー」を考えます。まず、ターゲットを伸びしろの多いBゾーン（次節で説明）より「自己決定」により選定してもらい、アプローチします。この時、よくアプローチ件数を月度で均等割りにするマネジャーがいますが、当期内に結果を出そうと思ったら、当然ですが期の早い段階でアプローチは全数終わってなければなりません。そして、施策フォローを通して商談化を図り、提案へとつなげていくのです。もちろん、新分野に対する新商品ですので、担当者の育成も同様にストーリー性を持って実施していきます。更に商談を着実に刈り取っていくために、主要商談ごとに「攻略シナリオ」を策定して進捗を丁寧にマネジメントしていきます。

　更に、メンバーへの展開についても「一律」「均等割り」では上手くありません。各担当者の経験や特性、市場特性に応じて割り振っていきます。よく、新規攻略や新しい施策は全て新人に押し付けて、ベテランは「我関せず」とルーチン活動をしている光景を見ますが、これもよくありません。もちろん、日々の売上も大事ですし、向き不向きもありますので、バランスの取れた目標展開をします**図2**。この場合、実力があり、意識も高い担当Aに他の目標を調整しながら、この新規攻略に特に力を割いてもらいます。そして、ベテランで今から新分野の知識は難しいが、顧客との関係性を維持するのが上手い担当Cには、安定した既存顧客を割り振り、今の売上を守ってもらう。そして、新人で吸収力はあるが、まだ重要な顧客を担当させるわけにはいかない担当Eには思いきって新商品で力をつけてもらうために新規攻略に特化してもらう。担当B・Dは平均的な中堅なのでそのまま、平均的な目標を分担してもらうことになります。そしてその後、各担当が自身の「実行計画書」を作り、目標の月度展開を行います。

　マネジャーはメンバーを巻き込む前に、まず自ら考え抜かなければなりません。

図1 実行計画書例（部門）

戦略No	戦略目標	施策No	施策	管理特性(KPI)	目標値	4月	5月	6月	7月	8月	9月	計
P1	新商品（新分野）拡販に向けたターゲット顧客への活動シフト			ターゲット顧客の活動比率	40%（平均）	40	40	40	40	40	40	40
						80	50					65
		P1-1	Bゾーン顧客の中から該当顧客をリストアップする	ターゲットピックアップ	100社	100						100
						100						100
		P1-2	イベントを企画・勧誘資料を作成し、アプローチする	アプローチ（面談）社数	60社	40	20					60
						35	15					50
		P1-3	採用事例を紹介するイベントを開催する	イベント参加者数	30社		30					30
							25					25
		P1-4	他メーカーとの比較表を作成し、イベントフォロー及び未参加者へ再アプローチする	アプローチ社数	50社		10	30	10			40
							8					8
L1	（新商品分野における）営業担当者の製品/業界知識の強化			営業の単独プレゼン（提案）実施率	80%				50	70	80	80
		L1-1	商品の理解度を向上させるために、ロールプレイングを実施する	1人あたり、ロールプレイ実施回数	1Q、毎週1回	4	4	4				12
						3.5	3.2					6.7
		L1-2	営業が1人でファーストコンタクトするためにヒアリングシートによりアプローチする	シート記入社数	60社				20	20	20	60
		L1-3	技術部門と同行し、商品理解を深めると同時にニーズを深堀する	同行社数	50社		5	20	15	5	5	50
L2	重点案件の進捗管理の徹底（プロセスマネジメント）			期限内、シナリオ実施率	2Q、100%				100	100	100	100
		L2-1	早期の案件創出と攻略シナリオを策定する	案件（シナリオ）登録社数	30社				15	10	5	30
		L2-2	登録案件の進捗確認を行う	1人あたり、進捗確認ミーティング実施回数	2Q、毎週1回				4	4	4	12

図2 実行計画書例（担当割付）

戦略No	戦略目標	施策No	施策	管理特性(KPI)	目標値	担当A	担当B	担当C	担当D	担当E	計
P1	ターゲット顧客への活動シフト			ターゲット顧客の活動比率	40%（平均）	50%	40%	20%	40%	50%	40%
		P1-1	Bゾーン顧客の中から該当顧客をリストアップする	ターゲットピックアップ	100社	30	20	5	20	25	100
		P1-2	イベントを企画・勧誘資料を作成し、アプローチする	アプローチ（面談）社数	60社	20	10	5	10	15	60
		P1-3	採用事例を紹介するイベントを開催する	イベント参加者数	30社	13	5	2	5	5	30
		P1-4	他メーカーとの比較表を作成し、イベントフォロー及び未参加者へ再アプローチする	アプローチ社数	50社	18	7	5	7	13	50

2 | 3 | 市場のマネジメント

　営業成果を上げていくためには市場（顧客）に関して、一律の対応をするのではなく、顧客の魅力度に応じて、メリハリをつけて活動していく必要があります。それに対して有効な「顧客の層別」と「活動指針」について、策定方法とポイントを解説します。

　まずどのように「顧客の層別」をするのか、ここでは2軸で考えます**図1**。1つは魅力度（購買力）です。これはその企業が、どれだけ「自社の商品やサービスを購入する可能性があるのか」で、「ポテンシャル」という呼び方もできるかもしれません。例えばパソコンを販売している会社であれば、その会社で100台のパソコンが使われていたとしたら、総需要100台となり、これが最低限の魅力度になります。これだけでも良いのですが、事業が拡張するという要素もあるでしょうし、パソコンだけでない自社が提供している商材やサービスが導入される可能性もあります。また、そもそもパソコンの使用台数がわからない（教えてもらえない）場合もありますのでそういったものを（売上規模、社員数など）代替指標を使って評価して、総合的にスコアリングしていくという考え方もあります**図2**。

　もう1つは浸透度、これは母数が明確であれば、○○％で表すことができますが、不確かな場合は魅力度と同じように代替指標で評価します。このように代替指標によって営業担当者自身に判断させることは「正確性に欠ける」と思われるかもしれませんが、重要なのは「正確である」ことよりも営業担当者本人が「意識してメリハリをつけた活動を行う」ことですので、そのための気づきを与えることに意味があります。マネジャーとしては、（Aゾーンの次に）魅力度が高いわりに浸透度が低い「Bゾーン」の顧客に時間を割いて欲しいところだと思いますが、営業担当者は競合の牙城で自社への対応もよくない「Bゾーン」より、継続取引があり"行きやすい"「Cゾーン」に足が向きがちです。こういった判断をあえて営業担当者にさせることにより、「意外とこの会社は伸びしろがないな」などといったことを意識してもらいます。

　そして、顧客を層別したら、「活動指針」を考えます。Aゾーンは「最重要なので、40％の活動比率を割いて（営業担当者任せでなく）組織対組織の関係性を作る」、Bゾーンは「Aゾーンと同じくらいの活動比率を割き、チームセリングで当たる」、Cゾーンは逆に「手間をかけすぎないよう、活動比率を15％"以下"とし、代理店に移管していく」、Dゾーンは「固定の営業担当者をつけずに、引き合いの時点で都度必要に応じて担当者をつけたり、マネジャー自身が担当する」などです。

　こうしておけば、営業担当者自身が客観的に自己を振り返り、活動の見直しをすることができます。

図1 層別活動指針例

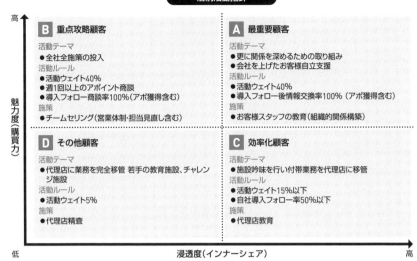

層別活動指針

縦軸: 魅力度（購買力） 高 / 低
横軸: 浸透度（インナーシェア） 低 / 高

B 重点攻略顧客
活動テーマ
● 全社全施策の投入
活動ルール
● 活動ウェイト40%
● 週1回以上のアポイント商談
● 導入フォロー商談率100%（アポ獲得含む）
施策
● チームセリング（営業体制・担当見直し含む）

A 最重要顧客
活動テーマ
● 更に関係を深めるための取り組み
● 会社を上げたお客様自立支援
活動ルール
● 活動ウェイト40%
● 導入フォロー後情報交換率100%（アポ獲得含む）
施策
● お客様スタッフの教育（組織的関係構築）

D その他顧客
活動テーマ
● 代理店に業務を完全移管 若手の教育施設、チャレンジ施設
活動ルール
● 活動ウェイト5%
施策
● 代理店精査

C 効率化顧客
活動テーマ
● 施設吟味を行い付帯業務を代理店に移管
活動ルール
● 活動ウェイト15%以下
● 自社導入フォロー率50%以下
施策
● 代理店教育

図2 スコアリングイメージ

スコアリングイメージ：魅力度（購買力）

	評価項目	補足	ウェイト	大変悪い 1点	悪い/不明 2点	普通 3点	良い 4点	大変良い 5点
1	当該事業の顧客売上規模	公開データを活用	0.5	100億円未満	100億円～300億円	300億円～500億円	500億円～1,000億円	1,000億円以上
2	事業拡大の可能性（攻めの戦略性）	IR情報やヒアリング情報より判断	0.3	事業縮小基調	不明	現状維持		事業拡大性大（攻めの戦略が明確）
3	業界としての伸び	公開情報をもとに判断	0.1	大きく縮小している	どちらかといえば縮小している（又は不明）	どちらともいえない	どちらかといえば伸びている	大きく伸びている
4	業界内シェア	公開情報をもとに判断	0.1	下位	不明	中位		上位（数社）

スコアリングイメージ：浸透度（インナーシェア）

	評価項目	補足	ウェイト	大変悪い 1点	悪い/不明 2点	普通 3点	良い 4点	大変良い 5点
1	主力商品	守る商品	0.35	導入されていない	一部門で導入されている（シェアイメージ～10%）	複数部門で導入されている（シェアイメージ10～30%）	概ねトップシェア、又はトップシェアグループの一角を取れている（シェアイメージ30～70%）	ほぼ全面的に導入されている（シェアイメージ70%以上）
2	最重点攻略品（当該新商品）	攻める商品	0.35					
3	その他高付加価値品（過去の新商品）	相手を選んで攻める商品	0.2					
4	一般汎用品	効率化する商品	0.1					

2 | 4 | 営業マネジメントにおける SFA/CRMツール活用①運用姿勢

　今や営業マネジメントにおいて欠かせない存在となりつつあるSFA/CRMツールですが、十分に活用できていない企業があるのも実情です。そこで営業マネジメントの観点からツール活用におけるポイントを解説します。こういったツールの場合、大きく分けて3つの活用シーンをイメージして導入するケースが多いです **図1左**。

▶**シーンⅠ**：現場の接点活動を集計・分析し、営業組織としての戦略やマーケティングに役立てるためのBI（Business Intelligence）ツールとしての活用。

▶**シーンⅡ**：現場のマネジャーがメンバーの活動や商談を管理する、チームとしてのプロセスマネジメントツールとしての活用（「見込み管理」や「パイプライン管理」「電子日報」など導入企業のほとんどが、こちらを主目的として導入しています）。

▶**シーンⅢ**：メンバー自身が自分の顧客情報や接点履歴を管理するセルフCRMツールとしての活用。

　これら3つの活用シーンに対して、活用する側には3つの役割が存在します **図1右**。

▶**A)導入者**：何らかの必要があってツール導入を決めた人（お金を払う人）で通常は営業トップやその指示を受けた企画担当などの執行部になります。導入時に活用動機を持っている人は、この人たちだけです。

▶**B)データ活用者**：データを活用することにより直接的な恩恵を受ける人で、活用シーンにより変化しますが、主に営業マネジャーになります。入力者への直接的な動機づけと、意味ある入力指示が出せるのがこの人たちになります。

▶**C)データ入力者**：文字通りデータを入力する人で、通常は営業担当者が自身の商談や活動を入力します。初期段階では入力者には自発的な活用動機は発生しません。

　特に導入目的として一番多いシーンⅡにおいては、「上から与えられた」ツールに対してデータ活用者本人であるマネジャーが意義を見い出せず、入力者であるメンバーに全く説明ができないといったことが起こります。それを防ぐためにも「データ活用者」であるマネジャーが以下の"3つのC"のサイクルを回せるように取り組まなければなりません **図2**。

　まずContents（目標達成のために"すべきこと"と現状の問題の仮説）を明確にする。問題の仮説に基づいてどのようなデータから何の示唆を得て、どのようにフィードバックし、どのような改善効果を引き出すのかを想定しておくことです。

　そしてCommitment（やるべきことの事前合意）。事前に行くべき顧客はどこか、やるべきことは何か、どのような結果を狙うのか、問題の仮説をもとにメンバー自身に考えさせ、マネジャーとメンバーが都度、事前に合意しておくことが必要です。

　最後にCommunication（対話によるコミュニケーション）。ツールはデータや事実

図1 SFA/CRM ツールの活用シーンと役割例

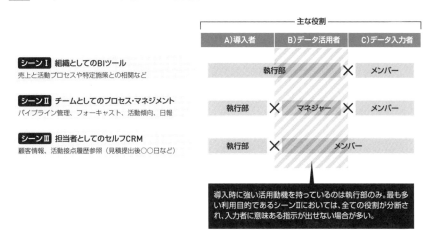

	主な役割		
	A)導入者	B)データ活用者	C)データ入力者
シーンⅠ 組織としてのBIツール 売上と活動プロセスや特定施策との相関など	執行部		× メンバー
シーンⅡ チームとしてのプロセス・マネジメント パイプライン管理、フォーキャスト、活動傾向、日報	執行部 ×	マネジャー	× メンバー
シーンⅢ 担当者としてのセルフCRM 顧客情報、活動接点履歴参照（見積提出後○○日など）	執行部 ×	メンバー	

導入時に強い活用動機を持っているのは執行部のみ。最も多い利用目的であるシーンⅡにおいては、全ての役割が分断され、入力者に意味ある指示が出せない場合が多い。

図2 SFA／CRMツール活用に大事な3つのC

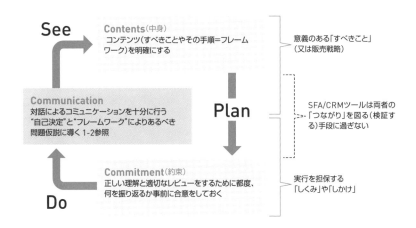

See

Contents（中身）
コンテンツ（すべきことやその手順=フレームワーク）を明確にする

Communication
対話によるコミュニケーションを十分に行う
"自己決定"と"フレームワーク"によりあるべき問題仮説に導く 1-2参照

Plan

Commitment（約束）
正しい理解と適切なレビューをするために都度、何を振り返るか事前に合意をしておく

Do

意義のある「すべきこと」（又は販売戦略）

SFA/CRMツールは両者の「つながり」を図る（検証する）手段に過ぎない

実行を担保する「しくみ」や「しかけ」

によってコミュニケーションの質を高めるものであって、コミュニケーションそのものを代替するものではありません。より対面での不定期なコミュニケーションが難しくなった今、意図したコミュニケーション機会を効果・効率的に設定し運用していかなければなりません。

　これらを仕組み化することによって、マネジメントの質が高まり、より洗練されたSFA/CRM ツールの活用が促進されていきます。

前節で、データ活用者であるマネジャーが"3つのC"のサイクルを回せることが大事であると述べましたが、それをどのように具体化(実装や運用の支援)していくのかを解説します。

一般的なSFA/CRMツールのDB(データベース)の構造はこのようになっていると思います**図1**。それぞれを組み合わせ(データを紐づけ)①顧客企業情報と②顧客担当者情報により「今顧客はどのような課題を抱えていて、その解決に向けてどのような関係者が関わっているのか、自社との関係性はどうか」の「顧客管理」を行う。また、②顧客担当者情報と③商談情報により「どのような意思決定関係者にどのような商談行為を行っているのか、それは良い状態で推移しているのか」の「商談管理」を行う、そして、それらと④活動情報とのつながりにより、「その活動は顧客との関係性構築に寄与しているのか、商談進捗に寄与しているのか、無駄な活動はないか」の「活動管理」を行います。ここで重要なのは「全方位的にいろいろ入力させて何か課題を探ろう」とするのではなくContents(目標達成のために"すべきこと"と現状の問題の仮説)をまず明確にして、その内容に沿って(絞って)入力、分析・活用を行うというものです。例えば、このような環境下で新規商談が増えない中「既存の大手顧客でシェアの低い(伸びしろの多い)お客様に集中的にアプローチし新規商談を増やす」という方針を立てたとします。それに沿って①顧客の事業規模や課題、ホワイトエリア(取引可能余地)は分かっているのか、商談仮説は立っているか、②どのような意思決定関係者が存在し、それぞれどのような関係性を構築できているのか、④それらに対して十分な活動ができているか、③実際に商談は発生しているか、をデータの掛け合わせで見ていきます。

そして、Commitment(やるべきことの事前合意)を取りながらCommunication(対話によるコミュニケーション)が上手く回せているかを現場でフォローします**図2**。

まず④すべきことを合意し、事前にデータを読込、⑧ミーティングが上手く行えるようミーティング前に現場マネジャーに「先週のデータからどのような課題を読み取るのか」「それをどのような形で確認・指導するのか」を事前合意しておきます。そしてマネジャーがメンバーとミーティングしている場面を観察した上でメンバーが退席した後「事前合意した内容が確認・指導できたか」をマネジャーに対してコーチングするのです。

それをまずは周囲のお手本となるようなコアなマネジャーを育成し、その事例をもとに徐々に影響範囲を広げていきます。

とても手間のかかる作業ですが、これだけ定着の難しいものですので、一足飛びに成果を出すというわけにもいきません。こうした不断の努力によりリアルに定着してくるのです。

図1 しくみのグランドデザイン実施内容（データ連携イメージ）

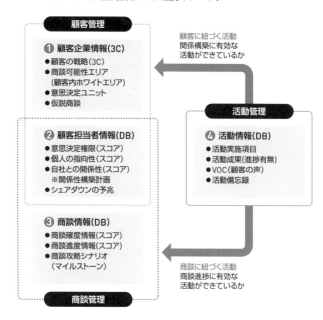

顧客管理

❶ 顧客企業情報(3C)
- 顧客の戦略(3C)
- 商談可能性エリア
  （顧客内ホワイトエリア）
- 意思決定ユニット
- 仮説商談

❷ 顧客担当者情報(DB)
- 意思決定権限(スコア)
- 個人の指向性(スコア)
- 自社との関係性(スコア)
  ※関係性構築計画
- シェアダウンの予兆

❸ 商談情報(DB)
- 商談確度情報(スコア)
- 商談進度情報(スコア)
- 商談攻略シナリオ
  （マイルストーン）

商談管理

顧客に紐づく活動
関係構築に有効な
活動ができているか

活動管理

❹ 活動情報(DB)
- 活動実施項目
- 活動成果(進捗有無)
- VOC(顧客の声)
- 活動備忘録

商談に紐づく活動
商談進捗に有効な
活動ができているか

図2 現場での浸透活動

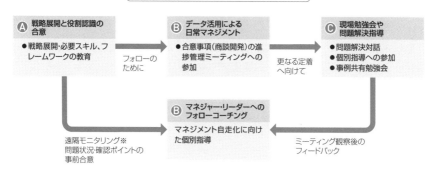

3ヶ月～6ヶ月にわたり、トライアル拠点での
ワーキング・レビュー会参加により実践を支援

Ⓐ 戦略展開と役割認識の合意
- 戦略展開・必要スキル、フレームワークの教育

フォローの
ために

Ⓑ データ活用による日常マネジメント
- 合意事項(商談開発)の進捗管理ミーティングへの参加

更なる定着
へ向けて

Ⓒ 現場勉強会や問題解決指導
- 問題解決対話
- 個別指導への参加
- 事例共有勉強会

Ⓑ マネジャー・リーダーへのフォローコーチング
マネジメント自走化に向けた個別指導

遠隔モニタリング※
問題状況・確認ポイントの
事前合意

ミーティング観察後の
フィードバック

2 | 6 | 標準営業プロセスマップ

　営業活動や商談活動を管理、指導する上で欠かせないのが"営業活動に対する共通の認識"になります。その大前提となる「標準営業プロセス」について、策定方法と活用のポイントを解説します。

　例えば「提案をする」という一項目とってみても、その解釈は人それぞれで「とりあえずお見積りをご覧ください」といって押し付けるように出した概算見積りも、（組織として正式に検討するために）お客様から依頼されて出した詳細な見積りも、同じ「提案」となってしまう場合があります。こういった状態では前述のようにツールを使ってプロセス分析をしようとも、受注の見込みを立てようにもあまり意味をなしません。

　そこで営業活動の「基準」となる明文化された「地図」のようなものが必要になります。それが「標準営業プロセスマップ」です **図1**。その構成要素としては「営業フェーズ」「フェーズの定義」「フェーズゴール」各フェーズにおける「お客様の期待」、そしてその期待に応える「主要な活動内容」になります。特に、この中での重要な要素として、先に各フェーズにおける「お客様の期待」を考える、ということです。継続商談であれば、トータルとして良い印象が残れば（たとえそれが営業行為でなく、商品力によるものであっても）商談は続いていきますが、新規の商談であれば、ある1つのフェーズのお客様の期待に応えられなかっただけでも、次の面談はしていただけません。そして、必要に応じて、該当フェーズでの「主要な活動内容」をするために「活用するツール」や「必要な支援業務」「必要なマネジメント」などを追加していきます。

　また、営業フェーズは個別商談の進捗を表したものだけでなく、「アプローチ」「採用」「継続使用」「トップシェア化」のようにお客様との関係性によって分割したものなど様々な形があります。この場合、「お客様がこんなことを言い出したら（競合と新たに比較検討をしているかもしれないから）シェアダウンする"予兆"かもしれない」というようなことを記述する場合もあります（例えば「知っているはずの仕様やスペックを改めて聞かれた」とか「今までなかった競合の販促品が置いてあった」など）。

　こういった「標準営業プロセスマップ」は、標準とはいうものの「こうあるべき」という活動が記述されなければならないので、なるべくハイパフォーマーを集めてワークショップをしながら作成していきます **図2**。それも、皆が真似できるよう、天才タイプではなく実直な秀才タイプが望ましいと考えられます。また「一部の人だけで作った」という形になると、他のメンバーのCommitmentが得られないので、「お客様の期待」を仮説化したら、「本当にこのような期待があるか」をワークメンバー以外も参加して実際のお客様に確認しに行くことも有効です。それにより実に多くの気づきを得ると同時に「自分たちのもの」としてのCommitmentとオーナーシップが得られます。

図1 「標準営業プロセスマップ」の構成要素

標準営業プロセス

営業フェーズ	**営業フェーズ**	各お客様の購買活動において、お客様との信頼関係を効果的に築き上げるために実施しなければならない一連の営業活動の流れをプロセスに分けたもの
定義	**フェーズの定義**	各営業プロセスで行うべきことの要約と営業担当者の行動に対してお客様が示す反応や行動
ゴール	**フェーズゴール**	各営業プロセスが達成されたとみなすための客観的基準
お客様の期待	**お客様の期待**	各購買プロセスでお客様が私たちに応えて欲しいと期待していること
お客様の期待に応える主要な活動項目	**主要な活動内容**	各営業プロセスでお客様の期待に応えるために営業担当者として実施しなければならない活動

上記活動を行うための負担となっている業務

その他、必要に応じて
⋮

活用するツール	上記営業活動を円滑に遂行するために活用すべきツール
必要な支援業務	上記営業活動を円滑に遂行するための支援業務
必要なマネジメント	上記営業活動を円滑に遂行するために必要な日々のマネジメント業務

図2 「標準営業プロセスマップ」策定の取り組み概要

- ●標準営業プロセスマップはハイパフォーマーをコアメンバーにプロジェクトを組んで制作します。
- ●ワークショップは2〜3回実施し、それぞれの回では付箋紙を用いてアイデアを出していきます。

標準営業プロセスマップ制作の目的
- ●営業強化にあたり、本来あるべき能動的な営業プロセスを可視化し、営業がやるべき活動を再確認する
- ●（顧客の期待を考えることで）顧客視点での営業活動における重要な要素（実施項目）を再認識する
- ●新人の拠点配属後、上司、先輩、メンバー間の共通認識（共通言語）として、各拠点における効果的かつ、バラツキの少ないメンバー育成に役立てる

写真 「お客様の期待」の検討の様子

図 3回実施のイメージ（1回4時間）

第1回	第2回	第3回 ※予備
フェーズと期待	期待と活動項目	全体整合
実施内容 ●標準営業プロセスマップの狙い共有 ●フェーズの検討 ●期待の検討	**実施内容** ●フェーズの検証 ●期待の検証 ●活動項目の検討	**実施内容** ●期待の再検証 ●活動項目の検証 ※その他要素の抽出

2 | 7 | プロセスマネジメントの基本 「パイプラインマネジメント」

　2-4にも関連して、プロセスマネジメントの基本として「**パイプラインマネジメント**」。があります。ここではその活用の前提となる"マネジャー自らの仮説と提示"について解説します。

　まずパイプラインマネジメントの基本的な考え方について触れると **図1**、営業生産性は「商談件数」×「商談規模」×「商談成約率」で表されます。これらをいかに時間をかけずに（商談期間）行っていくかが問われるのですが、「商談成約率」を営業フェーズの歩留で見ていくと、ある傾向が見える場合があります。「アプローチ数は多いけれども商談数が極端に低い（商談が創出されない）」、または「同じようなフェーズでいつも時間を要している」などです。そこでアプローチツールやトークを見直し、その歩留やリードタイムを改善するといった対策をとっていくことになります。

　基本的な考え方はこのようになりますが、実はこのようなグラフを作成しても、あるフェーズの歩留が劇的に低いなどの象徴的な波形にはならず、多くの場合は何とでも解釈できるような"微妙"な波形になります。そうなると"結果"から何かを読み取るということが難しくなりますので、先に"仮説"を考えなければなりません **図2**。

　まず、パイプラインマネジメントを行う対象を明確にします。営業現場ではいろいろな商談を追っていますが、こういったマネジメントが必要なのは、期の初めで目標数字と見込みとのギャップを埋めるための「仕掛」商談です。また、商材や市場によって商談進捗のあり方も違うので、主戦場となるセグメントを設定します。あるセグメントで1000万円の新規商談売上が必要だとします。このセグメントの商品単価が100万円だとすると、必要商談数は10件ということになります。その受注率（仕掛⇒受注までの総歩留）が10％だとすると、100件の商談を仕掛けなければなりません。更に、10％の受注率というのはそれぞれの営業フェーズでどれくらいの歩留で推移するのかを仮説します。また「商談期間」（リードタイム）ですが、仕掛から半期内で結果を出すためには該当の商材が受注後2ヶ月後に売上が立つ場合、4ヶ月後には全て（10件）受注がされていなければなりませんし、各フェーズのリードタイムを逆算すると、期初から2ヶ月後には全てのアプローチ（80件）が終わっている必要があります。よく「新規アプローチ件数」のようなKPIを設定すると、毎月均等割りのような目標設定をするマネジャーがいますが、それでは到底間に合いません。こういった考え方は誰でも知っていることですし、無意識の上では考えていると思います。ただ、実際に"仮説"として、数字を明示し、メンバーと話し合っているマネジャーはほとんどいません。勇気をもって「明文化」し、「明示」することで、マネジャーとしての「意志」と「迫力」を伝えることができます。

図1 パイプラインマネジメントの基本的な考え方

$$営業生産性向上(測定指標) = \frac{商談件数の増加 \times 商談規模の拡大 \times 商談成約率の向上}{商談期間の短縮}$$

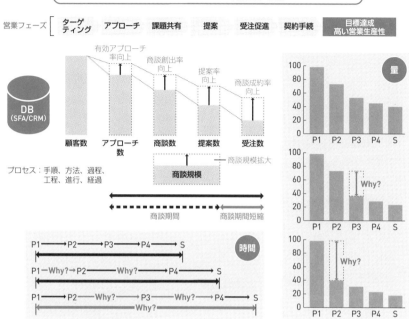

図2 ベースパイプライン(仮説)の作成

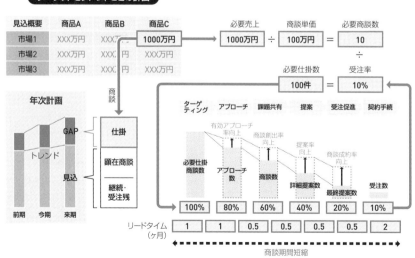

2 | 8 | 商談マネジメントにおける「確度」「進度」の管理方法と「確度」の可視化

　前節で「仕掛」商談に対するパイプラインマネジメントの方法を述べましたが、どのくらい「仕掛」なければならないかは、「顕在」商談をどれくらい正確に読み、着実に成約するかにかかっています。特に商談マネジメントがオンラインになり、気軽に商談状況を「One on One」で確認できない状況ではより効果・効率的な確認手法が必要になります。そこで「商談のスコアリング」による確度可視化について解説します。

　まず、商談における「確度」と「進度」についてですが、通常あまり分けて意識はされていないと思いますが、厳密にはこのような関係にあります 図1 。商談進度とは前述の営業フェーズのことで、通常は進度が進むにつれて確度も上がってきます（図中の白抜きの部分）。例えば「決定促進」の段階にある商談は通常70％くらいの受注確度であるとします。しかし、ある商談では、この段階でも競合含む3社横一線の検討状態であった場合、受注確度は34％以上上がらないということになります。また反対に、ある商談では「課題共有」の段階では通常30％くらいの受注確度ですが、過去の経験からこの担当者（キーパーソン）がこういう発言をしたならば、ほぼ購入に至っているという場合、実際には70％くらいの確度があると判断できるかもしれません。少し複雑なように感じられるかもしれませんが、こういった"受注確度に影響を及ぼす要因"をすっきりと効果・効率的に可視化したものが「商談スコア」になります 図2 。

　まず、「進度」が進むことにより受注確度が上がる部分を点数化します。その上で、前述のような"受注確度に影響を及ぼす要因"を洗い出し、類型化し点数化します。例えば、「すでに予算が確保できている」場合は＋○○点、逆に「予算が未確保で予定も立ってない」場合は－○○点といった感じです。これらを集計して、その商談の「スコア」を出していくのですが、SFA/CRMツールなどを活用する場合は更に、「顧客担当者」の情報欄に、その「担当者の影響力（決裁権限）」や「自社への姿勢」を「関係性」スコアとして登録しておき、商談登録の際、この商談に影響力を与える「キーパーソン」として、商談と紐づけた場合、影響者の「関係性スコア」の平均が「商談スコア」に引き継がれるといったことも可能です。これにより同じ関係性であるにもかかわらず、毎回商談関係者の影響力を入力しないで済みます。

　また、こういったスコアをそのまま「受注確度」とするのではなく、あくまでも「受注確度」は営業担当者が「主観的に判断」し、そこに「客観的事実」が伴っているのかを検証するのです。そして、ギャップがあるものについてだけ、マネジャーとメンバーが対話することによって、メンバーはスコアリングの基準を見ながら「この商談はいい感じだったけど、まだ詰めなければならないことがたくさんあるな」と気づくことができ、マネジャーもポイントを押さえた指導ができるようになります。

図1 進度と確度の考え方

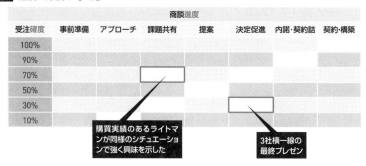

受注確度	商談進度						
	事前準備	アプローチ	課題共有	提案	決定促進	内諾・契約詰	契約・構築
100%							
90%							
70%							
50%							
30%							
10%							

購買実績のあるライトマンが同様のシチュエーションで強く興味を示した

3社横一線の最終プレゼン

図2 「適切な提案活動」の定義と可視化例

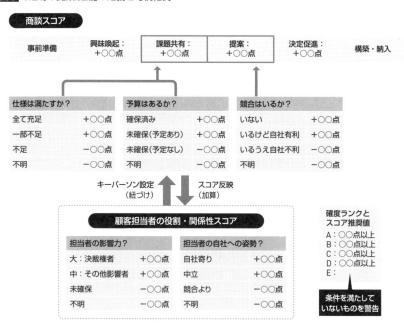

商談スコア

| 事前準備 | 興味喚起：+○○点 | 課題共有：+○○点 | 提案：+○○点 | 決定促進：+○○点 | 構築・納入 |

仕様は満たすか？		予算はあるか？		競合はいるか？	
全て充足	+○○点	確保済み	+○○点	いない	+○○点
一部不足	+○○点	未確保（予定あり）	+○○点	いるけど自社有利	+○○点
不足	−○○点	未確保（予定なし）	−○○点	いるうえ自社不利	−○○点
不明	−○○点	不明	−○○点	不明	−○○点

キーパーソン設定（紐づけ）　スコア反映（加算）

顧客担当者の役割・関係性スコア

担当者の影響力？		担当者の自社への姿勢？	
大：決裁権者	+○○点	自社寄り	+○○点
中：その他影響者	+○○点	中立	+○○点
未確保	−○○点	競合より	−○○点
不明	−○○点	不明	−○○点

確度ランクとスコア推奨値
A：○○点以上
B：○○点以上
C：○○点以上
D：○○点以上
E：

条件を満たしていないものを警告

2 | 9 | 商談マネジメントにおける「確度」「進度」の管理方法と「進度」の可視化

　通常、商談の管理は現状の「確度」と「受注予定日」を管理していると思います。しかし、これだけでは受注日が近づくまで、その商談進捗が順調なのか、遅れているのかは分かりません。そこで「マイルストーン」という考え方を使って「進度(進捗計画)」を可視化します。「マイルストーン」は文字通り、商談が「ここまで進んだ」と客観的に評価できる基準で、それを計画化したものになります。その定義は **図1** ①誰が見ても「やったか、やらなかったか」が分かるような客観性と具体性を持つこと。次に、②顧客の同意を得なければできないこと、あるいは、顧客が能動的に行動すること。最後に、③商談の進度を測る上で意味のあることです。

　例えば、「見積書を提出する」というマイルストーンを設定したとします。これは①の要素は明確にクリアしていますが、「見積りを提出してください」といった、顧客の要望に基づいて提出したものでなく、資料と一緒にこちらから一方的に提出したのでは、②の要素を満たしているかは分かりません。また、その顧客がどの業者にもとりあえず見積りをもらうタイプであるような場合は、②の要素は満たしているけれども、③は満たしていないということになります。特に③要件は規定しにくいので、ある程度マネジャーなどの経験をもとに判断せざるを得ません。

　そして、当面の目的を「発注」として、その期日を設定したら、そのためにお客様に「いつまでに」「何を意思決定していただく(許可をいただく)か」を逆算し、達成期日を予定として、明記し管理する必要があります。つまり、当初設定したマイルストーンの達成期日に対し、そのマイルストーンが実現しないまま予定日を迎えてしまった場合は、その商談は当初の予定に対して「遅延商談(進捗が遅れている商談)」ということになります。逆に、最適(最短)なマイルストーンを設定して、一つひとつ期日内に達成していければ、着実に受注に近づくことができ、挽回不可能なまでに進捗が遅れてしまうことがなくなります。

　こういった計画は常に修正をしなければならないため、管理を紙やファイル(Excelなど)で管理しようとするととても煩雑になってしまいます。そこでSFA/CRMツールで管理したものが **図2** です。これはリードタイムの長さによる商談タイプごとに、標準的なマイルストーンを設定しておき、受注予定日を入力するとパラメータに沿って、受注予定日から逆算、マイルストーンがタスクとして仮自動生成され、必要に応じて達成期日を修正したのち「確定」とすると、チェックを始めます。遅れている商談は期限切れマイルストーン案件一覧など上司のダッシュボードに表示の上、本人にはアラートメールを送付されたりします。こういった管理をすることによって、"遠い"受注予定日に対する"今"の遅れを早々に察知、対処することができるようになります。

図1 マイルストーンの定義

① 客観的に実施が確認できる
② 顧客の同意や許可が得られている
③ 進捗を図る要素として意味がある

マイルストーン例	達成期日
導入担当者の検討意思「検討したい」の獲得…	6月30日
導入部門長の課題認識「○○を解決したい」の獲得…	8月30日
導入部門長の具体的検討指示の確認…	10月10日
購買部門からの問い合わせをいただく…	11月15日
発注をしていただく…	12月25日

図2 マイルストーン管理の自動化

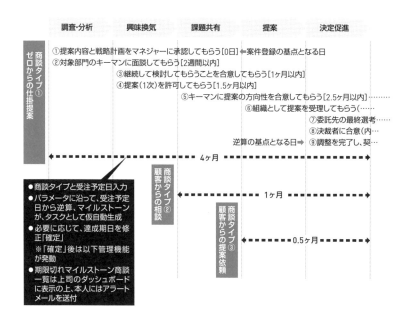

商談マネジメントにおける的確な コミュニケーションポイント

せっかく問題のある商談を抽出する仕組み作っても、計画性のある効率的なコミュニケーションをしなければ効果を発揮することができません。そこで商談管理における全体のデザインについて解説します。

日常のマネジャーとメンバーの関わりは、主に下記の3要素が想定されます 図1。

①進捗管理：商談の進捗状況を管理する（1週間に1回程度、登録されている商談の中から問題商談を抽出。・マネジャー、メンバー相互に面談前の作業をしっかり行い、特に認識のズレがなければ1回5分〜10分程度、場所は脇机などで簡易に行う）。

②戦略検討：提案の内容や攻略方法に関して具体的に掘り下げる（問題商談に対して時間に余裕を見て実施、問題商談がなければ無理に実施する必要はありません）。

③指導・育成：本人のスキルアップを目的に関わる（対象者の傾向を踏まえ実施するが、実施する場合は、事前にコーチングを行う時間を取ることは伝えておく）。

上記の要素を区別なく、だらだらとミーティングを続けてしまう光景をよく見ますが、しっかりした事前準備のもと、メリハリのあるミーティングを心がけます。

また、全ての商談を1から管理することはできませんので、「管理する商談」と「管理しない商談」を決める。「どのタイプの商談」を「どの程度管理するか」を決め、メリハリをつけるなどの全体像をデザインする必要があります 図2。まず、週次で進捗管理ミーティングを行うとしたら、ミーティング前日にメンバー、マネジャー双方で以下の作業を行っていなければなりません。

①追っている全ての商談が登録されているか（今期目標を達成するために十分な商談量が確保されているかも含め）を確認する。

②見込んでいる受注確度とスコアのアップにギャップがある、または期限切れとなっているマイルストーンのある商談がないか確認する（単なる確度、マイルストーンの更新漏れの場合は速やかに更新する。何らかの理由でスコアが上がらない場合やマイルストーンが遅れている場合はその理由を明確にし、リカバリーの実施予定に修正する）。

③先週する予定であった活動で差異があったもの（できなかったこと／予想以上に進展したこと）とその理由・商談進捗との関係を整理する。更に今週実施予定の活動と進捗させる商談との関係を明確にする。

面談時はメンバーの話を聞き、問題なければ（想定した課題に対して期待通りの報告がなされた場合）聞くだけで面談を終了します。これにより、面談時間を短縮できると同時に、前日の確認時に"メンバー自ら"自己の活動を能動的に振り返る"育成のしくみ"を作ることにもつながります。

図1 マネジメントにおけるコミュニケーションのあり方

実施内容	面談前	面談時	面談後・日常
要素①進捗管理 商談や施策の進捗状況を管理する	メンバー ●問題項目の再確認（記入漏れ） ●原因と対応策の整備 マネジャー ●問題商談のチェック ●問題理由の推測と改善策のイメージ	メンバー ●進捗状況の報告（予定以上に進捗したもの・問題商談） ●理由と対策、次の一手の報告 マネジャー ●メンバーの話を聞き、問題なければ聞くだけで、要所を確認	メンバー ●合意事項の着実な実行 ●日々の入力の中での進捗の再確認 マネジャー ●日々の関わりの中での合意事項のリマインド
要素②戦略検討 提案の内容や方法に関して具体的に掘り下げる	メンバー ●相談、判断を仰ぐ問題商談、項目を決めておく マネジャー ●話し合う問題商談・項目をイメージする	メンバー ●進捗確認後、進捗状況とは別に、相談がある旨を伝える マネジャー ●メンバーから主体的に相談が出なければ 想定した商談、項目について確認する	
要素③指導・育成 本人のスキルアップを目的に関わる	マネジャー ●日々の関わりの中で、仮説に基づく事実、データを収集し指導ポイントを明確にしておき、メンバーの気づきをベースにコーチングスタイルで実施		

図2 商談マネジメントのデザイン

❶ 目標達成に向けて必要な商談が十分に登録されているか
➡売上見込み（売上予定金額×受注確度）において十分な商談量があるか

❷ 進捗が遅れている「問題商談」はないか
➡受注確度に対してスコアの低い、期限切れマイルストーンのある商談はないか

❸ 活動が適切に実行されているか
➡週次の活動予定が（適切な配分で）登録され、実行されているか

マネジメントの効果・効率化

「管理する商談」と「管理しない商談」を決める
「どのタイプの商談」を「どの程度管理する」かメリハリをつける

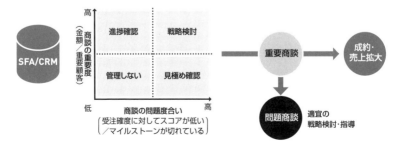

①チームセリング

ひとつの販売目的に対して（マーケティング、セールス、技術、サポート、マネジメント）など「関連部門が協力・連携して動く」という考え方。「営業チーム内で協力する」という考え方もありますが、本書ではそれとは区別している。

②BI

Business Intelligence（ビジネスインテリジェンス）の略。個々の情報手段を統合して、経営などより上位の目的にデータを活用するという考え方。本書では（例えばSFA/CRMツールであれば）「マネジャーによるプロセス管理」というチーム内で完結するものではなく、商品別販売実績データと連携して、商品の生産計画や部品調達計画に活かすというものになる。

③スコアリング

マーケティングの世界では「そのリードがHotかColdか」営業の世界では「その商談が受注できそうか、難しそうか」という定性的な感覚ではなく、事実ベースに基づく客観的な指標化をするという考え方です。できるだけ点数化される条件設定を具体的・客観的に設定することが求められます。

④パイプラインマネジメント

言葉の由来は、商談をパイプライン（石油を輸送する管）に見立てて、目的地に着くまでにどれだけ中身が漏れてしまうのか（商談が目減りしてしまうのか）を測定し、管理する考え方。広義では単に「見込み予測」をいう意味で使われている場合もあり、また目減りの仕方を細かくプロセス分析するという場合もある。

⑤営業フェーズ

営業の進捗をいくつかの標準的な段階（アプローチ⇒ニーズ把握⇒提案など）に分け、今どの段階にいるのか、進捗に関する認識を合わせるための考え方。ただフェーズ（段階）名だけが表現されていても人によって認識はばらつくので、定義や達成条件（客観的事実）をしっかりと規定ことが求められる。

⑥ハイパフォーマー

常に高い成果を上げ続ける人を指す。ただ組織としてその人のノウハウを活用（標準化）する場合、理由は分からないが成果を上げる「天才タイプ」よりも、実直な「秀才タイプ」の人に焦点を当て、その活動を可視化することが重要になる。

⑦商談の確度と進度

確度とは純粋にその商談を受注できる確率を指し、進度は自社が受注できるかどうかは別に、お客様内で、その商談がどの検討段階にあるかを指す。すでに進捗している商談などは確度の管理で十分であるが、商談の初期段階や、商談スパンの長い（予算取りなど期をまたぐ）ものは進度の考え方が重要になる。

⑧リードタイム

営業フェーズにおける、全体及び各フェーズ間にかかる時間を指す。売り手側がお客様の、検討スピードをコントロールするのは難しいが、それでも「どのようなサポートをしたら、お客様の意思決定をご支援できるか」を考え、常にリードタイムを短くしていく努力が必要になる。

Chapter

3

営業スキルアップ

営業担当者を対象に実施した調査をもとに高業績者の特徴を分析しています。加えてオンライン営業で特に重要なスキルや、営業活動の基盤であるターゲット選定、顧客戦略立案、商談場面でのヒアリング、プレゼンテーション、ネゴシエーションといったスキルと、ロイヤルカスタマーの獲得について紹介します。

Writer：坂口 陽一

3 | 1 | 営業担当者に必要な能力

　企業を取り巻く環境の変化は激しく、企業は存続するために様々な課題に取り組んでいます。例えば、働き方改革、生産性の向上、組織体制の見直し、人材育成の強化、イノベーションの推進など課題に対して、中長期のビジョンや戦略を立案し、PDCAを展開しようと必死になっているのが現状でしょう。

　営業現場は、顧客管理や資料作成など営業担当者の事務処理作業がITやAI・ロボットにとって代わられ、オンライン商談も当たり前となる中で、営業職のタスクも変化を余儀なくされているのが現状です。中には、ネット販売やAIロボットなど営業担当者が介入しなくても販売が成り立つバーチャルセールスも現れ、営業職の存在すら危ぶまれているのも事実です。

　そこで、2020年1月にパーソルラーニング(現、パーソル総合研究所)は、営業職を取り巻く環境の変化に適応し、高業績をあげている優秀な営業担当者の実態調査 **図1** を行いました。実態調査から優秀な営業担当者には、5つの要因(ファクター)と27の能力(コンピテンシー)、そして110の行動基準が存在していることが明らかになりました。

　5つの要因(ファクター) とは、優秀な営業担当者が、成果につながる要因や背景を表したもので、成果に直結する能力と行動に深い関係があることが分かりました。そして「自己管理要因」を土台として位置づけ、各要因の関連性について構造化 **図2** したものです。更に、直接的に成果と関係が深いと考えられる要因は、その土台となる「自己管理要因」と強い関連性が見られ、それぞれの要因が相互に作用していることが分かったのです。

　27の能力(コンピテンシー) とは、安定的に高い成果をあげる営業担当者に共通する再現性のある行動特性や能力のことを示します。27の能力は、外部環境の変化に応じて、会社が目指す方向性や戦略によって能力の発揮度合いが変化します。

　例えば、会社の方針として、「既存顧客の期待に応えロイヤリティを高め、価値を提供する」という方向性が示されたなら、営業能力の向上では、業務推進要因の「顧客志向性」「人脈構築」「組織化」といった能力について人材育成、自己啓発、OJTなどを積極的に取り組むようにします。つまり、環境の変化や会社の方向性によって求められる営業能力の発揮度合いが変化し、営業のあるべき姿が新たに確立されるのです。あるべき姿を実現するためには、27の能力を基準に、一人ひとりの営業担当者の強みと弱みを把握して、強い能力は維持向上し、弱い能力は訓練やOJTなどで営業スキルを補強することが必要になります。

図1 優秀な営業担当者の能力(営業スキル)

ファクター	コンピテンシー	コンピテンシーの定義
自己管理要因	ストレス耐性	プレッシャーや障害のある状況においても、安定した言動を維持する。
	自発性	目標達成や仕事の取り組みにおいて、自ら率先して行動する。
	学習性	業務に必要な知識やスキルを自発的・継続的に学習し、営業活動に活用する。
	適応性	社内外の環境や状況の変化、仕事の責任範囲や周囲の人間関係の変化に対して、柔軟に対応する。
	達成意欲	自分の目標や仕事に高い基準を設定し、困難に直面しても最後までやり通す。
対人関係・影響要因	対人感受性	自分の行動が相手に与える影響を理解して、相手の感情や気持ち、立場を配慮した行動をとる。
	説得力	お客様や社内外の人たちに対して、自分の意見を明確に伝え、自分の意図する方向に相手の意見や態度を導く。
	交渉力	自社の利益や立場を保ちながら、相手から同意を得るために効果的な代替案を示す。
コミュニケーション要因	傾聴力	相手の話や内容やニーズを正しく理解したかどうかを確かめながら、積極的な姿勢で相手の話に耳を傾ける。
	プレゼンテーション	自分の考えやアイデアを一貫した流れで聞き手に説明し、意思決定を促す。
	口頭表現	相手の特性や関心事に合わせて、自分の考えや情報を効果的に伝える。
	文章表現	提案書や社内文書で、自分の考えが相手に正しく伝わるように論理的、明確に表現する。
思考要因	戦略的思考	意思決定や目標達成・課題解決にあたり、自社の戦略的な方向を認識し、その現実に向けて行動の優先順位をつける。
	情報収集	意思決定や問題解決に必要な情報を、社内外の様々なリソースを活用してタイムリーに入手する。
	倫理的思考	情報を分析的、倫理的に体系づけることによって、問題を解決する。
	創造的思考	既存のやり方や考え方にとらわれず、新しい視点からアイデアを創造する。
	先見性	将来起こりうる問題やビジネスチャンスを見通し、一歩先行した行動をとる。
	決断力	事実情報や分析からえられる倫理的な仮説に基づき、適切な意思決定をする。
	リスクテーキング	不確実な状況でも、将来的に見れば十分利益を得られる理由や根拠があれば、積極的にリスクをとる。
業務推進要因	計画立案	目標達成のための計画を立て、不測の事態も考慮した代替計画を準備する。
	進捗管理	目標達成や業務の進捗度合いを、事前の計画に照らし合わせて振り返る。
	顧客志向性	常にお客様の満足を優先するように考え、お客様のニーズにそった行動をとる。
	迅速性	お客様の要望に応えるために、常に迅速な行動をとる。
	人脈構築	お客様や営業活動に関連する社内外の人たちとの間に良好な関係を築き、仕事上の協力・支援を得る基盤を築く。
	組織化	特定の目的を達成するために、社内外の必要なリソースを適切に割り当てたり、関連部門の支援を得る。
	組織認識	組織の規則や規範に従い、組織の利益や目標を重視した行動をとる。
	IT活用	情報収集やコミュニケーション手段としてテクノロジーを効果的に利用し、営業活動に役立てる。

＊営業担当者のコンピテンシー診断ツールMirrorより抜粋(パーソル総合研究所)

図2 成果を創出する5つの要因(ファクター)

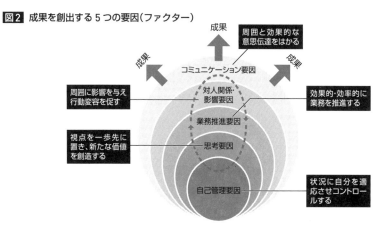

3 | 2 | 高業績営業担当者と 一般的な営業担当者との違い

　同実態調査では、1000人の営業職を対象に、高業績をあげている優秀な営業担当者と一般的な営業担当者との能力について、5つの要因、27の能力、110の行動基準を質問形式にし、実践度合いを5段階評価で回答してもらいました。業種は、製造、機械、自動車、金融、医薬品、医療機器、IT など様々な営業職が対象です。

　高業績の営業担当者と一般的な営業担当者との能力差を見ると、**自己管理要因**は、ストレス耐性、自発性、学習性、適応性、達成意欲全ての能力について0.8ポイント前後の乖離がありました。これにより、高業績の営業担当者は状況変化に適応し、強い目標達成意欲から積極的に自身の営業スキルを高めていることが分かりました。

　対人関係要因は、対人感受性の差が比較的大きく、相手の立場を尊重し、相手を思いやる気持ちや姿勢などに違いがあることが確認できました。

　コミュニケーション要因は、プレゼンテーション、口頭表現の能力が高いことから、高業績の営業担当者は、一方的なプレゼンテーションではなく、お客様の課題やニーズに合わせた双方向のプレゼンテーションに違いがありました。

　思考要因は、戦略的思考、決断力、リスクテーキングの能力が高く、高業績の営業担当者は目標達成に向けて方向性を示し、お客様との関係強化において戦略的に営業活動を実践していることが分かりました。そして、営業活動に影響を及ぼす要因を的確に判断し、お客様の意思決定を戦略的に進めることが明らかになったのです。

　業務推進要因は、計画立案、進捗管理、顧客志向性、迅速性、人脈構築の能力が高いことから、高業績の営業担当者は営業活動の計画を立案、実行し、進捗管理から迅速に次の行動へ進む活動ができていることが分かりました。また、お客様の期待に応え、人脈やネットワークなどを活用して、関係強化を図る行動に違いがあることが判明したのです。

　高業績の営業担当者が身につけている能力と営業プロセスとの関係 **図2** から営業スキルの課題を整理すると次のようになります。

- 自己管理能力を高め、積極的に取り組む自立型人材の育成
- ターゲット顧客の選定と戦略立案
- 顧客戦略(アカウントプラン)、計画立案、実行、進捗確認、次の行動への素早い展開
- 顧客ニーズや課題を予測する仮説立案と情報収集(ヒアリング力)の徹底
- 顧客ニーズや課題に合わせた新しいプレゼンテーション方法の確立
- 顧客満足の向上を意識した、ロイヤルカスタマーと新規紹介の獲得

このような課題を克服する営業スキルの向上が急務となっています。

図1 高業績営業業者と一般営業担当者　能力の差

要因（ファクター）	能力（コンピテンシー）	高業績営業	一般営業	差
自己管理	ストレス耐性	3.95	3.13	0.81
	自発性	3.97	3.16	0.82
	学習性	3.92	3.13	0.79
	適応性	3.95	3.15	0.80
	達成意欲	3.97	3.14	0.83
	平均	3.95	3.14	0.81
対人関係影響	対人感受性	4.02	3.25	0.77
	説得力	3.88	3.11	0.76
	交渉力	3.89	3.14	0.74
	平均	3.94	3.15	0.79
コミュニケーション	傾聴力	3.93	3.20	0.73
	プレゼンテーション	3.89	3.09	0.80
	口頭表現	3.95	3.15	0.80
	文章表現	3.89	3.15	0.74
	平均	3.94	3.15	0.79
思考	戦略的思考	3.93	3.13	0.80
	情報収集	3.90	3.19	0.71
	論理的思考	3.86	3.11	0.76
	創造的思考	3.83	3.08	0.75
	先見性	3.84	3.10	0.74
	決断力	3.95	3.17	0.78
	リスクテーキング	3.92	3.10	0.82
	平均	3.89	3.12	0.77
業務推進	計画立案	3.93	3.14	0.80
	進捗管理	3.95	3.14	0.80
	顧客志向性	3.93	3.15	0.78
	迅速性	3.94	3.17	0.77
	人脈構築	3.89	3.11	0.78
	組織化	3.90	3.15	0.75
	組織認識	3.93	3.20	0.73
	IT活用	3.92	3.18	0.73
	平均	3.91	3.14	0.77
統計		3.92	3.15	0.77

5段階評価（1.全く実践できていない／2.実践できていない／3.状況により実践している／4.実践している／5.常に実践している）
　　は、総計平均差0.77以上の差がある能力
高業績営業者 N=298　一般営業者 N=702

図2 高業績営業担当者の能力と営業プロセスとの関係

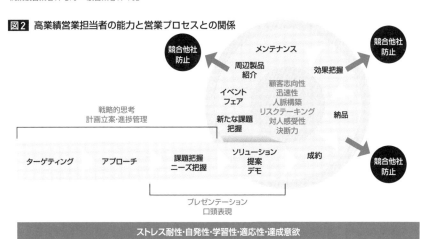

3 | 3 | オンライン営業に必要な営業スキル

　これまで紹介した営業スキルの課題は、お客様との対面営業が中心のスタイルでした。今後は、対面営業に加えてオンラインツールを使った新しい営業活動が当たり前のように実践されます。しかし、オンラインの活用による営業活動への切り替えが、なかなか成果につなげられないと嘆く声が多くなっているのも事実です。このような新しい営業ツールを活用して、成果をあげるために必要な営業スキルを紹介します。

　直接面談しないとバイイング・シグナル（購入する意思や態度）**図1**を見極められないと感じる方もいます。しかし、この考えは誤解であり、非対面営業であっても営業スキルを向上させることでバイイング・シグナルをキャッチすることが可能になります。

　オンライン営業で特に重要となる営業スキルは、高業績の営業担当者と一般的な営業担当者との能力の差から考察すると**図2**のようにまとめることができます。

▶事前準備のさらなる徹底　面談時間内でより効果的な議論を進めるためには、情報収集をなるべく事前に済ませる必要があります。そのためにも、事前情報はWebページやSFAの面談履歴、電話やメールの情報を含め徹底的に知ることが重要です。

▶ファーストコンタクトのための仮説準備　初めてのお客様とオンラインで面談する場合は、お客様の表情が捉えづらく、目配せができない中でのコミュニケーションが必要になります。面談となった背景や仮説を十分に考察し、真正面から議論に入ることが大切です。

▶面談テーマ（面談目的）の設定　面談テーマを明確にし、お客様の要望を把握しながら、自社の持つ強みを的確に伝えます。また、面談ごとに次のステップを先方と共有することを徹底し、明確な意思決定までのプロセスを明示します。

▶面談後のフォローの徹底　面談終了後に、素早く面談情報のまとめをメールで送り、面談後フォローを徹底します。営業担当者の対応範囲は、オンラインでしか証明できないため、要望に対する的確かつ迅速な回答が営業担当者の腕の見せ所となります。事後情報の整理は、SFAを活用して社内への情報共有や的確なフィードバックを受けるのにも役立ちます。

▶ステークホルダーの明確化　オンライン営業は、意思決定者やステークホルダーが捉えづらくなるので、ステークホルダーを明確にします。また、会えない意思決定者やステークホルダーにも面談内容が届くように情報を準備し、届いたことを確認することが重要になります。

　このように今後は、対面営業とオンライン営業を組み合わせたハイブリッド営業で、お客様との接点を増やすことになります。

図1 バイイング・シグナルの見極め

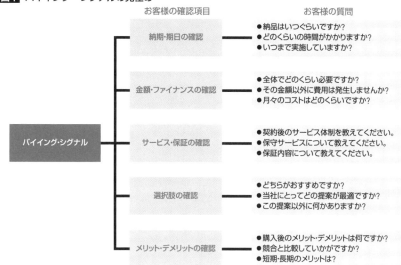

図2 オンライン営業で重要となるスキル

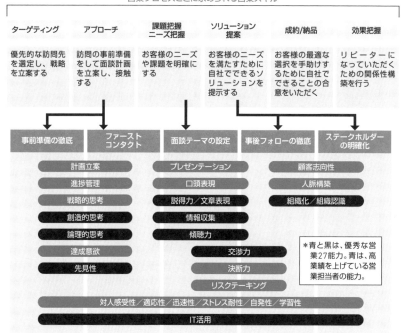

3 | 4 | ターゲット顧客の選定

　高業績の営業担当者は、会社としてのターゲット顧客を理解しているだけでなく、営業チームや営業個人としてもターゲット顧客を明確に選定しています。

　ターゲット顧客の選定方法 **図1** は、SFA/CRM などで蓄積された既存顧客の情報から分析を行います。そして、会社の営業方針・戦略・施策に従って、営業担当者が取引している顧客リストから選定するのです。手順は1「顧客業種/業態」、2「顧客規模ポテンシャル」、3「顧客部署」、4「顧客との取引状況」、5「顧客との関係強化」の順でターゲット顧客を絞り込みます。

　1「**顧客業種/業態**」と2「**顧客規模ポテンシャル**」の情報は、検索エンジンや顧客のホームページなどで情報は収集できます。3〜5については、営業担当者の営業活動を中心に情報収集し、顧客情報をSFA/CRMに蓄積します。しかし、営業担当者によっては情報収集のバラツキが生じてしまい、精度の高いターゲティングができない可能性があります。ですから、営業担当者は情報収集の営業スキルを高めることが必要になります。

　3「**顧客部署**」は、顧客部署(人事部、営業部、企画部など)の課題やニーズに対して自社が提供している商品・サービス、ソリューションから顧客部署の特性や特色を分類してターゲット顧客を絞り込みます。例えば、「人事部は、A商品」「営業部は、Bソリューション」のように、部署によって課題やニーズが異なり、自社が提供している商品、サービス、ソリューションも異なります。そこで、将来、どの部署に販売拡大が期待できるかを分析し、自社にとってポテンシャルの高い顧客部署のターゲティングを行います。

　4「**顧客との取引状況**」**図2左** は、2:8の原則をもとに考察します。営業担当者が、担当している顧客全体の2割の顧客から、売上目標の8割を達成する考え方です。取引額、自社商品・サービス、営業担当者別などの自社との取引状況(売上・利益)からターゲット顧客を選定します。特にパレート図は有効で、ターゲット顧客を選定する方法としては多くに取り入れられており、取引額が高い順に顧客を並べた棒グラフと、その数値の累積比率を表す折れ線グラフの複合グラフで表します。見方は、取引額が高い順で取引額を合計し、全体の80%を占める顧客をAランク、80%〜90%をBランク、90%〜100%をCランクの顧客に分類し、ターゲット顧客を選定するのです。

　5「**顧客との関係強化**」**図2右** は、「顧客との取引状況」の顧客リストを更に深く分析し、縦軸成長率と横軸占有率の4象限からターゲット顧客を選定します。これは、売上/利益の高い顧客を選定するだけでなく、競争相手のシェアや自社の価値提供(ソリューション)の状況からターゲット顧客を選定する方法です。

　このようにターゲット顧客は、営業個人の営業スキルの基本として押さえていく必要があります。

図1 ターゲット顧客の選定基準と手順

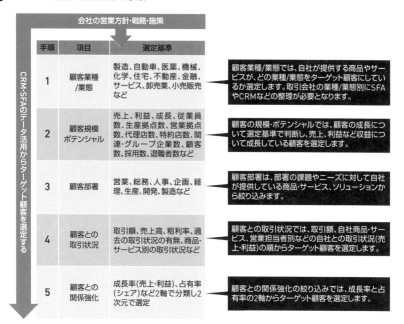

手順	項目	選定基準	
1	顧客業種/業態	製造、自動車、医薬、機械、化学、住宅、不動産、金融、サービス、卸売業、小売販売など	顧客業種/業態では、自社が提供する商品やサービスが、どの業種/業態をターゲット顧客にしているか選定します。取引会社の業種/業態別にSFAやCRMなどの整理が必要となります。
2	顧客規模ポテンシャル	売上、利益、成長、従業員数、生産拠点数、営業拠点数、代理店数、特約店数、関連・グループ企業数、顧客数、採用数、退職者数など	顧客の規模・ポテンシャルでは、顧客の成長について選定基準で判断し、売上、利益など収益について成長している顧客を選定します。
3	顧客部署	営業、総務、人事、企画、経理、生産、開発、製造など	顧客部署は、部署の課題やニーズに対して自社が提供している商品・サービス、ソリューションから絞り込みます。
4	顧客との取引状況	取引高、売上高、粗利率、過去の取引状況の有無、商品・サービス別の取引状況など	顧客との取引状況では、取引額、自社商品・サービス、営業担当者別などの自社との取引状況(売上・利益)の順からターゲット顧客を選定します。
5	顧客との関係強化	成長率(売上・利益)、占有率(シェア)など2軸で分類し2次元で選定	顧客との関係強化の絞り込みでは、成長率と占有率の2軸からターゲット顧客を選定します。

会社の営業方針・戦略・施策

CRM・SFAのデータ活用からターゲット顧客を選定する

図2 顧客との取引状況と関係強化 選定基準(例)

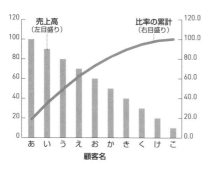

顧客との取引状況

- 売上の8割は、全体の2割の顧客で占める
- 売上の8割は、全商品の上位2割が占める
- 売上の8割は、全社員の2割で稼がれている

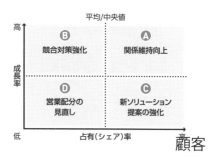

顧客との関係強化

- Ⓐゾーンの顧客は重点企業
- Ⓑゾーンの顧客は競合対策を検討する企業
- Ⓒゾーンの顧客は新規ソリューションの提案
- Ⓓゾーンの顧客は営業配分を見直す企業

3 | 5 | 仮説立案

　仮説立案は、お客様の現状を客観的に捉え、お客様の課題を中心に仮説を立て、自社のソリューションにつなげる営業スキルです。そして営業プロセスの「アプローチ」「課題・ニーズ把握」の活動を通じて、「お客様の理解」と「課題の構造化」の2つについてお客様と情報交換を行い明確にします。

　「お客様の理解」は、お客様の現状を徹底的に知り、重点課題について仮説で選定します。仮説立案の方法としては、**ビジネス構造モデル**のフレームワークを活用します。ビジネス構造モデルとは、3C（Customer、Company、Competitor）分析を応用した5C（3C+Customer's Customer、Customer's Competitor）のフレームワークを活用してお客様の課題について仮説を立案します。この考え方は、物販型営業から脱却し、お客様のビジネス課題に焦点を当てたソリューション型営業に変化させることが目的です。

　ビジネス構造モデルの作成方法 **図1** は、インターネット検索、SFA/CRMなどの情報から①「お客様の提供価値」、②「お客様のお客様の動向」、③「お客様の変化に伴う課題」、④「お客様の競合動向」、⑤「お客様の競合への対応」、⑥「お客様のありたい姿と重点課題」について仮説を立案します。そして、お客様の重点課題を選定して確認します。

　「課題の構造化」は、ビジネス構造モデルから選定されたお客様の重点課題をロジックツリーの手法を用いて目的から手段、更に手段をまた目的に変えて手段に落とし込み、深掘をしていきます。深掘することで、経営課題（上位）、部署の課題（中位）、現場の課題（下位）など大、中、小の課題に整理でき自社のソリューションと結びつけることが可能になります **図2**。

　解決策は「課題の構造化」が完成したあと、提案できる自社のソリューションを検討します。更に、お客様の重点課題を解決するためには組織の課題と短期、中期、長期などの優先課題にも対応します。

　解決策には、自社の商品やサービスで解決できるものもあれば、他部署の商品やサービス、関連会社の商品やサービスで解決できるものもあります。新しいソリューションで解決するような場合は、開発、研究、サービスなど他部署を巻き込み、組織全体として対応できるように総合力を発揮しなければなりません。自社では解決できない課題については、情報提供として他社や関連会社などを紹介します。このように、自社の総合力を発揮してお客様の課題に焦点を当て、お客様と一緒に検証していきます。

　仮説立案は、お客様の課題に焦点を当てた活動から、ソリューション提案を行い、お客様と早期に信頼関係を築くために必要な営業スキルなのです。

図1 ビジネス構造モデルの作成方法

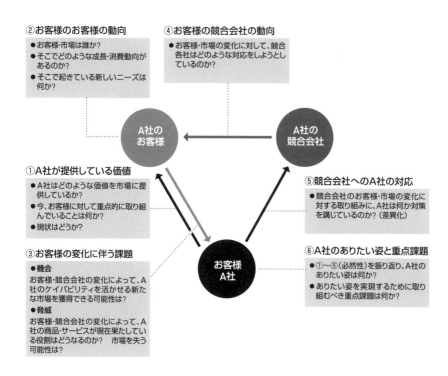

②お客様のお客様の動向
- お客様・市場は誰か?
- そこでどのような成長・消費動向があるのか?
- そこで起きている新しいニーズは何か?

④お客様の競合会社の動向
- お客様・市場の変化に対して、競合各社はどのような対応をしようとしているのか?

①A社が提供している価値
- A社はどのような価値を市場に提供しているか?
- 今、お客様に対して重点的に取り組んでいることは何か?
- 現状はどうか?

③お客様の変化に伴う課題
- **機会**
お客様・競合会社の変化によって、A社のケイパビリティを活かせる新たな市場を獲得できる可能性は?
- **脅威**
お客様・競合会社の変化によって、A社の商品・サービスが現在果たしている役割はどうなるのか? 市場を失う可能性は?

⑤競合会社へのA社の対応
- 競合会社のお客様・市場の変化に対する取り組みに、A社は何か対策を講じているのか?(差異化)

⑥A社のありたい姿と重点課題
- ①〜⑤(必然性)を振り返り、A社のありたい姿は何か?
- ありたい姿を実現するために取り組むべき重点課題は何か?

図2 課題の構造化と自社のソリューション

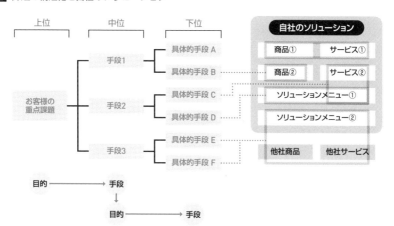

仮説立案した重点課題をロジックツリー図を活用し構造化します。そして、具体的な手段を整理し、優先順位や具体的手段を検討します。更に、お客様の課題を解決するために、具体的手段に対応した、自社の複合的ソリューションを選定します。この仮説についてお客様と面談し確認していきます。

3 | 6 | 顧客戦略の立案

　顧客戦略の立案は、ターゲット顧客を選定し、ターゲット顧客ごとの課題に合わせて戦略を立案します。顧客戦略 **図1** を立案するためには「営業プロセスと活動項目」「影響要因」「面談者の課題とニーズ」「面談目的」「意思決定スタイル」の5つの要因を検討し、戦略を練ります。次に具体的に面談する優先順位を決定して活動計画を考えます。

　「営業プロセスと活動項目」は、営業プロセスおよび各プロセスにおけるマイルストーンを活動レベルで明確にしていきます。この「営業プロセスと活動項目」は、客観的に観察できるもので誰が見ても共通言語として認識がなければなりません。

　「影響要因」は、過去から現在までの事実をオポチュニティとリスクに分けて、その時点でオポチュニティに働いている要因を最大限に活かすためにはどうすればよいか、リスクに働いているものを極力小さく抑えるためにはどうすればよいかを検討し、将来に向けてどのような営業活動をしていけばよいかを具体的に考えます。

　「面談者の課題とニーズ」は、面談者ごとの課題とニーズを明確にします。お客様は課題が解決できニーズが満たされてはじめて、営業プロセスを前に進めます。解決またはニーズが満たされなければ、営業プロセスが停滞するか、最初の段階に戻る場合があります。

　「面談目的」は、一回の面談でお客様からどのような合意をいただくかを明確にします。全てが合意されるわけではないので、複数の面談目的を準備することが大切です。例えば「デモンストレーション実施の許可をいただく」「次回の面談で部長を紹介いただく」「見積書提示の合意をもらう」などです。

　「意思決定スタイル」は、自社の提案に対してYesかNoかを判断する意思決定者と意思決定者の判断に影響を与える影響者の2つのタイプがあります。更に、意思決定者と影響者には、味方である推進者と妨害する反対者、そして、どちらとも判断がしにくい中立者が存在します。営業担当者が実践しなければならないことは、事前に意思決定者と影響者、および推進者、反対者、中立者を事前に予測することです。特に反対者に対する対応策を検討することが重要です。

　このように顧客戦略を立案する上で必要な5つの要因が検討されたなら、具体的にどのような活動をするのか面談の優先順位を検討します。それが意思決定マップ **図2** です。意思決定マップを作成することで、見えない意思決定ルートが理解できます。そして、誰と先に面談して、意思決定を促すのかといった具体的な戦略が立てやすくなります。更に、お客様の人間関係や内部の対立状況を判断して、営業活動の停滞を回避することができます。つまり、営業担当者が、顧客戦略を立案し実行することができれば、成約率も上がりお客様との関係が強固なものとなるのです。

図1 顧客戦略の立案（例）

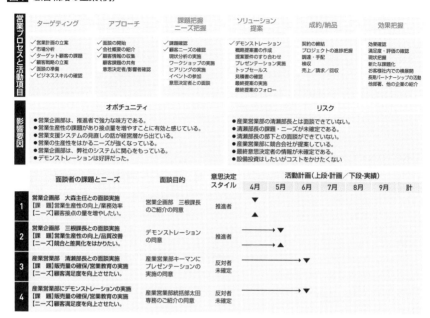

図2 意思決定マップの作成（例）

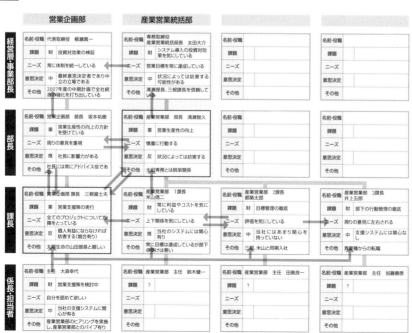

3 | 7 | ヒアリング

　高業績の営業担当者は、ファーストコンタクトのお客様に対して警戒心を取り除き、重要な情報を収集します。その時に必要となる営業スキルがヒアリングです。ヒアリングは、お客様のニーズや課題を把握し、営業プロセスを前に進め成約率を高めるために必要不可欠な営業スキルといってもよいでしょう。

　ヒアリングには、オープンクエスチョンとクローズドクエスチョンの2種類の質問 **図1** があります。オープンクエスチョンは、お客様に自由に話してもらう質問で、お客様の考えや情報をたくさん得るために有効です。また、お客様の表面的な話から奥深い背景や根拠を聞くことができます。しかし、話が散漫になり、的を絞ることが難しくなる可能性があります。

　クローズドクエスチョンは、ある特定の話題に対してお客様の返事を限定して情報を得ることができます。Yes、Noや選択肢でお客様の返事を限定して、営業担当者がリードしながら話を進めることが可能となります。しかし、クローズドクエスチョンが多すぎると、お客様は誘導尋問を受けているようで協力的な返事を拒む場合があります。

　高業績の営業担当者は、2種類の質問を使い分け、質問の4ステップ **図2** を実践しています。お客様に課題やニーズが存在していたとしてもお客様がその課題やニーズを認識していなければ、どんなに良い商品やサービスであっても受け入れてはくれません。そこで、お客様に課題やニーズを認識してもらうステップが必要になるのです。

▶現状把握の質問　お客様の仕事や業務に関する変化や方向性などについて、お客様が自由に話してくれるようなオープンクエスチョンを中心に実践します。これにより営業担当者は、お客様から多くの情報を引き出し、課題やニーズに関する手がかりやヒントをつかむことができるのです。

▶問題分析の質問　仮説を立案した課題やニーズについて的を絞り、より具体的な情報を得るようにします。ここでは、お客様の反応や問題の大きさを知るため、お客様の返事を限定するクローズドクエスチョンを活用するとよいでしょう。

▶影響確認の質問　お客様に問題をそのまま放置することのリスクや問題解決した時の影響について、お客様に考えてもらう質問です。この質問により課題やニーズを浮き彫りにして解決しなければならない気持ちを啓発します。

▶ニーズの顕在化　お客様が課題やニーズについて検討されたなら、ニーズが顕在化されたかを確認します。ここでは、クローズドクエスチョンが有効です。

　このように高業績の営業担当者は、闇雲に質問をしているのではなく、事前にお客様の現状を調べ仮説立案を行い、ニーズを顕在化させるために順を追って質問をしているのです。

図1 ヒアリング　質問の種類

質問の種類	目的	質問例	お客様への有効性	弊害
オープン クエスチョン	お客様に自由に話しても らう質問	●具体的どのようなこと でしょうか？ ●何か理由がございます か？ ●どのように対策は取ら れていますか？ ●なぜそのようになった のでしょうか？ ●このようになった背景 は何ですか？	●よく話をしてくれるお 客様 ●面談の初期 ●具体的な背景や理由を 聞くとき ●多くの情報を得たいと き	●話が散漫になる ●特定な話題に限定でき ない ●的を絞ることができな い ●口の重いお客様は答え てくれない ●どのような返事が出る か特定しにくい
クローズド クエスチョン	お客様にある特定の話題 に返事を限定する質問	●赤ですかそれとも青で すか？ ●決定された内容に満足 していますか？ ●期間は、一週間ですか？ ●生産性を向上させるこ とですか？ ●A案とB案のどちらを 選択しますか？ ●東京からどのくらいの 距離ですか？	●口が重いお客様 ●営業担当者がリードし たいとき ●オープンクエスチョン で話をしてくれないお 客様 ●お客様に確認するとき	●お客様は、尋問や詰問 のように聞こえてしま う ●お客様は、誘導尋問さ れているように感じる ●ある限定された範囲の 情報しか得られない

図2 ヒアリング　質問の4ステップ

質問の 4ステップ	現状把握	問題分析	影響確認	ニーズの顕在化
目的	●課題・ニーズについて 仮説立案を参考に現状 を把握する。	●自社のソリューション 提案で解決できる課題 や問題点を探る。	●問題が解決できない時 の影響や解決できた時 の効果について検討し てもらう。	●お客様の潜在的ニーズ を顕在化させる。
各ステップでの 質問	●お客様の課題や業務に 関する現状について質 問する。	●課題やニーズのありそ うな分野に的を絞った 質問をする。	●問題を放置した時のリ スクについて質問する。 ●問題が解決した時の影 響について質問する。	●自社ソリューションの利 点で満たすことのでき るニーズが顕在化させ るような質問をする。
ステップ終了 時点での ニーズ認識	（営業担当者） ●ニーズのありそうな分 野を見分けられる。 （お客様） ●状況や問題点について は、ある程度気づいて いるが、営業担当者の 商品に対するニーズ は、認識していない	（営業担当者） ●自社ソリューションの 利点で満たすことので きるニーズを認識して いる。 （お客様） ●問題点の原因に目を向 け始めてはいるが、営 業担当者のソリュー ション提案に対する ニーズは、認識してい ない	（営業担当者） ●問題を放置した時のリ スクを認識している。 ●解決した時の影響につ いて認識している。 （お客様） ●問題を放置した時のリ スク、解決した時の効 果について意識し始 め、解決しなければな らないと考え始める。	（営業担当者） ●お客様と共通のニーズ 認識を持っている。 （お客様） ●営業担当者と共通の ニーズ認識を持ってい る。

*図1、図2ともに、Miller Heiman Group, now part of Korn FerryのProfessional Selling Skills(PSS)面談スキル強化をもとに簡略化して作成。なおProfessional Selling Skills(PSS)とは、面談スキルを習得する研修プログラムのこと。世界50カ国で300万人以上、日本でも業種・業態を問わず述べ3000社以上に採用されている。

3 | 8 | プレゼンテーション

　プレゼンテーションとは、営業担当者が決められた時間の中で、複数のお客様のニーズや課題に対してソリューションを提案する1つの情報提供の仕方です。プレゼンテーションの目的は、戦略的にお客様の課題やニーズを予測し、ソリューションの特徴、利点、利益を分かりやすく伝え、次に進める営業プロセスについてお客様に合意をもらうことです。そのためには、次の4つのステップ **図1** を実践します。

　STEP1 **事前準備** は、プレゼンテーションの目標を設定しお客様にどのような意思決定をしてもらい、行動を起こしてもらうかをはっきりさせます。顧客戦略の立案(3-6)を活用するとよいでしょう。

　STEP2 **構成の検討(資料作成)** は、お客様に次の営業プロセスに進める行動を起こしてもらうために、序論、本論、結論の3つで組み立てます。

　序論は、お客様の経営課題や共通する大きな変革テーマに焦点を当てて、その解決策がプレゼンテーションの内容と関連していることを伝え、関心を持ってもらいます。特に意思決定に必要なお客様の課題やニーズについて、様々な角度から分析したことを盛り込みます。

　本論は、意思決定者の課題やニーズを優先して、ソリューション提案の特徴、利点、利益などの解決策を具体的に紹介します。更に詳細説明を行う時は、メリットとデメリットの対比、費用対効果、ヒアリングデータ、現状分析データ、チャート図などエビデンスを用意し、お客様の納得度合いを高めます。

　結論は、プレゼンテーションの内容がお客様にとっていかに役立つものであるかを再認識してもらい、提案内容の特徴、利点、利益を要約して伝えます。お客様が次の営業プロセスに進めやすいように費用、期間、納期などを盛り込み、伝えます。

　STEP3 **実践** は、準備されたプレゼンテーションを高いレベルで実践します。

　目配りやジェスチャーといった要素も、メッセージ効果を高め、内容を強調するために有効です。また、お客様は営業担当者の表情からも、いろいろなことを感じ取っているので、笑顔、厳しさ、自信など提案内容に応じて使い分けることが大切です。より高いレベルで実践をするためにもリハーサルを何度も行い、時間管理や内容について洗練させることが必要になります。

　STEP4 **質疑応答** は、プレゼンテーションの終了後やプレゼンテーション中にお客様から質問が出ることはよくあります。お客様が、質問する背景には様々な要因があり **図2** にまとめています。お客様の理解と納得を得るためには、質問の内容を受け止め、質問の背景やどのような意図があるのかを確かめて素早く対応することが重要です。

図1 プレゼンテーションの4ステップ

	ターゲティング	アプローチ	課題把握 ニーズ把握	ソリューション 提案	成約/納品	効果把握
活動項目	営業計画の立案 市場分析 ターゲット顧客の課題 顧客戦略の立案 面談の準備 ビジネススキルの確認	面談の開始 会社概要の紹介 顧客情報の収集 顧客課題の共有 意思決定者/影響者確認	課題確認 顧客ニーズの確認 現状分析の実施 ワークショップの実施 ヒアリングの実施 イベントへの参加 意思決定者との面談	デモンストレーション 概略提案書の作成 提案要件のすり合わせ プレゼンテーション実施 トップセールス 見積書の確認 最終提案の提案 最終提案のフォロー	契約の締結 プロジェクトの進捗把握 調達・手配 検収 売上/請求/回収	効果確認 満足度・評価の確認 現状把握 新たな課題化 お客様社内での横展開 長期パートナーシップの活動 他部署、他の企業の紹介

	STEP1：事前準備	STEP2：構成の検討 （資料作成）	STEP3：実践	STEP4：質疑応答
プレゼンテーションの4ステップ	●プレゼンテーションの目標設定 ●影響要因 ●営業プロセスと活動項目 ●意思決定スタイル ●顧客の課題とニーズ ●ソリューション内容の決定 ●詳細データの準備	●序論 プレゼンテーションの目的を考え、経営課題など大きな視点に立ち、意思決定者の課題やニーズの分析内容を盛り込む。 ●本論 課題やニーズを満たすソリューションの特徴・利点・利益を盛り込み、データ、チャート図などで詳細説明を盛り込む。 ●結論 提案内容の特徴、利点、利益を要約し、費用、期間、納期などを盛り込み、次の営業プロセスに進める合意内容を盛り込む。	●リハーサルの徹底 ●時間管理 ●目配り ●姿勢 ●ジェスチャー ●顔の表情 ●声の大きさ ●話す速さ	［お客様の質問種類］ ●質問がない場合 ●疑問質問 ●確認質問 ●反対質問 ［営業担当者の対応］ ●質問内容を受け止める ●質問内容の背景や理由を確認する ●お客様の質問種類に答える

図2 プレゼンテーションの質疑応答

お客様の質問種類	お客様の質問内容	営業担当者の対応
質問がない場合①	お客様は、プレゼンテーション内容について理解しており納得している状態	次の営業プロセスに進む合意をもらう
質問がない場合②	お客様は、プレゼンテーション内容について興味がなく関心がない状態	営業担当者からお客様を指名して感想を伺う
疑問質問	お客様は、プレゼンテーション内容には、関心があるものの疑っている状態	証拠の資料、データを見せながら再度説明する
確認質問	「なぜ重要か」「どのような方法」「何をか」「いつまでに」「場所は」「誰が」「費用はどのくらい」5W2Hについて聞いてくる状態	5W2Hでプレゼンテーションの内容について直接答えられるように準備する
反対質問	プレゼンテーション内容についてデメリットや欠点について指摘し、解決できないことを聞いてくる状態	解決策の優先順位を確認し、優先順位の高い解決策を強調、解決できないことと解決できることの優先を考えてもらう

3 | 9 | ネゴシエーション

　企業間のネゴシエーション（交渉）は、多くの場合その場かぎりで終わってしまうものではありません。ですから、どちらかが得をしてもう一方が損をする交渉では、損をする方はもうあの会社とはつき合いたくないという気持ちになり、取引が継続しません。交渉の目標は、お客様、営業担当者、会社の三者全てが満足のいく結果を目指すことです。交渉の5つステップは以下の通りです**図1**。

　STEP1 顧客戦略の振り返りでは、顧客戦略の立案（3-6）について最新の面談内容を追加して振り返り、5つの要因を確認して営業プロセスと活動項目に抜け漏れがないか検討します。

　STEP2 お客様との相違点の確認では、商品やサービス、契約内容、コスト（予算）など相違点を検討します。その相違点を検討する時は、お客様の課題やニーズ、優先順位を考慮し、何が重点なのかを見極めます。

　STEP3 交渉戦略の立案 図2では、4つの戦略の中からどの交渉戦略を進めるかを検討します。ここで重要なことは、三者の満足について検討し、交渉戦略を立案することです。

　戦略①は、お客様に譲歩をお願いする戦略です。その際は、提案した内容がお客様の課題やニーズを満たすことを再度強調し、他の価値も検討してもらいます。

　戦略②では、お客様の条件に歩み寄ります。必要に応じて代案を複数考えることが重要になります。

　戦略③は、条件付きでお客様の条件に譲歩します。譲歩することで生じるリスクを避けるため交換条件を提示し、お客様の条件に譲歩する代わりに自社の利点や利益につながる交換条件を検討します。

　戦略④は、お客様の条件に譲歩する戦略です。ここでは、将来のお客様との継続取引やオポチュニティなどを検討して、決断します。または、将来の取引やオポチュニティが見込めない場合は、この案件を取り消します。しかし、ただ断るのではなく、最初の条件で検討するようにお客様に再提案することが重要になります。

　STEP4 交渉戦略の実践では、STEP3で検討した戦略を実践します。今までの合意内容を確認し、お客様との相違点を明らかにします。そして、お客様のニーズから4つの交渉戦略のいずれかを実践するのです。

　STEP5 合意では、提示内容を振り返り、お客様にとって最善の方法であることを伝え合意してもらいます。その際重要なことは、提示内容について特徴、利点、利益を強調することです。そして、成約のプロセスに進み次の活動項目についてお客様と検討します。合意に至らない場合は、STEP1に戻り交渉戦略を見直します。

図1 交渉戦略の5ステップ

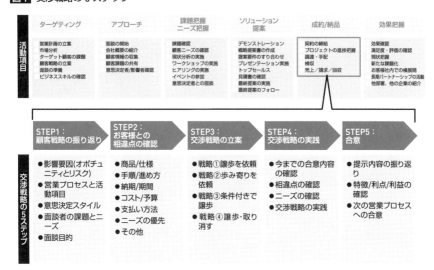

	ターゲティング	アプローチ	課題把握 ニーズ把握	ソリューション 提案	成約/納品	効果把握
活動項目	営業計画の立案 市場分析 ターゲット顧客の課題 顧客戦略の立案 面談の準備 ビジネススキルの確認	面談の開始 会社概要の紹介 顧客情報の収集 顧客課題の共有 意思決定者/影響者確認	課題確認 顧客ニーズの確認 現状分析の実施 ワークショップの実施 ヒアリングの実施 イベントの参加 意思決定者との面談	デモンストレーション 概略提案書の作成 提案要件のすり合わせ プレゼンテーション実施 トップセールス 見積書の確認 最終提案の実施 最終提案のフォロー	契約の締結 プロジェクトの進捗把握 調達・手配 検収 売上/請求/回収	効果確認 満足度・評価の確認 現状把握 お客様社内での横展開 新たな課題把握 長期パートナーシップの活動 他部署、他の企業の紹介

	STEP1: 顧客戦略の振り返り	STEP2: お客様との 相違点の確認	STEP3: 交渉戦略の立案	STEP4: 交渉戦略の実践	STEP5: 合意
交渉戦略の5ステップ	●影響要因(オポチュニティとリスク) ●営業プロセスと活動項目 ●意思決定スタイル ●面談者の課題とニーズ ●面談目的	●商品/仕様 ●手順/進め方 ●納期/期間 ●コスト/予算 ●支払い方法 ●ニーズの優先 ●その他	●戦略①譲歩を依頼 ●戦略②歩み寄りを依頼 ●戦略③条件付きで譲歩 ●戦略④譲歩・取り消す	●今までの合意内容の確認 ●相違点の確認 ●ニーズの確認 ●交渉戦略の実践	●提示内容の振り返り ●特徴/利点/利益の確認 ●次の営業プロセスへの合意

図2 4つの交渉戦略

戦略① 価値・利点を強調譲歩を依頼
- お客様の課題やニーズを満たすソリューションの価値を強調する。
- 商品・サービスの利点、組織対応、付加価値の提示を検討する。

戦略② 歩み寄りを依頼
- 三者の満足を検討し、お客様の条件に歩み寄る。
- 必要ならば代案を検討する。
- 代案についての特徴、利点、利益を検討する。

戦略③ 条件付で譲歩
- 三者の満足を検討し、お客様の条件に譲歩する。
- 必要ならば交換条件を検討する。
- 交換条件については、自社のメリット/デメリットを検討する。

戦略④ 「譲歩する」か「取り消し」か選択
- お客様の条件に譲歩する。
- 譲歩について自社のリスクを検討し判断する。
- 将来の継続取引の可能性を検討する。

- 自社にとってのリスクを検討し、取り消しを検討する。
- 取り消すことのリスクを検討する。
- お客様にとっての最善をつくすために何が継続できるか検討する。

3 | 10 | ロイヤルカスタマーの獲得

　ロイヤルカスタマーづくりは、お客様と営業担当者の信頼関係の構築が基盤となります。したがって、営業担当者が、どのような行動をとればお客様が価値を認めてくれるかを明らかにして、常にお客様の視点に立った活動を展開しながら、お客様の信頼を勝ち得ていくことが可能となります。

　CRP（カスタマー・リレーションシップ・プロセス）マップ **図1** とは、「お客様の期待に応え、満足していただくために、お客様との接点にいる営業担当者が行う一連の活動を表にしたもの」であり、ロイヤルカスタマーの獲得には、必要なツールです。

　CRPマップを作る目的は、営業プロセスにおいてお客様が期待する価値を継続的に提供する主要な行動を分析し整理することにあります。営業担当者はCRPマップに基づく行動をとることによって、競合他社が真似のできないようにお客様の視点に立った活動を展開することが可能となります。

　CRPマップの構成要素は、フェーズ、フェーズの定義、お客様の期待、営業担当者の活動内容です。フェーズの定義は、営業担当者が共通の認識を持ち、活動状況を客観的に判断できる段階を定義したものです。お客様の期待は、フェーズごとにお客様が営業担当者に期待している具体的な内容です。これは、CS調査（顧客満足調査）の質問項目として活用でき、現状と期待との乖離から改善活動を行う際にとても有効なツールになります。主要な活動内容は、お客様の期待に応えるための活動です。営業担当者全員が可視化された活動内容を実践することで、ロイヤルカスタマーの獲得ができるようになります。

　CRPマップを活用 **図2** することで、以下のような営業担当者のメリットがあります。

- 顧客戦略の立案において、営業プロセスと活動項目の位置づけ、お客様の期待からニーズの予測ができる。
- 交渉戦略の立案において、お客様の期待から障壁となる要因を抽出し、具体的な代案や対応策などが検討できる。
- 営業マネジャーとの同行において、お客様との面談の経緯を簡単に報告ができ、コーチングが容易になる。
- SFAの入力精度が高くなり、進捗状況を正確に報告することができる。
- 営業活動の抜け漏れを防ぎ、次の一手が素早く実行できる。
- 営業担当者の強みと弱みが把握でき、育成課題が明確になる。

　このように営業プロセスを可視化することは、継続的取引が見込め、ロイヤルカスタマーを増やすことができます。更に、営業教育体系の確立やSFAの設計書としても活用されています。

図1 CRP マップ

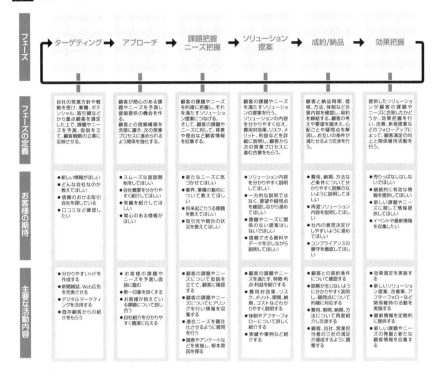

フェーズ	ターゲティング	アプローチ	課題把握ニーズ把握	ソリューション提案	成約/納品	効果把握
フェーズの定義	自社の営業方針や戦略を受け、業種、ポテンシャル、取引額などから重点顧客を選定した上で、課題やニーズを予測、仮説を立て、顧客戦略の立案に反映させる。	顧客が関心のある課題やニーズを予測し価値提供の機会を作る。顧客との信頼構築が次の営業プロセスに進められるよう関係を強化する。	顧客の課題やニーズを明確に把握し、それを満たすソリューション提案につなげる。そして、顧客の課題やニーズに対して、背景や理由など顧客情報を収集する。	顧客の課題やニーズを満たすソリューションの提案を行う。ソリューションの内容を分かりやすく伝え、費用対効果、リスク、メリット、利益などを詳細に説明し、顧客から次の営業プロセスに進む合意をもらう。	顧客と納品時期、価格、方法、体制など合意内容を確認し、契約を締結する。顧客の考えや要望を踏まえ、心配ごとや疑問点を解消し、お互いの条件が満たせるよう交渉を行う。	提供したソリューションが顧客の課題やニーズに合致したかどうか、効果把握を行い、改善、新規提案などのフォローアップによって、顧客満足の向上と関係維持活動を行う。
お客様の期待	● 新しい情報がほしい ● どんな会社なのか教えてほしい ● 信頼のおける取引会社を探している ● 口コミなど確認したい	● スムーズな商談開始をしてほしい ● 会社概要を分かりやすく説明してほしい ● 実績を紹介してほしい ● 関心のある情報がほしい	● 新たなニーズに気づかせてほしい ● 業界、業種の動向について教えてほしい ● 将来起こりうる課題を教えてほしい ● 取引先や競合の状況を教えてほしい	● ソリューション内容を分かりやすく説明してほしい ● 一方的な説明ではなく、要望や疑問点を確認しながら進めてほしい ● 課題やニーズに関係のない提案はしないでほしい ● 信頼できる資料やデータを示しながら説明してほしい	● 費用、納期、方法など条件について分かりやすく誤解のないように説明してほしい ● 再度ソリューション内容を説明してほしい ● 社内の意思決定がしやすいように進めてほしい ● コンプライアンスの順守を徹底してほしい	● 売りっぱなしはしないでほしい ● 継続的に有効な情報を提供してほしい ● 新しい課題やニーズに関して情報提供してほしい ● イベントや最新情報を収集したい
主要な活動内容	● 分かりやすいHPを作成する ● 新聞雑誌、Web広告を充実させる ● デジタルマーケティングを活用する ● 既存顧客からの紹介をもらう	● お客様の課題やニーズを予測し面談に臨む ● 会社概要を分かりやすくする ● 第一印象を良くする ● メリット、お客様が抱えている課題について話し合う ● 自社紹介が分かりやすく簡潔に伝える	● 顧客の課題やニーズについて仮説を立てて顧客に確認する ● 顧客の課題やニーズについてヒアリングを行い情報を収集する ● 潜在ニーズを顕在化させるように質問を行う ● 調査やアンケートなどを実施し、根本原因を探る	● 顧客の課題やニーズを満たす、特徴・利点・利益を紹介する ● 費用対効果、リスク、メリット、期間、納期、コストなどわかりやすく説明する ● 体制やアフターフォローについて詳しく紹介する ● 実績や事例など紹介する	● 顧客との契約条件について確認する ● 誤解が生じないように分かりやすく説明し、疑問点について的確に対応する ● 費用、期間、納品、方法について再度紹介し交渉する ● 顧客、自社、営業担当者の三社の満足が達成するように調整する	● 効果測定を実施する ● 新しいソリューション提案、改善策、アフターフォローなど関係維持の活動を実施する ● 最新情報を定期的に提供する ● 新しい課題やニーズの発掘と新たな顧客情報を収集する

図2 CRP マップの活用方法

①コンピテンシーとスキル

コンピテンシーは高業績の営業担当者に共通する行動特性のことをいい、能力、技能、適性など様々な意味がある。スキルは、技能（技術的な能力）のことをいい、コンピテンシーの核となる能力。コンピテンシーを高めるためには、集合教育（Off-JT）や現場教育（OJT）が必要になる。

②OJT

On the Job Training の略。営業マネジャーが、部下に対して、実際の営業活動や実務を通じて育成を図り、知識、技能、行動などを身につけさせる現場教育のこと。それに対して、Off-JT（Off-the-Job Training）は、現場から離れた研修などの人材育成のこと。

③顧客ロイヤリティ

顧客が自社のブランド、商品やサービスなどに愛着や信頼を持つこと。営業担当者が、顧客のロイヤリティ（忠誠心）を高める営業活動を展開することにより、再購買や新規顧客の紹介など企業の収益確保に重要な顧客となる。この一連の営業活動をロイヤルカスタマーの獲得という。

④傾聴

相手の話を肯定的に受けとめ、相手の話を心から真剣に聴いている姿勢を示し、相手の真意を「聴く」コミュニケーションの技術をいう。傾聴は、営業担当者にとって、相手との信頼関係を築くだけでなく、顧客との人間関係構築にも大きなメリットをもたらす重要な能力。

⑤バイイング・シグナル

顧客が自社の商品やサービスに対して、購入を前向きに考える際に態度や行動で表すシグナルのこと。バイイング・シグナルは、顧客の肯定的な発言や態度から判断できるが、顧客が意思決定する方法はそれぞれ違うので、いくつかの意思決定のスタイルに分類して見極めることが必要になる。

⑥ステークホルダー

営業におけるステークホルダーとは、企業が活動を行う際に何らかの影響を受ける利害関係者を指し、株主・経営者・従業員・顧客・取引先・金融機関・競合会社等がある。営業担当者は、顧客のステークホルダーを分析し、人脈構築や新規顧客の獲得など機会を創出する戦略を立案し、営業活動を実施する。

⑦ケイパビリティ

企業の総合能力のこと。企業は、その総合能力を強みとして活かし、事業目標を達成する。ケイパビリティには、生産能力、業務遂行力、高い品質維持能力、効率性などが挙げられ、営業活動では自社のケイパビリティを活用して、顧客との信頼関係を構築する。

⑧CS

Customer Satisfaction（顧客満足）の略。企業や営業担当者が顧客の期待や要望に応え、顧客の満足度を高め信頼関係を維持させる活動のこと。CSを向上させることで、顧客との信頼関係が維持でき、再購入、新規顧客の獲得、競合他社との差異化が図れ、収益の確保が安定的なのものとなる。

Chapter

4

営業人材育成

営業人材の育成を成功に導く戦略的かつ体系的な育成の展開方法を紹介します。更に、育成の鍵となる営業マネジャーに焦点を当て、マネジメントやコーチングのポイントを取り上げます。組織全体として営業の最適化を実現するセールスイネーブルメントについて、Salesforceの事例を交えて紹介します。

Writer：坂口 陽一

4 | 1 | 営業人材育成の展開方法

　人事が主導する全社的な人材育成においては、短期・中期・長期の中で新入社員・若手社員・中堅社員・管理職といった切り口で、それぞれの役割から業務遂行に不足しているスキルを新たに身につけさせる育成方法が主流です。一方、営業人材育成は、短期間で業績につなげることを目標にし、日々の活動やお客様の動向の変化などにリアルタイムに対応ができるよう営業職に特化した育成方法です。ですから、営業人材育成は、営業業績につながるように人事制度、その他の部署との連携が重要になります。

　営業人材育成を成功に導くには、目指す組織や人材像を明確にし、現状とのギャップを埋めるための研修や仕組みを明確にするなど全体の設計が必要です 図1 。

　展開方法の例 図2 は、「ゴール設定」として、前年度のレビュー、ビジョン、方針・営業戦略の再認識から始めます。外部環境の変化からお客様や競合会社の動向を確認し、営業変革の必要性、必然性を醸成させることが重要です。そして、外部環境の分析や営業担当者の実態調査、SFA/CRMなどにリアルタイムで蓄積されたデータから、方向性や戦略を示し浸透させることです。更に、最終業績につなげるためのKPIの目標を設定します。

　次に「営業モデルの明確化」では、現状の営業プロセスを可視化させ、強みと弱みを把握した上で新たな営業プロセスをデザインしていきます。ここで重要なことは、把握できた課題に優先順位をつけ、それぞれの課題を「営業マネジメント」「営業プロセス」「営業担当者の能力」という切り口から解決のための具体策を検討することです。

　「営業力強化の展開」では、トレーニングプログラムの開発から定着までのフォローアップやツールなど、企画し実行します。この際、CRMの顧客データやSFAの高業績営業担当者が実践している行動データを分析し、成功要因や必勝パターンをトレーニング開発に取り入れることです。そして、営業担当者一人ひとりの行動や能力に合わせた営業人材育成のトレーニング企画、実行、効果測定など年度計画に反映させます。営業マネジャーは、リアルタイムに配信されるSFAのデータや顧客情報から営業担当者一人ひとりに対してプロセス・マネジメントを徹底し、営業担当者の行動や能力についてOJTで人材育成を実践します。

　最後の「ゴール設定の評価」では、営業実態調査やSFAのデータを活用して、実行した内容によりKPIがどのように改善され最終的な業績に影響したのか、効果測定を行い次年度の営業方針や戦略に反映させます。

　実際の営業人材育成のトレーニングを計画する上で特に重要なポイントは、営業マネジャーの育成に重点を置くことです。営業マネジャーが育つことで、営業部門、その他の部署、営業担当者全員に営業力強化の施策が浸透されるようになります。

図1 営業人材育成モデル

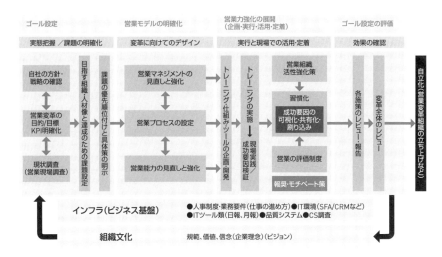

図2 営業人材育成モデルの具体例

4 | 2 | 営業の分業化

営業の分業化は、営業活動の実態 **図1** で示されたように、売上目標の達成と顧客満足を向上させるために多くの企業が取り組んでいます。そして、営業の分業化を進めるにあたって、それぞれの役割に応じた営業担当者や営業マネジャーの育成が必要になります。また、営業の人材育成だけでなく、営業を支援する組織も含めた育成が重要なポイントとなります。それは、営業の分業化の推進にあたり、以下のような課題が浮き彫りになっているからです。

- マーケティング部の顧客データの精度が低い
- インサイドセールスの引き継ぎが上手くいかず機会ロスを起こしている
- 営業担当者のスキルが低いため成約に至らない
- カスタマーサクセスの対応が悪くクレームになる

以前からこのような課題は存在していたのかもしれませんが、分業化が進むことでより鮮明になっています。

営業の分業化 **図2** を成功させるためには、営業マネジャーの育成が非常に重要です。分業化された営業組織では、他の組織へ確実に営業方針や施策などの情報を引き渡し浸透させることが成功するポイントです。そのため営業マネジャーは、部門内のメンバーに働きかけ、目標達成に向けた営業方針や施策などをクリアする活動を具体化していきます。また、各部門の数値目標を追いかけながらも、全体としての営業プロセスがうまくいくようにプロセス・マネジメントを展開していきます。そして、他部門との分断が起きやすいことを念頭におきながら、部門内外を通じてお互いに助け合い、協働が生まれやすい環境を作るように行動します。

営業マネジャーが協働体制の維持を醸成することで、インサイドセールスが獲得した情報から営業担当者の受注きっかけとなり、営業現場での情報がマーケティング部門の新しい企画の種となったりします。更に、カスタマーサクセスへのお客様の声が次の製品開発に活かされ、次期の営業戦略にインパクトを与え、より垣根を越えた働き方ができるようになります。つまり、営業の分業化を成功させるためには、営業マネジャーのリーダーシップ力が必要となり、部分最適の風土から全体最適の風土に変えていくことです。その結果、高い目標達成が維持できるようになるのです。

また、これらの組織横断的な取り組みは営業マネジャーの役割としてだけでなく、セールスイネーブルメントとして別組織化されることもあります。いずれにしても、分業による効率化で起こる新たな課題に、営業マネジャーを始めとして全体的な視点をもちながら対策を講じていく必要があります。

図1 営業活動の実態

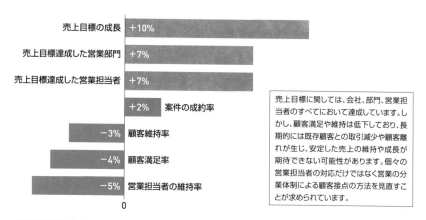

売上目標の成長　+10%
売上目標達成した営業部門　+7%
売上目標達成した営業担当者　+7%
+2%　案件の成約率
-3%　顧客維持率
-4%　顧客満足率
-5%　営業担当者の維持率
0

売上目標に関しては、会社、部門、営業担当者のすべてにおいて達成しています。しかし、顧客満足や維持は低下しており、長期的には既存顧客との取引減少や顧客離れが生じ、安定した売上の維持や成長が期待できない可能性があります。個々の営業担当者の対応だけではなく営業の分業体制による顧客接点の方法を見直すことが求められています。

図2 営業の分業化

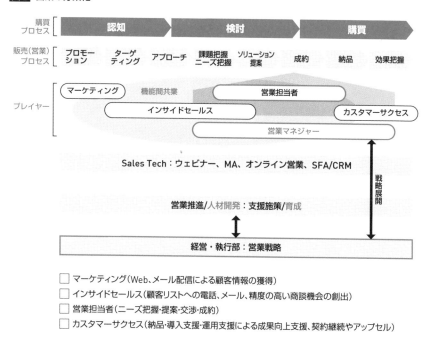

購買プロセス	認知		検討		購買		
販売(営業)プロセス	プロモーション	ターゲティング	アプローチ	課題把握ニーズ把握	ソリューション提案	成約	納品	効果把握

プレイヤー
マーケティング　機能間共業　営業担当者
インサイドセールス　カスタマーサクセス
営業マネジャー

Sales Tech：ウェビナー、MA、オンライン営業、SFA/CRM

営業推進/人材開発：支援施策/育成

戦略展開

経営・執行部：営業戦略

☐ マーケティング（Web、メール配信による顧客情報の獲得）
☐ インサイドセールス（顧客リストへの電話、メール、精度の高い商談機会の創出）
☐ 営業担当者（ニーズ把握・提案・交渉・成約）
☐ カスタマーサクセス（納品・導入支援・運用支援による成果向上支援、契約継続やアップセル）

4 | 3 | 営業スタイルの変遷

　営業スタイルは、お客様の購買決定の変化 図1 に合わせて進化してきました。この営業スタイルの変遷を知ることで、自社がどのような営業人材を育成していくのか検討する素地となります。

　情報量が少ない時代には、人間関係依存型や商品特徴説明型といった自社製品を軸とした営業スタイルが中心的でした。情報量が増え、解決策が増えてくると、お客様を軸としたスタイルへと営業も変化しています。

　お客様を軸に考えるようになって当初出てきた営業スタイルはニーズ充足型でした。お客様が考える「解決したい」「達成したい」といったニーズを認識のズレなく把握し、そのニーズを満たす提案をする営業スタイルです。ニーズ充足型は、基本的な営業スタイルですが、お客様のニーズが多様化することで競合会社との差異化が図れず、ソリューション型の営業スタイルに変化してきました。しかし、ソリューション型の営業スタイルは、お客様のニーズに応えようとするあまり、企業や部門の能力を超えてソリューションを作り出そうとし、収益性に低下がみられるようになりました。その後、お客様と対等な関係性を築くビジネスパートナー型の営業スタイルが登場しましたが、対等以上の関係性がなければ優位に交渉ができません。

　そこで、今後期待されている営業スタイルが**パースペクティブ・セリング**です。パースペクティブ・セリング型は「お客様の経営課題に焦点を置き、将来起こりうる新たな気づきをお客様に提供する」という営業スタイルです。自社の総合的なケイパビリティに合致したお客様の経営課題にフォーカスし、お客様が気づいていない将来起こりうる問題や課題について予測します。そして、価値創造をお客様と一緒にワークショップを通じて考えるような営業スタイルが求められるようになっています。

　先駆的にパースペクティブ・セリングを実践できている営業組織では、以下の4つの土台がしっかりとでき上がっています。
　①営業変革に向けた体質改善
　②バリューエンジニアリングの実践
　③プロセス・マネジメントによるメソトロジーの確立
　④セールスイネーブルメントの実践

　それぞれの営業組織が目指す営業のスタイルに応じて、営業人材育成の土台 図2 となるこれら4つの取り組みについて準備を進めていく必要があります。

図1 お客様の購買決定の変化と営業スタイルの変遷

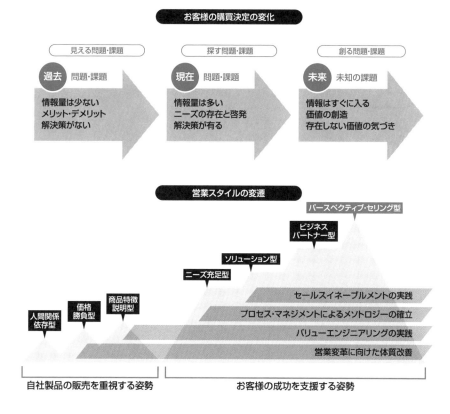

お客様の購買決定の変化

見える問題・課題	探す問題・課題	創る問題・課題
過去 問題・課題	**現在** 問題・課題	**未来** 未知の課題
情報量は少ない メリット・デメリット 解決策がない	情報量は多い ニーズの存在と啓発 解決策が有る	情報はすぐに入る 価値の創造 存在しない価値の気づき

営業スタイルの変遷

パースペクティブ・セリング型
ビジネスパートナー型
ソリューション型
ニーズ充足型
人間関係依存型　価格勝負型　商品特徴説明型

セールスイネーブルメントの実践
プロセス・マネジメントによるメソトロジーの確立
バリューエンジニアリングの実践
営業変革に向けた体質改善

自社製品の販売を重視する姿勢　　お客様の成功を支援する姿勢

図2 営業人材育成の土台

①営業変革に向けた体質改善	3-1「営業担当者の能力向上」、4-1「営業人材育成モデルの実践」などOff・JTやOJTを通じて、営業担当者の育成を図り体質改善を行うことです。
②バリューエンジニアリングの実践	営業担当者が「同じコストで性能を高める」「同じ性能でコストを抑える」「低コストで最大の性能を出す」など、お客様が気づいていない課題に焦点を当てた営業活動を行い、お客様が認識していない価値を創出することです。
③プロセス・マネジメントによるメソトロジーの確立	営業の原理原則に基づいたSFA/CRMなど一連の仕組みのことで、営業マネジャーは、メソトロジーの活用によりプロセス・マネジメント、案件攻略コーチングなど実践します。
④セールスイネーブルメントの実践	セールスイネーブルメントとは、営業力強化を実現させるために、他部署との連携から横断的に営業プロセスの管理と分析を行い、営業活動の効果・効率化を目指す取り組みです。詳しい内容については、4-8で紹介します。

4 | 4 | 営業マネジャーの育成

　2020年1月にパーソルラーニング（現パーソル総合研究所）は、優秀な営業マネジャーの実態調査 **図1** を行いました。本調査から、優秀な営業マネジャーには7つの要因（ファクター）と26の能力（コンピテンシー）が存在していることが分かりました。これらの7つの要因を構造化して表現したものが **図2** であり、「自己管理要因」を土台とし、それぞれの要因に相互に影響しながら成果につながっていることを考察しています。本調査から見えてきた、特に営業マネジャーにとって必要な3つの要因が以下になります。

▶**思考要因**　営業マネジャーの能力では、戦略的思考能力を高めることが重要になります。それは、営業部の責任者として、重点顧客にどのような方法で関係強化を図り、効果的、効率的に営業担当者に行動を起こしてもらい、目標達成を実現させるかが重要な使命だからです。そのためにはお客様を徹底的に理解し、お客様の戦略や方向性を共有します。そして、具体的なKPIの目標を設定し、目指す成果を生むための具体策について思考します。

▶**業務プロセス推進要因**　業務プロセス推進の中で重要なことは、目標達成に欠かせない「営業プロセスの可視化」と「浸透」です。営業マネジャーは、目標達成に向けて、SFAやCRMのタイムリーなデータを活用し、営業プロセスの現状からプラス要因、マイナス要因を分析して、解決策を打つ能力が求められます。更に、各個人の営業プロセスから営業担当者の強みや弱みを分析し、能力向上の支援や指導方法を身につけさせることも重要な営業マネジャーの育成ポイントとなります。

▶**リーダーシップ要因**　営業マネジャーは、リーダーシップを発揮し、営業担当者一人ひとりの育成課題を明確にした上で、動機づけやコーチングを実践しなければなりません。具体的な例では、優秀な営業担当者が実践している必勝パターンを知るために、重点顧客の戦略検討会を実施し、ノウハウを営業担当者に共有させます。それらを実践する動機づけを行い、各営業現場で再現させ、コーチングによって軌道を修正していきます。このように影響力を持って、個々の営業活動を良い方向へと変革を推進できるリーダーシップが求められます。

　営業人材の育成というと営業担当者のスキルに目がいってしまいがちですが、影響力の高い営業マネジャーの育成ができれば、自律的な営業担当者を多く育てることができます。そのため、営業人材の育成は、営業マネジャーの育成から考えることで波及効果の高い育成プログラムを作ることができます。

図1 営業マネジャーの能力

要因(ファクター)	能力(コンピテンシー)	能力(コンピテンシー)の定義
自己管理要因	学習性	自己成長のために、定期的・継続的に努力する。
	ストレス耐性	プレッシャー、不確実性、時間的制約などのストレス状況に冷静に対処する。
	達成志向	自ら高い目標を設定し、チャレンジ精神と持続的な熱意を持って、目標達成に向けて努力する。
リーダーシップ要因	影響力	相手の意見・態度・行動を自分の意図する方向に導く。
	動機づけ	動機づけについての理論的な背景を踏まえて、部下への動機づけを適切に行う。
	コーチング	部下の強みや教育ニーズを的確に把握し、建設的なフィードバックを与え、指導・育成する。
	果敢なリーダーシップ	不確実な状況や複雑な状況に直面しても、自己の信念に基づき責任を持って部下の行動を指揮する。
	変革の推進	ビジネス環境の変化に適応していくために必要な変革を推進する。
業務プロセス推進要因	計画性	目標達成に向け、系統立てた計画を策定する。
	権限委譲	仕事上の責任と部下の能力を適切に見極めることによって、効果的な権限委譲を行う。
	進捗管理	目標達成度や業務の進捗度合いを、事前の計画に照らし合わせて振り返り、次の活動に反映させる。
	顧客志向	顧客のニーズに対応することにより、顧客満足の維持・向上を図る。
	リスク管理	想定される業務上のリスクを認識し、予防策や対応策を準備する。
思考要因	戦略的思考	自社の戦略的方向性を認識し、具体的な目標レベルに転換したり、目指す成果を生むための具体策について思考する。
	論理的思考	多様な情報を収集し、的確に評価した上で分析的・論理的に体系づけて解決策を思考する。
	創造的思考	既存のやり方や考え方に固執せず、新しい視点から独自のアイデアを創出する。
	意思決定	組織内外の環境に関する分析や、事実から得られた仮説に基づき、タイムリーに意思決定をする。
	ビジョン	自社のビジネス動向、競合他社や産業全体の動向を中・長期的な視点に立って予測・理解し、自社がとるべき適切な戦略を思考する。
コミュニケーション要因	プレゼンテーション	自分の考えやアイデアを一貫した流れで聞き手に説明し、意思決定を促す。
	オープン・コミュニケーション	周囲の人たちに対し、誠実な態度でオープンな関係を構築する。
	傾聴	相手の話の内容やニーズを正しく理解したかどうかを確かめながら、積極的な姿勢で相手の話に耳を傾ける。
ネットワーク要因	組織内ネットワーキング	組織を構成する部門の機能やニーズを理解し、良好な人間関係および業務上の協力関係を構築する。
	コンフリクト・マネジメント	仕事で関わりのある人々との間に発生する衝突に対して効果的に対応する。
	上位連携	会社にとって最善の成果を得るために、上位者との連携を図る。
知識要因	ファイナンス	自社および顧客の財務情報を的確に理解する。
	マーケティング	市場を基点にして自社のマーケティングを評価する。

＊営業マネジャーのコンピテンシー診断ツールMirror-Managerより抜粋(パーソル総合研究所)。

図2 成果を創出する7つの要因(ファクター)

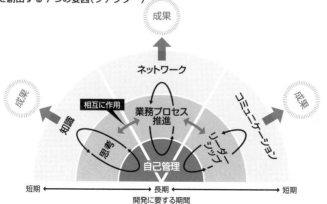

4 | 5 | プロセス・マネジメント

　営業マネジャーの育成においては「プロセス・マネジメント」と「コーチング」 **図1** のスキル向上が重要となります。これらのスキルが実践されることで、営業担当者にまで良質な営業スキルが定着していきます。

　まず「プロセス・マネジメント」では、SFA/CRMなどのシステムを活用し、営業担当者に営業プロセスのKPI課題を把握させ、解決策や行動変容を促します。そして、その過程から高い目標にチャレンジするように営業担当者の意欲を高め支援をします。具体的な進め方 **図2** は以下になります。

▶ **STEP1 営業担当者の顧客と営業実績をSFAで分析する**

　SFA/CRMのデータから営業担当者の目標達成に必要なKPIを選定し、営業プロセスの課題を明確にして優先順位をつけます。CRMデータからはターゲット顧客のプロフィールや課題・ニーズなどを確認します。SFAデータからは、営業業績や営業プロセスのKPIを分析し営業活動の課題を抽出します。

▶ **STEP2 営業担当者のKPI課題から育成課題を抽出する**

　人事評価としての分析ではなく、営業担当者が抱えている営業活動の課題をもとに営業担当者の育成課題を抽出します。

▶ **STEP3 営業担当者の育成課題から解決策を検討する**

　解決策には、営業マネジャーの支援、SFA/CRMなどシステムの活用方法、顧客戦略、営業活動の報告とフィードバック、トレーニングへの参加、OJTの実践などがあります。育成課題となっている知識、スキル、行動、意欲の改善に向けた解決策を検討します。

▶ **STEP4 解決策の面談を実施する**

　面談の目的を伝え、SFA/CRMデータからKPIを提示して営業活動の課題を営業担当者と共有します。ここで重要なことは、KPIの数字だけに注力するのではなく、その背景や理由について話し合います。そして、営業担当者に解決策を確認し、そのあと営業マネジャーが考えた解決策を伝え、最良の解決策を選択させます。

▶ **STEP5 決定事項をSFAに入力させ、進捗状況を支援する**

　面談でお互いに合意した目標および達成に必要な活動、スケジュールや、進捗状況管理の方法などをSFAに記録するよう営業担当者に指示します。営業マネジャーは、営業担当者の目標達成のKPI（計画の進捗状況）について、常に注意を払わなければなりません。

　営業マネジャーは、プロセス・マネジメントを通じて、営業担当者とともに解決策を考え実行させていきます。その成功体験を積み上げることで意欲を向上させることが最大の目標です。

図1 プロセス・マネジメントとコーチング

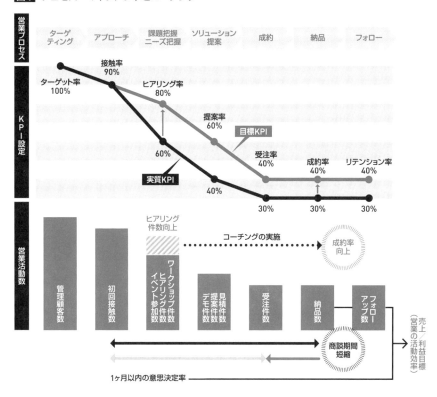

図2 プロセス・マネジメントの進め方

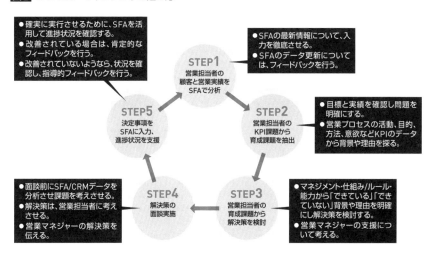

- 確実に実行させるために、SFAを活用して進捗状況を確認する。
- 改善されている場合は、肯定的なフィードバックを行う。
- 改善されていないようなら、状況を確認し、指導的フィードバックを行う。

- SFAの最新情報について、入力を徹底させる。
- SFAのデータ更新については、フィードバックを行う。

STEP1
営業担当者の顧客と営業実績をSFAで分析

STEP5
決定事項をSFAに入力、進捗状況を支援

STEP2
営業担当者のKPI課題から育成課題を抽出

- 目標と実績を確認し問題を明確にする。
- 営業プロセスの活動、目的、方法、意欲などKPIのデータから背景や理由を探る。

- 面談前にSFA/CRMデータを分析させ課題を考えさせる。
- 解決策は、営業担当者に考えさせる。
- 営業マネジャーの解決策を伝える。

STEP4
解決策の面談実施

STEP3
営業担当者の育成課題から解決策を検討

- マネジメント・仕組み/ルール・能力から「できている」「できていない」背景や理由を明確にし解決策を検討する。
- 営業マネジャーの支援について考える。

4 | 6 | 案件攻略コーチング

　営業マネジャーが行うべき2つの重要なコーチング手法について解説します。1つ目が、具体的な案件をテーマに行う案件攻略コーチングです。2つ目は、お客様の会社に営業担当者と同行し、コーチングを行う訪問コーチングです。

　案件攻略コーチングは、営業担当者が現在進めている提案案件やプロジェクトなどを対象に、3-6で紹介した「影響要因」「営業プロセスと活動項目」「面談者の課題とニーズ」「面談目的」「意思決定スタイル」の5つの要因について、営業マネジャーが営業担当者と話し合い、営業プロセスを前に進めるためのコーチング手法です。営業担当者にとっては、知識やスキルに新たな広がりをもたらすことができます。

　案件攻略コーチングの実践には、**案件マトリクス管理表 図1** を活用します。案件マトリクス表は、横軸が営業プロセス、縦軸が顧客の意思決定となっており、2次元で案件状況を判断できます。

　案件攻略コーチングの進め方は、次の7つのSTEPで進めます。

STEP1 営業担当者のターゲット顧客、1社、案件を選定する。

STEP2 選定したターゲット顧客の案件状況を案件マトリクス表にプロットする。

STEP3 営業マネジャーは、顧客戦略の5つの要因について質問する。

STEP4 営業マネジャーは、営業担当者にプロットした位置が正しいか確認する。

STEP5 営業マネジャーは、自身が客観的に判断したプロットの位置を伝え確認する。

STEP6 営業担当者は、次の営業活動や行動を検討し営業マネジャーの合意を得る。

STEP7 次回、営業マネジャーは、取り上げた案件の進捗状況を確認する。

　このように案件マトリクス表管理を活用することで行動指針が可視化でき、営業マネジャーと営業担当者との認識のズレなく案件攻略コーチングを進めることができます。ここで重要なことは、営業担当者自身が課題を認識し、自主的に解決方法を立案できるようにリードすることです。そうすることで、営業担当者は案件攻略の実行について積極的に取り組んでいくようになります。

　一方、案件攻略コーチングを行う時は、次のような点に留意します。

- SFA/CRMにリアルタイムな情報を入力するように徹底する。
- 営業担当者のターゲット顧客の案件を選定し計画的、継続的に実行する。
- 成約率を高めると同時に営業担当者の育成が目的であることを認識する。
- 営業活動の必勝パターンや問題解決を全営業担当者に共有する。

　また、個別の営業担当者へのアプローチとは別に、チーム全員で共有し、実施できる案件攻略検討会 **図2** があるので参考にしてください。

図1 案件マトリクス管理表

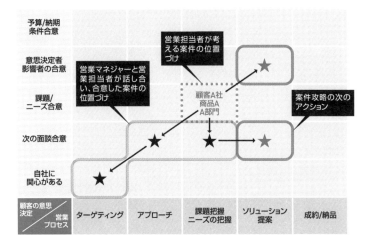

図2 案件攻略検討会の進め方

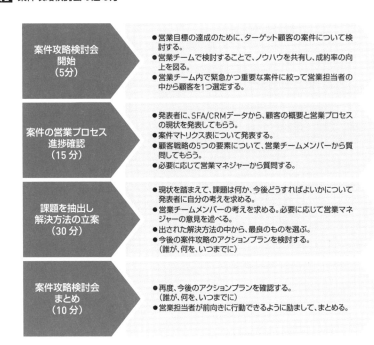

案件攻略検討会
開始
（5分）

- 営業目標の達成のために、ターゲット顧客の案件について検討する。
- 営業チームで検討することで、ノウハウを共有し、成約率の向上を図る。
- 営業チーム内で緊急かつ重要な案件に絞って営業担当者の中から顧客を1つ選定する。

案件の営業プロセス
進捗確認
（15分）

- 発表者に、SFA/CRMデータから、顧客の概要と営業プロセスの現状を発表してもらう。
- 案件マトリクス表について発表する。
- 顧客戦略の5つの要素について、営業チームメンバーから質問してもらう。
- 必要に応じて営業マネジャーから質問する。

課題を抽出し
解決方法の立案
（30分）

- 現状を踏まえて、課題は何か、今後どうすればよいかについて発表者に自分の考えを求める。
- 営業チームメンバーの考えを求める。必要に応じて営業マネジャーの意見を述べる。
- 出された解決方法の中から、最良のものを選ぶ。
- 今後の案件攻略のアクションプランを検討する。
　（誰が、何を、いつまでに）

案件攻略検討会
まとめ
（10分）

- 再度、今後のアクションプランを確認する。
　（誰が、何を、いつまでに）
- 営業担当者が前向きに行動できるように励まして、まとめる。

4 | 7 | 訪問コーチング

　訪問コーチングは、「案件の成約率を高めるため」と「営業担当者の能力や行動について見極め、育成課題を把握するため」の2つの目的があります。訪問コーチングのスタイル **図1** には、「**模範型コーチング**」「**観察型コーチング**」「**支援型コーチング**」「**委任型コーチング**」の4つがあり、目的に応じて使い分けます。オンライン商談化が進んでいるため、オンライン会議での同席や録画された商談映像からコーチングを行うことも可能となっています。

　営業担当者の育成課題を把握するためには、訪問コーチングの観察ポイント **図2** として「**商品/ソリューション/知識**」「**営業プロセス/スキル/行動**」「**お客様に関する知識**」を観察していきます。

　具体的な進め方としては、まず面談前に「お客様に関する知識」の項目を中心に事前確認をします。そして、訪問コーチングのスタイルを選択し、営業担当者と面談の進め方と役割について確認します。

　面談中は、訪問コーチングの目的に応じて情報収集や観察を行います。ここでは「商品/ソリューション/知識」「営業プロセス/スキル/行動」の項目を中心に観察を行うとよいでしょう。具体的には、営業担当者の話の内容や筋道はもちろんのこと、話し方の様子、声の調子、アイ・コンタクト、応答の速度などから、営業スタイルや営業担当者とお客様との関係(親密度、信頼度など)を知る手がかりともなります。また、お客様の反応も観察し、営業担当者の話に対してお客様のコメントの内容や顔の表情、声の調子など客観的な情報を捉えていきます。

　訪問後は、営業担当者と育成課題となる知識・スキル・行動について話し合います。状況によっては、案件攻略コーチングを実施する場合もあります。営業担当者の育成課題を絞り込み、営業担当者と話し合った内容や次のアクションについて決定します。決定した内容は、SFAの入力やコーチングシートなどに記録を徹底し、その活動結果について報告を受けるようにします。営業マネジャーは、報告を受けたなら必ずフィードバックを行うことを忘れないでください。また、育成課題に合わせた継続的なOJTや支援(勉強会の実施、商品情報提供、ミーティングなど)を計画します。

　営業マネジャーが訪問コーチングを通じて、営業担当者の能力と合わせて営業活動の情報を多く把握することで、指導や支援がしやすくなり、効果的な人材育成が実施できるようになります。

図1 訪問コーチングのスタイル

訪問コーチングのスタイル	対象者	内容
模範型コーチング	新入社員 経験の浅い営業担当者	営業マネジャーが、面談を進め実演します。営業担当者に観察してもらい知識、スキル、行動を理解してもらいます。もちろん成功例であれば参考になりますが、失敗例だとしても後で振り返り次のアクションについて学ばせるように促します。
観察型コーチング	全営業担当者 低業績営業担当者	営業担当者の面談内容を観察し、状況に応じて面談に入ります。営業担当者の面談内容を観察して、能力、行動、面談内容について、訪問終了時に観察した内容のフィードバックを行います。
支援型コーチング	中堅営業担当者 他部門から配転者 3年から5年経験	営業マネジャーは、営業担当者と一緒に面談を進めます。案件の成約率を高めると同時に育成課題を観察します。訪問後、案件攻略コーチングを進め、課題の共有と次のアクションを一緒に検討します。
委任型コーチング	高業績営業担当者 次期リーダークラス	営業担当者にすべて任せて、面談を進めます。案件の成約率を高めるために必要ならば支援を行います。ここでは、営業担当者が、マネジャーになった時を想定して部下育成の視点で今回の面談を振り返ります。

図2 訪問コーチングの観察ポイント

商品／ソリューション／知識	営業プロセス／スキル／行動	お客様に関する知識
商品の特徴、利点、利益	**営業方針と戦略**	**基本的なデータ**
●ソリューション内容の知識 ●特徴、利点、利益の理解 ●お客様の利点、利益の紹介 ●お客様のニーズに合った商品説明	●営業方針の理解 ●SFAの入力、更新、活用 ●営業プロセスの理解 ●ターゲティングの方法 ●案件攻略の手順 ●顧客戦略の考え方	●業種、業態 ●規模/ポテンシャル ●お客様の部門課題/ニーズ ●お客様との取引状況 ●お客様との関係強化
知識の応用	**面談技術**	**組織の変更/意思決定ルート**
●幅広い適用事例に精通 ●成功した事例と証拠資料に精通 ●お客様の業界についての知識 ●財務知識、経営戦略、マーケティングの知識	●身だしなみ/マナー ●情報収集と整理 ●お客様のニーズ把握 ●質問と傾聴の手法 ●商品説明/プレゼンテーション ●バイイング・シグナル ●クロージング	●組織図の入手の有無 ●意思決定者/影響者の確認 ●人脈マップの作成の有無 ●意思決定ルートの確認 ●最新人事異動の情報
自社のサポート体制	**交渉技術**	**課題／ニーズ**
●サポートする技術 ●サービス上の体制に精通 ●自社のケイパビリティについての説明 ●関連会社や取引先への関係強化 ●人脈構築	●交渉技術 ●利点を強調、譲歩の依頼 ●歩み寄りの依頼 ●条件付き譲歩 ●「譲歩」か「手を引く」か選択	●CRMの情報蓄積と活用 ●お客様のニーズ分析 ●5Cモデルによる課題分析 ●課題構造モデルの展開 ●関係者への情報収集
競合情報	**信頼関係の構築**	
●競合の商品や会社の理解 ●自社の商品や競合会社の違い ●競合の動向 ●競合の最新情報の収集	●お客様との関係維持 ●顧客満足の向上 ●活動や行動後のフォロー ●社内のサポート体制の活用	

4 | 8 | セールスイネーブルメントとは

　営業人材の育成から発展し、近年注目されているのがセールスイネーブルメントです。セールスイネーブルメント 図1 とは、営業力強化を実現させるために、人事採用、マーケティング、営業研修、営業ツールの開発・導入・展開、営業プロセスの管理と分析などトータルで設計し、営業目標の達成に必要なKPIを可視化して、お客様との営業活動の最適化と効率化を目指すという取り組みです。そして、経営層は、セールスイネーブルメントの取り組みについて、お客様との信頼関係を構築するために営業担当者のメンター制度やキャリア形成など一貫した方向性を示して、スポンサーシップの使命を成し遂げることです。

　セールスイネーブルメントと人事部門による人材育成との違いは、営業職のパフォーマンスを可視化して素早く結果を出すことです。一般的なビジネススキルを習得するのではなく、営業の専門分野に特化し、可視化された営業活動のKPIから営業担当者の強みと弱みを明確にして、一人ひとりのカスタマイズされた指導、支援を可能にすることです。例えば、高業績の営業担当者がどのようなKPIで、顧客接点を増やしているのか、営業研修や現場勉強会などで活用して、更にどのような効果があったのかを明確に示すことができます。このように、セールスイネーブルメントの取り組みは、継続的かつ確実に成果があがる営業施策を打ち出し、営業担当者の科学的な育成によって、企業が目指すありたい姿を効率的に実現させるのです。

　セールスイネーブルメントを実践させるためには、5つのポイント 図2 があります。
　①SFA/CRMツールから蓄積したデータを活用し、可視化する
　②営業活動のKPIを設定し、営業担当者への具体的な支援を行う
　③高業績の営業担当者の活動を高水準・平準化とする研修体系を確立する
　④セールスイネーブルメントの専門部門を設置し、横断的に支援を行う
　⑤営業担当者の行動や能力について公平な目標設定と評価を実践する
　このようにセールスイネーブルメントを実践することで営業成果が確実なものとなり、営業担当者のモチベーションの向上につながります。

　営業の分業化やマーケティングとの一貫した戦略が求められている昨今では、セールスイネーブルメントの考え方を取り入れる企業が増えています。次節より、自らセールスイネーブルメントを実践しているSalesforceの取り組みについてご紹介します。

図1 セールスイネーブルメント概念

構成

テクノロジー活用

SFA/CRM AIコンテンツ管理
システム間のシームレスな連携

支援サービス

一貫性のある価値メッセージを伝えるため
に、教育、マーケティング、プロダクトマネジ
メント、人事等と密に連携した育成、マネ
ジャーによるコーチングを実施

機能間連携

営業を支援する各機能が部分最適とならず
に連携、公式な連携モデルを設定

オペレーション

セールスイネーブルメントの仕組みを効果
的に運営(モニタリング)

経営者のスポンサーシップ、
戦略や規範を関与者が理解、共有

＊富士ゼロックス総合教育研究所(現、パーソル総合研究所)監訳「営業力を強化する世界最新のプラットフォーム セールスイネーブルメント」
(ユナイテッド・ブックス 2019)より

図2 セールスイネーブルメント実践ポイント

③高業績の営業担当者の活動を高水準・平準化とする研
修体系を確立する
高業績者の営業担当者の行動を分析、可視化しコーチング、教
育、OJTの実践を行い、高水準、平準化を目指す。

②営業活動のKPIを設定し、営業担当者への具体的な支
援を行う
営業活動のKPIを設定し、営業担当者の能力に応じて支援を行
う。また、目標達成に対する進捗状況も確認し、的確なコーチング
を実施する。

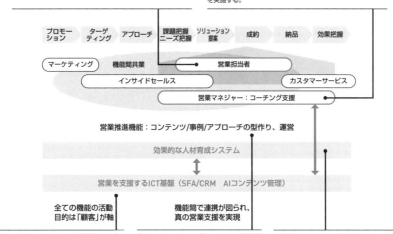

営業推進機能：コンテンツ/事例/アプローチの型作り、運営

効果的な人材育成システム

営業を支援するICT基盤（SFA/CRM AIコンテンツ管理）

全ての機能の活動
目的は「顧客」が軸

機能間で連携が図られ、
真の営業支援を実現

①SFA/CRMツールから蓄積したデー
タを活用し、可視化する
SFA/CRMツールは、売上金額、受注率、案件
数、顧客接点数、顧客情報、面談履歴、営業担
当者の教育実施の履歴など、いろいろなデー
タを蓄積できます。そのデータを活用し、可
視化することが必要となります。

④セールスイネーブルメントの専門部
門を設置し、横断的な支援を行う
セールスイネーブルメントを実現させるため
に専門部署を設置する。セールスイネーブル
メントのミッションは、営業担当者に対して、
同行、メンター、人材育成、人事採用の支援、
営業ツールの開発、マーケティング活動など
各部門との関わりを通じて連携をはかること
です。

⑤営業担当者の行動や能力について公
平な目標設定と評価を実践する
営業プロセスの標準化は、営業力を定量的に
把握することができます。目標達成につなが
る「行動」「スキル」を可視化し、評価し、改善
活動に活かしていくことで、営業力を高め、営
業担当者のモチベーション向上につながりま
す。

4 | 9 | Salesforceの取り組み紹介①

　Salesforceは、営業のパフォーマンスを可視化し、入社後の立ち上がりのスピード向上や中長期的な育成を行うことをミッションに掲げ、グローバルでは1999年の創業当初から、日本法人では2008年からセールスイネーブルメントの機能を持っています。ここではSalesforceがセールスイネーブルメントを体系的に実践し成果をあげている取り組みを紹介します。

▶**セールスイネーブルメント部門の存在意義**　Salesforceには、4つのコアバリュー「信頼」「カスタマーサクセス」「イノベーション」「平等」があります。セールスイネーブルメント部門は、これらのコアバリューを日々の営業活動と結びつけることを使命の1つとし、確実に成果を出す営業社員を輩出し続け、強い営業力を支えています。

▶**セールスイネーブルメント部門の役割**　セールスイネーブルメント部門と人事部門とのすみ分けとして、まず採用から入社2日目までを人事部門が担当し配属部門を問わず共通する人材開発の基本的な考えや会社の理念、方針などを教えます。3日目からセールスイネーブルメント部門が担当し、中途採用者と新入社員に対してそれぞれトレーニングを実施しています。どちらも、営業プロセスを可視化して、即戦力として結果が出せるような新しい仕組みを常に導入しています。

　セールスイネーブルメント部門には、2つのチームがあります。1つは、フィールド・イネーブルメントと呼ばれるトレーニングのデリバリーを担当しているチーム。もう1つは、COE(Center of Excellence)チームと呼ばれ、ナレッジを蓄積し、汎用的に展開できるように変え、グローバル戦略に連動したプログラムを開発しています。

▶**セールスイネーブルメント部門のKPIと提供サービス**　年率30%のビジネス成長と毎月多くの中途採用が入社する前提を踏まえて、セールスイネーブルメント部門のKPIとして「入社後の立ち上がりの早期化」「営業達成率の向上」「営業生産性の向上」を担っています。そして、現場での顧客接点を通じて、どう実践できるかにフォーカスしています。

　セールスイネーブルメント部門に関するサービスとして、「育成プログラム」「学習環境の整備」「育成的営業支援」「成果分析、育成法の開発」「リーダー育成プログラム」「パートナー企業向け支援」を提供しています **図1**。

図1 セールスイネーブルメントが提供するサービス

育成プログラム	学習モデルの策定と運営
	●4週間のオンボーディングプログラム ●新卒入社の研修プログラム ●各セグメント育成モデル ●昇格・昇進に向けたスキルトレーニング
学習環境の整備	学習する文化を醸成することは発展に向けた必須施策
	●オンライン育成プログラム ●ナレッジマネジメント(資料、動画コンテンツ等) ●社内成功体験の集約と展開(シェアリングサクセス) ●グローバルの最新ツールや手法の展開
育成的営業支援	確実なアウトプット(行動変化)を促す育成手法
	●営業リーダーとの共同育成プログラム策定 ●営業手法・プロセス管理手法の開発と支援 ●商談対応支援(相談窓口、各種レビュー) ●苦戦メンバーの特別支援プログラム(モニタリング)
成果分析 育成法の開発	常にトレーニング効果を分析しPDCAを回し続ける
	●SFAデータの分析でトレーニング効果を可視化 ●学習用ポータルで、1on1の育成支援を実現 ●本当の生産性向上への行動改善プログラム
リーダー育成 プログラム	組織拡大のキーであるマネジメント強化もコミット
	●新人営業マネジャー向け半年育成プログラム ●マネジャー同士の部門間連携の実施 ●次期マネジャー向けの早期育成プログラム ●資格のあるコーチからの個別コーチング1on1
パートナー 企業向け支援	共に新しい挑戦をして成長発展していくために
	●パートナー企業向け営業トレーニング ●イネーブルメントチーム立ち上げ支援 ●営業チーム向け各種ワークショップ

▶ **営業活動に沿った育成プログラム**　日々の営業活動において営業担当者がSFA/CRMを徹底して使いこなすことで、営業現場のデータがしっかりと蓄積されるため、そのデータをAIで分析し、育成に活かすことができます。データの活用により売れる営業担当者の営業活動や行動パターンなどを可視化して、成果の出ていない営業担当者に対して、適切なタイミングでアドバイスをするシステムを活用しています。

　そのベースとなるのが営業スキルマップです。各営業活動のフェーズに沿った形で、スキルや知識、具体的な育成プログラムを明確に定義しています **図1**。

▶ **インプットとアウトプットを結び付ける取り組み**　セールスイネーブルメントは、研修をやって終わりではなく「分かる」を「できる」に変えることで、「成果」へつなげることを目的にしています。「分かる」ためのインプットとして、ハイパフォーマーの考え方・やり方、最新のプロダクト知識、社内にある旬のナレッジを蓄積し、活用します。また「できる」ための仕組みとして、スキルアップ、自分の状況に置き換える思考プロセス、どんな現場でも活かせる応用力をアウトプットに位置づけています。

　インプットからアウトプットへの流れを強化するため、能動的な学習を促進するとともに、アウトプットへの実践のつなぎ、ベースとしての活発な場づくりを連動させて推進しています。例えば、セルフラーニングにテストを盛り込み次のTODOを提示する仕組みをトレーニングとつなげて、インプットとアウトプットを結びつける取り組みを拡充しているのです **図2**。

▶ **セールスイネーブルメントの未来**　セールスイネーブルメントを推進するには、学習者一人ひとりの気持ちや考えを理解することも重要です。Salesforceが提供するオンライン学習プラットフォーム「myTrailhead」では、学習者のペルソナに合わせた育成ジャーニーを描くことが可能です。Salesforceのセールスイネーブルメントでは、個別の商談同席やモニタリングを強化し、相手に寄り添えているか、お客様にどのような表情で接しているかなどをチェックする方法論も確立していこうとしています。

　ここまで見てきたように、営業人材育成においては、SFA/CRMといったメソドロジーを活用し、顧客の動向変化とともに、営業担当者の強み・弱みといった情報をリアルタイムに蓄積して、それらの情報から育成上の課題を明確にすることが重要です。その上で、日々の営業活動においてスピーディーに対策を講じることが求められます。そのためには、営業マネジャーのマネジメント力の向上が不可欠です。営業マネジャーの思考能力やリーダシップ能力を高めることが、営業担当者の自律型人材への変革や、ひいては会社の存続に大きく影響するといえます。

図1 営業スキルマップ─営業プロセスに沿ってスキルを測定し育成プログラムを実行

営業プロセス スキル& イネーブルメント	お客様を知る 自分のテリトリ 計画を立てる	案件を作る 新規と既存顧客からの 商談を作成する	提案準備をする 効果的に前進させる 提案リーダーシップ	商談を進める 確実に顧客と合意を 重ねる	交渉/受注する 経営層へのアプローチ 信頼されるアドバイザーに なる
必要なスキル	●新規顧客開拓 ●アカウントプランニング 　&戦略策定 ●分析&開拓 ●顧客理解 　など	●案件発掘/創出 ●価値訴求 ●提案製品理解 ●案件見極め 　など	●ビジネスへの洞察 ●チームセリング ●リソースの活用 ●商談プランニング ●ホワイトボーディング ●業界別アプローチなど	●商談推進 ●データ&ツールの活用 ●売上予測&パイプライン管理 　など	●オブジェクション対応 ●経営層への提案 ●見積もり作成 ●交渉力 ●パートナーとの協力 ●クロージング　など
習得すべき 知識	●活用スコアの見方 ●業界の知識 ●プランニング基礎知識	●製品基礎知識 ●活用スコア分析 ●事例	●提案の基本理解 ●社内のリソース理解 ●ROI(投資対効果)算出	●フェーズの理解 ●合意形成の手法 ●売上予測の基礎	●経営者の視点理解 ●契約関連の知識
機能・ツール	●CRM ●分析ツール	●活動管理 ●マーケティングオートメーション	●社内SNS ●社内外のコミュニティ	●SFA(フェーズ管理) ●デモンストレーション	●売上予測機能 ●契約管理
KPI 重要な アクション	●年間ゴールプラン ●テリトリ分析 ●アカウントプラン	●パイプライン件数 ●パイプライン金額 ●活動件数	●提案時の商談金額 ●製品ごとのパイプライン ●活動件数	●有効なパイプラインと 　売上予測 ●フェーズアップ率 ●スケジューリング	●顧客とのスケジュール 　合意 ●リスクへの対処
育成 プログラム	●テリトリプラン ●アカウントプラン ●顧客分析 & 開拓	●ヒアリングスキル ●関係構築トレーニング ●プレゼンテーション	●提案の基礎 ●デモンストレーション ●競合優位性 ●ビジョンセリング	●フェーズアップ ●競合優勢性理解 ●バリューセリング ●売上予測の立て方	●オブジェクション 　ハンドリング ●交渉術 ●エグゼクティブ向け 　プレゼンテーション

図2 セールスイネーブルメントのオンラインラーニング戦略

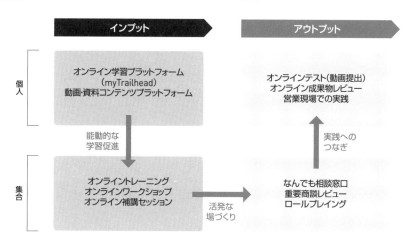

インプット　　　　　　　アウトプット

個人

オンライン学習プラットフォーム
（myTrailhead）
動画・資料コンテンツプラットフォーム

オンラインテスト(動画提出)
オンライン成果物レビュー
営業現場での実践

能動的な
学習促進

実践への
つなぎ

集合

オンライントレーニング
オンラインワークショップ
オンライン補講セッション

活発な
場づくり

なんでも相談窓口
重要商談レビュー
ロールプレイング

①アクションラーニング

営業活動の課題をテーマに、営業チームの単位で問題解決力を検討させ身につけさせる人材育成の学習技法。実際には、チームディスカッションを通じて、営業活動の問題解決策を検討し、計画・実行・進捗確認・次の行動へと展開する。更に組織・チームの共有を行い、成果につなげる。

②チームビルディング

営業チームのメンバー一人ひとりの主体的な行動を引き出し、一丸となって目標達成を目指すようなチーム創りの取り組みのこと。営業マネジャーには、メンバーが互いの多様性を尊重し、協力し合う関係性を築くように取りまとめるリーダーシップやマネジメントが必要になる。

③バリューエンジニアリング

商品やサービスの「価値」を「機能や性能」と「価格」との関係で捉え、顧客のニーズと利点から価値を高める手法。営業担当者は、顧客のニーズを的確に捉え、自社の商品やサービスの利点を考え価値を創造し、提案する活動が必要とされている。

④ソリューション型営業

顧客との面談を通じて、顧客が抱えている問題やニーズを把握し、その問題解決策を創造し提案する営業スタイル。基本は、顧客の問題やニーズを中心に解決策を提案するが、現在では、顧客の潜在ニーズを予測し、潜在ニーズを顕在化させ、解決策を提案する営業のスタイルに変化している。

⑤パースペクティブ・セリング

「顧客の直近の課題だけを解決するのではなく、未来を考え経営課題の解決につながる示唆を与える」という営業スタイルを意味している。自社のケイパビリティに合致した顧客の経営課題にフォーカスし、潜在ニーズを顕在化させる営業活動が必要になる。

⑥リーダーシップ

営業マネジメントにおけるリーダーシップとは、営業変革のために長期的なビジョンを示し、短中長期の営業目標や戦略を共有する能力のこと。更に、営業チームや関連する部署に影響力を発揮し、一丸となるように営業担当者や関係者のモチベーションを高め成果を出す能力のこと。

⑦コーチング

営業マネジャーが傾聴のスキルを実践して、営業担当者の活動状況や背景から問題点を把握する。そして、営業担当者にその問題に気づかせるように面談を行い、営業担当者が自ら問題解決や目標達成に取り組むように進める手法。

⑧スポンサーシップ

経営者として、企業変革を促すために新たな組織を立ち上げ、その組織を支援する体制のこと。また、人材育成に対して、営業担当者や営業マネジャーの能力を高めるために、キャリアの構築と育成プロセスの促進を支援する制度。

Chapter

5

SFA（営業支援システム）

SFAは、高い生産性で営業活動を行い、目標を達成するために必要不可欠なツールとして、日本でも導入する企業が年々増えています。一方で自社に合わせてどのように活用すればいいか運用イメージを持ちづらい側面もあります。本章では基本的な機能から、活用のステップやコツ、AIと組み合わせた活用に至るまで、「SFAの基本」を解説します。

Writer：秋津 望歩

成長企業が注目するメソッド「The Model」とは
〜マーケティング＆セールスの真の連携で営業効率を最大化〜

　近年、企業の営業変革において、新たな概念として注目を集めているのが「The Model（ザ・モデル）」と呼ばれる営業プロセスモデルです。もともとはSFA/CRMを中心にBtoBのSaaSビジネスをいち早く確立した成長企業Salesforceが生み出したメソッドです。

　営業部門とマーケティング部門の2部門で一連の営業プロセスを二分すると、担当する領域が広く、それぞれのプロセスがブラックボックスになりがちです。そのため、一貫した流れを作ろうとしても、統合的な観点から対策を打つことが困難でした。また、マーケティング部門がリード数、営業部門が受注数を追うような2部門間での役割分担を行うと、リードの質の議論が対立点となりやすく、両部門が協力的になりづらい構造でした。

　そこで、一連の営業プロセスを4つに細分化し、各段階で徹底的に情報を数値化・可視化しながら、部門間連携によりカスタマーサクセスを追求することで、売上の最大化を目指したのが、このThe Modelです。

The Modelの体制作り

　The Modelでは具体的にどのように営業プロセスの体制を整備して、運用していくのでしょうか。まず、「マーケティング（見込み顧客の獲得）」「インサイドセールス（見込み顧客育成の商談発掘）」「外勤営業/SE（商談管理・受注）」「カスタマーサクセス（活用支援、契約継続/追加）」の4つの段階に切り分けます **図1**。

　次に、切り分けた4つの段階それぞれの中で、「母数」「成功率」「ゴール」を数値化します。ここでのポイントは、各プロセスのゴールが次のプロセスの母数になることです。そのため、各部門が十分な母数を確保するためには、すべての部門で確実にゴールをクリアし、次の段階に渡さなければなりません。

各段階におけるKPIの設定

　最初の「マーケティング」では、自社のWebサイトや各種広告媒体の来訪者数が母数となり、連絡先などの情報を獲得できた見込み顧客数をゴールとし、その獲得率を数値化します。

　次に「インサイドセールス」では、マーケティングで獲得した見込み顧客数を母数とし、電話営業などにより外勤営業にパスできた商談数がゴールです。これら2つの数値

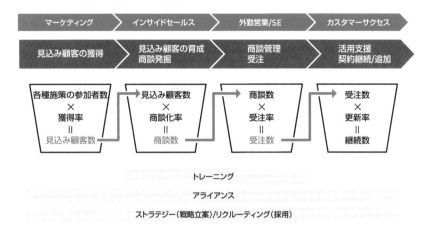

図1 The Model：Salesforce が提唱する顧客獲得・維持・拡大モデル
Salesforce の成長を実現している組織営業のベストプラクティスモデル

マーケティング	インサイドセールス	外勤営業/SE	カスタマーサクセス
見込み顧客の獲得	見込み顧客の育成 商談発掘	商談管理 受注	活用支援 契約継続/追加

各種施策の参加者数
×
獲得率
＝
見込み顧客数

見込み顧客数
×
商談化率
＝
商談数

商談数
×
受注率
＝
受注数

受注数
×
更新率
＝
継続数

トレーニング

アライアンス

ストラテジー（戦略立案)/リクルーティング（採用）

の割合が商談化率になります。

そして「外勤営業」では、これまでの部門が積み上げた商談数をもとに営業部門が営業提案を行い受注率を上げ、受注数を増やすことをゴールとします。

最後は「カスタマーサクセス」です。成約後の顧客がどれほど離脱せずに定着しているのか、受注数に対して更新率や継続数をゴールとして数値化します。

これら4つのプロセスにKPIを分解していくことがThe Modelの基本となります。

正確な数値の可視化と共有化

しかし、The Modelの運用において、実際に各段階でどういった数値をKPIに設定するかは、企業によって千差万別です。そこで、まずは現状把握が重要となります。まずは営業プロセス全体をThe Modelに当てはめ、各プロセスの数値を可視化していきます。

どの企業でも入り口の集客数と最終的な受注数はある程度数値化されているはずですが、その間のステップがブラックボックス化されていることが少なくありません。営業とマーケティングに関わる各システムや日々の管理情報から情報を抽出し、自社なりのモデルのベースとなる数字を算出します**図2**。

ここで重要となるのは、各段階でそれぞれの担当部門が責任をもって「正確な数値を共有する」ことです。例えば、インサイドセールスがゴールの数字を大きくするため、十分に育成できていない確度の低い見込み顧客までカウントし、外勤営業にパスしていたらどうでしょう。商談数は増えますが、確度が低いため受注率が落ち、外勤営業の行動も非効率的になってしまいます。どこかのステップに正確でないデータが含まれ

ると一連のプロセスとして機能しなくなってしまうため、正確な数値を計測し、各部門への共有化を行うことが基本となります。

　The Model での役割分担を参考に、マーケティングまでを含めた営業プロセス全体の数値を可視化することができれば、どの段階で顧客数の低減が起こっているかボトルネックを把握でき、対策を講じることが可能となります。これらのデータが常に共有化され、全部門が公平に見られることで、一連のプロセスの健全性を保ちます。

各段階の責任範囲とルールの明確化

　自社の The Model 型の役割分担ができれば、各部門の責任範囲となる数値と、ゴールとしてカウントするルールを明確化します。

　例えば、マーケティング部門がどの基準をもって「見込み顧客」とするのかを決めます。ゴールとする情報の質や量を明確に定義します。他にも、インサイドセールスが担当する見込み顧客を、どのタイミングで外勤営業に渡すのかを決めます。スコアリングを行い、外勤営業へ渡す基準をしっかり決めておくことが必要です。仕組みをルール化することで、様々な部分で無駄を排除でき、営業活動の効率化や利益の最大化を図ることが可能となります。

　また、どうなれば「見込み顧客」となり、どの状態を「商談」と呼べるのか各組織で連携しながら定義を明確にするだけでなく、「合意する」ことが重要です。各部門がルールに合意することで、それぞれのゴールに向けて適切な手段を検討することができます。

　The Model を効果的に運用するには SFA や MA、CRM といったデジタルツールの活用が欠かせません。各段階の担当者間でリアルタイムのデータ共有が実現でき、様々な切り口で抽出・分析が可能となります。各部門で設定した KPI をダッシュボードにまとめておけば、どこで何が起こっているのか明確になります。もし各組織間の KPI 設定のチューニングが必要な場合も、デジタルツールで全員に正しいデータが可視化されていることで正確な議論が可能になります。

The Model の運用で得られるメリット

　The Model は、主に4つのメリットを企業にもたらします。

　1つ目は、営業プロセスの中の弱点が可視化できることです。4つの段階で数値を可視化することにより、どこに問題があるのか、どのプロセスの数字が目標に達していないのかが一目瞭然となります。これにより、重点的に対処すべきプロセスに効果的に改善策を導くことが可能となります。

　2つ目は、各段階が数値を共有することで、連携を高めるメリットです。そもそも一般的に、マーケティング部門と営業部門は、反目し合う関係となることが多いものです。

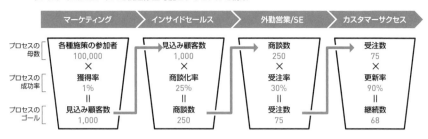

図2 The Model における KPI 設定の一例

リアルタイムにビジネスを軌道修正可能とするモデルを構築

マーケティング	インサイドセールス	外勤営業/SE	カスタマーサクセス

プロセスの母数
| 各種施策の参加者 100,000 | 見込み顧客数 1,000 | 商談数 250 | 受注数 75 |

×

プロセスの成功率
| 獲得率 1% | 商談化率 25% | 受注率 30% | 更新率 90% |

＝

プロセスのゴール
| 見込み顧客数 1,000 | 商談数 250 | 受注数 75 | 継続数 68 |

マーケティングでは見込み顧客を追うことが念頭にあるため、潜在顧客数にフォーカスしがちで商談数まで追いきれません。一方で、営業部門では売上や受注数が重要ですから、マーケティング部門から渡される見込み顧客数よりも確実な商談数を求めることが多くなります。The Modelでは、ここにインサイドセールスのプロセスを組み込むことで、両者の溝を埋める数値を設定することが可能になります。

3つ目は、リサイクル可能な失注案件も見えてくるメリットです。マーケティングを入り口として流入してきたリードは、各段階で数を減らしながら受注し、カスタマーサクセスへと移行していきます。その中で、商談に至らなかった案件や失注した案件は、「長期フォロー顧客」としてタイミング良くインサイドセールスがアプローチすることで、再び新規案件にリサイクルすることが可能です。マーケティングで得られた再アプローチのための情報があれば、この「顧客のリサイクル」は実現できます。

4つ目は、分業化することで専門性を高められるメリットです。例えば、マーケティングであればWebマーケティングや広告手法、インサイドセールスであればコールスクリプトやメールマーケティングなど取り扱う手法が異なります。それぞれの営業プロセスでの成功事例やノウハウが部門内に蓄積されることで、専門性はより高まります。適切に分業されたThe Modelであれば、一つひとつの営業プロセスが強化されれば、営業プロセス全体としても成長していくことができます。

これら4つのメリットを通じて営業プロセスの効率化を実現します。

最後に注目していただきたいのは、最後のプロセスが「カスタマーサクセス」となっている点です。自社の営業プロセスが効率化されるだけでなく、最終的には顧客の成功を志向していることです。これからのビジネスにおいては、「顧客の成功が自社の利益につながる」というカスタマーサクセスの発想がとても重要となります。そのためには、市場と顧客のニーズをくみ取り、即応できる体制が必要であり、そこまでのプロセスを総合的に実現するのがThe Modelなのです。

5 | 1 | SFAは企業の基幹システムへ

　世界の先進企業は今、顧客接点を担うフロント業務をカスタマー・リレーションシップ・マネジメント（CRM）を中心に改革し、バックエンド業務（支援業務）との連携を図ろうと懸命に取り組んでいます。BtoBの世界でも、顧客中心の考え方で収集・管理した情報を活用しながら、フロントとバックエンドを連携させることは、営業改革で取り組むべきシステムの主要テーマの1つです。

　日本では、これまで企業は自社が供給できる製品を軸に営業やマーケティングを展開してきました。インターネットが普及する前は、顧客はテレビCMなどのマスメディアや、営業担当者から製品の情報を得て購買を行い、顧客情報は営業担当者の頭の中で管理しながら、注文された製品を届けることでビジネスが成立していました。

　しかし、供給過剰の今、いい製品であれば売れるという理屈は成立しません。製品中心の生産計画を先に立てても、その通りに販売することすら難しくなりました。顧客はWebサイトで情報収集し、ウェビナーで理解を深め、オンラインセールスで購買することが当たり前となっています。複数社を同時比較するための見積一括請求サイトも一般的になりました。顧客が複数の会社に問い合わせをしているタイミングで営業担当者が頑張れることは「納期調整」や「値引き」など、限られたアクションになってしまいます。

　そこで企業は、需要側である顧客中心に考えをあらためなくてはなりません。つまり、システムやデータ、業務プロセスを再構築し、製品中心の生産計画よりも顧客の需要に基づいた販売計画を先に立てる考え方への転換です。「この製品を購入した人は、誰」という製品が主語である視点から180度変更し、「この人は、製品を買った（買わなかった）」「この人は、なぜその製品を買ったのか（買わなかったのか）」という顧客を主語にし、その記録を残すシステムの構築が必要です**図1**。

　企業の基幹システムといえば、"ERP"と認識されてきた時代が長らくありましたが、企業の供給を管理するERPなどのバックエンドの情報だけでなく、顧客の需要を管理するSFA/CRM/MAなどのフロントエンドの情報の重要度が増しています**図2**。顧客を中心に考えるこれからの時代では"SFA"も企業の重要な基幹システムとなっていくはずです。

図1 システムに対する考え方の変化

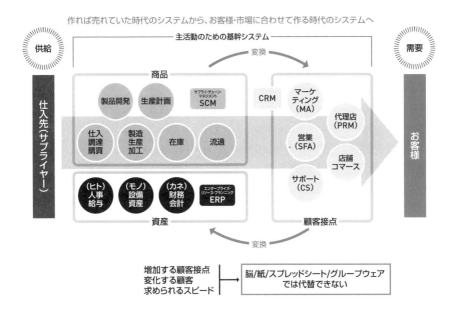

作れば売れていた時代のシステムから、お客様・市場に合わせて作る時代のシステムへ

図2 購買プロセスを一気通貫でサポートする情報共有基盤が必要

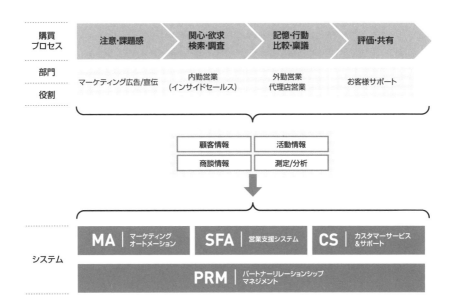

5 | 2 | SFAの基本的な機能①顧客管理

SFAの基本となる機能は「顧客管理」「商談管理」「活動管理」の3つです **図1**。様々な企業がSFAを提供していますが、この3つの機能は必ず備わっています。営業担当者の最重要ミッションは、限られたリソースを適切に配分し、注力すべき顧客、追うべき商談に対して最適なアプローチや頻度で日々活動し、目標を達成することです。

▶**顧客管理** 顧客情報とは「企業情報」「人物情報」「関連情報」の3つに分けて考えることができます **図2**。まず具体的な企業情報とは、社名、住所、売上、資本金、従業員数、業種などの基礎的な情報が該当します。一般的な公開情報レベルではデータベース化されている企業が多いと思いますが、関連会社も紐付けてデータがまとめられていると、関連会社を越えた人事異動などのデータと連携しやすく理想的です。昨今ではSFAと外部のデータバンクとの連携により、企業情報を常に最新の状態で維持し、正確なターゲティングが実現できます。

続いて、その企業に存在する人物の情報です。名刺情報とほぼ同義ですが、肩書、役割、姓名、連絡先、過去の役職の変遷などが含まれます。人物情報は営業担当者の独自管理になりがちで、スプレッドシートや個人の名刺アプリでの管理のほか、やり取りする人物ごとにメールでフォルダ分けしている人もいるでしょう。人物情報の親データは企業情報なので、この2つをセットで管理すると、狙う企業のターゲティングとその企業でコンタクトすべき人物のターゲティングが行え、適切なコンタクト先を早い段階で探し出せます。

関連情報は、その企業における進行中の案件、受注した案件、失注した案件、納品した製品、契約中の保守サービス、問い合わせ、クレーム、修理履歴、送信メール、参加セミナーなどが含まれます。この中には営業の訪問結果なども含まれますが、少なくとも納品した製品や契約中の保守サービス、参加セミナーなどは、企業としてどこかで管理しているはずです。しかし、これらの情報が営業の利用する顧客情報と紐付き、一元化されていないと、ターゲティングに使えません。

関連情報こそが「営業生産性を高める顧客情報」のポイントであり、競合他社が持っていない情報です。この情報をバラバラのシステムで放置したまま、営業担当者に手入力で商談情報や訪問情報を求めても、生産性の向上にはいずれ限界がくるでしょう。営業生産性を高める顧客情報データベースの構築は、すでに自社内に存在する企業情報、人物情報、関連情報を整理し、まとめるところから始まるのです。

図1 SFA（営業支援システム）3 つの基本機能

```
─────── SFA（営業支援システム）3つの基本機能 ───────

┌─────────────┐  ┌─────────────┐  ┌─────────────┐
│   顧客管理   │  │   商談管理   │  │   活動管理   │
└─────────────┘  └─────────────┘  └─────────────┘

    既存顧客         フェーズ管理        訪問履歴
  新規・見込み顧客    ノウハウの共有     顧客DBの更新
  ターゲティング     チームの協力       白地の開拓
   優先順位付け       売上予測
```

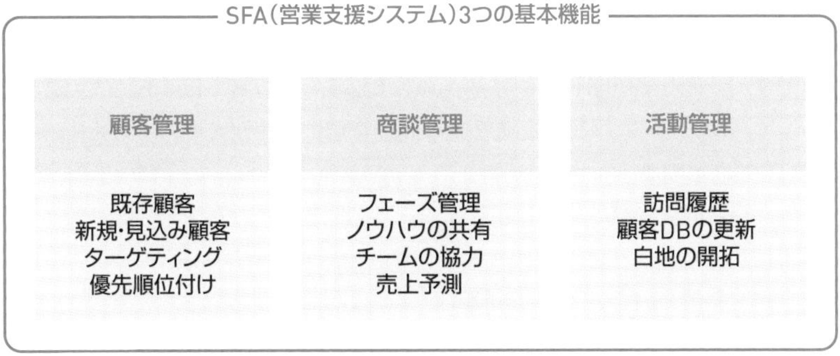

図2 SFA（営業支援システム）に蓄積する顧客情報

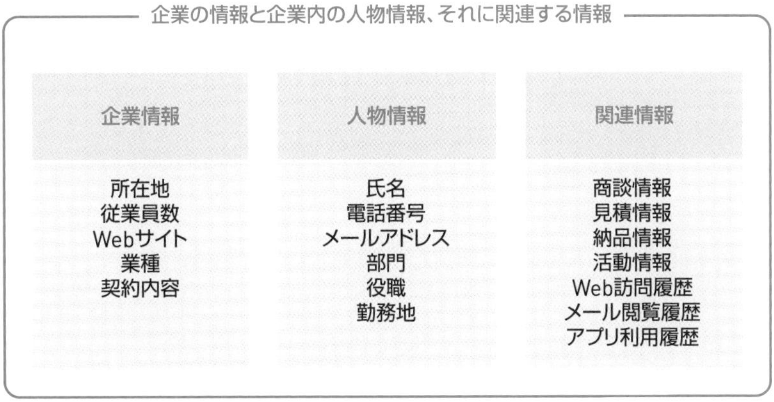

```
───── 企業の情報と企業内の人物情報、それに関連する情報 ─────

┌─────────────┐  ┌─────────────┐  ┌─────────────┐
│   企業情報   │  │   人物情報   │  │   関連情報   │
└─────────────┘  └─────────────┘  └─────────────┘

    所在地           氏名             商談情報
   従業員数         電話番号          見積情報
  Webサイト       メールアドレス      納品情報
    業種            部門             活動情報
   契約内容         役職           Web訪問履歴
                   勤務地         メール閲覧履歴
                                 アプリ利用履歴
```

5 | 3 | SFAの基本的な機能②商談管理、③活動管理

▶商談管理　正確な売上予測を立てるために、数多くの企業で日々苦労されていることでしょう。商談状況の可視化と進行中の商談管理の運用が定着することで売上の将来予測が可能となります。また、営業部門の業績管理だけでなく、調達、生産、物流、採用など他部門も計画的な行動が可能になります。そういった意味でも商談管理の徹底がSFAを使いこなせるかどうかにも大きく影響を与える重要なポイントです。

　売上予測を正確に行うための大前提は「すべての商談進捗状況の可視化」がされていることです 図1 。営業担当者は確度の高い商談しか上司に報告しないことがしばしばありますが、それではほぼ受注が確約された商談の情報しか蓄積されません。検討の初期段階から発注直前の最終段階の商談まで、各商談フェーズに応じた活動や施策を講じることで、計画的に受注まで進めるコントロールが可能になります（パイプライン管理の詳細は5-7参照）。

▶活動管理　営業担当者の活動状況は、スケジュール管理機能やカレンダーで把握しているから問題ないと思われるかもしれませんが、営業担当者別の活動状況では顧客の真の状態は把握できません。視点を変え、顧客を軸にスケジュールを並べ替えてみることで見えてきます 図2 。

　仮にスケジュールがびっしりと埋まっていても、その画面で確認できるのは、「営業担当者が毎日、顧客をきちんと訪問している」ことだけです。「お客様への提案回数を増やせ」という指示を上司がすれば、顧客の訪問やWeb会議の回数は増えるでしょう。しかし、忙しく頑張っているにもかかわらず業績が上がらない理由は分からないままです。

　こうした場合、各営業担当者の活動を顧客中心に並べ替えることがおすすめです。

　「今年、どうしても新たな取引先にしたいと狙っているお客様にもかかわらず、電話しかしていない」「優良顧客が他社からアプローチを受けているのに、最近訪問していない」といった問題点が見つかれば、業績を向上させるにはどの顧客に何をすればいいか、次のアクションの検討が可能になります。営業担当者の活動管理においても、売り手本位ではなく、顧客中心の考え方へと変えていく必要があります。

図1 パイプライン管理

リスト化で満足するのではなく、「変化」や「形」に着目
見えなかったものを見えるようにし、見えたものを改善

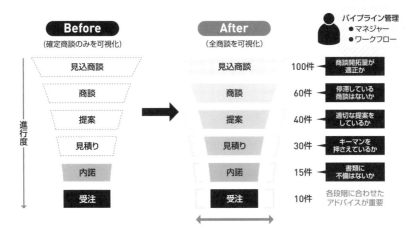

図2 スケジュール管理（社員視点での管理）と SFA/CRM（顧客視点での管理）の違い

「みんな忙しく頑張っている」から「適切なタイミングで適切な対応」へ

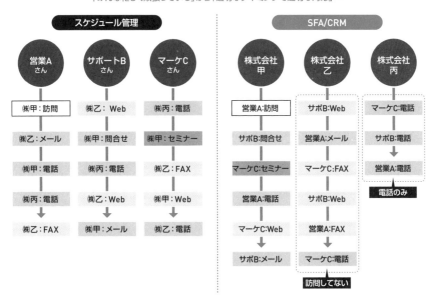

　SFAというツールは、残念ながら導入しただけでは成果が上がりません。早期に運用を定着させ、導入効果を最大化するために、SFA導入と活用のポイントを紹介します。

▶事前準備におけるポイント

1. SFA活用推進チームの体制と役割の明確化

　SFA導入は企業にとって、重要な営業改革プロジェクトです。特に営業が力を持つ企業であれば、上層部が確固たる意志を持って関与しない限り、プロジェクトを成功に導けません。**図1**のような体制と役割分担を行うことが基本となります。理想的なのはメンバーがプロジェクト専任の担当となることです。兼任メンバーとして参加する場合、参加できる度合いに応じた役割分担を行うことが大切です。

2. ゴールの明確化

　SFA導入や営業改革プロジェクトが始まるきっかけの多くは、例えば経営者の交代、事業再編など企業にとってインパクトのある出来事が根底にあることが多々あります。プロジェクト開始のタイミングで、「何を変えるためにSFAを導入するのか」を明確にすると、導入の効果測定がしやすくなり、企業の方向性を示せます。ゴールの設定は、いつまでに、どの数値を達成するのかがはっきりしていると、関係者の視点が合い、同じ目線で会話できるようになります。

3. 目標、戦略、活動に即したKPIの設定

　明確にしたゴールを実現するために、**図2**のように追いかけるべき評価指標を立てます。目標を達成するためのKPIの策定方法、考え方は、SFAを効果的に活用するために重要です（詳細は5-8参照）。

4. レポート／ダッシュボードと入力画面の設計

　SFA導入で陥りがちな失敗として、最初から多くの入力項目を設定してしまい、営業担当者が情報登録を敬遠してしまうことがあげられます。それを避けるために必要な考え方が「見たい数字から逆算すること」です。SFAの中核となる機能、顧客情報・商談情報・活動情報の3つをもとに、金額や受注予定日、商談に参加した顧客といった最小の必須項目を設定し、その他は選択リスト化するなどの工夫をしましょう。

5. 運用ルールの明確化

　営業担当者が日々入力したデータが蓄積していくと、後世に続く企業の大切な資産になります。ただ、データが活用されていないと、営業担当者は入力するモチベーションが下がってしまいます。まず運用フローの観点では、誰がいつ何の目的でチェック・入力するかを決めましょう。

図1 活用推進チームの体制と役割の明確化

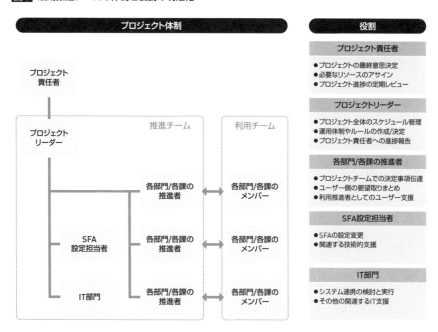

図2 目標、戦略、活動に即した KPI の設定

ゴール実現のため追いかけるべき評価指標をたてる

5 │ 5 │ SFA活用の3ステップ②SFAの定着化

SFAに情報が蓄積されれば、「入力する情報」より「得る情報」のほうが多くなりますが、営業担当者が入力するメリットを感じないと活用が定着しません。この定着化においては、一般的に運用開始3ヶ月での定着度が勝負です。

▶**定着プランの進捗確認**　SFA導入後、すべての情報が綺麗に漏れなく登録されることはなかなかありません。SFA運用は長く続くもので活用に終わりはありませんので、一定期間経過後の目標、KPIを現実的に手の届く範囲に設定しましょう。今回は初めの3ヶ月のサンプルとして、1ヶ月ごとに何に注力すべきか、KPI設定のポイントを紹介します**図1**。

1ヶ月目は、営業担当者がSFAへの入力も業務の1つとして認識し、情報入力をし始めたタイミングです。まずはログインすることが第一歩であるため、毎日どれくらいのメンバーがログインしているかを確認し、次いで顧客情報、名刺情報の登録を目標とします。

2ヶ月目は、営業担当者がいつどこで誰を訪問、提案したのかが入力されることを目標とし、日々の営業活動に関連する情報がSFA上に蓄積されているかを確認します。SFAを単なる日報にしてしまわないために、営業担当者が今週訪問した顧客を列挙するのではなく、顧客軸で情報を登録します。

3ヶ月目は、すべての商談情報を登録し、変化があった場合に都度更新しているかを確認します。商談は規模や確度にかかわらず、すべて入力することが必須ルールです。1度情報を登録したら、顧客の状況に合わせて営業担当者各自でアップデートします。

初めの3ヶ月を通じて、営業担当者が自身の活動、商談情報を登録することで、データが蓄積します。マネジャーはそうしたデータをもとに様々な判断が可能になります。

▶**利用状況を可視化すること**　SFAの利用状況は、データの入力度合いやログイン率などSFAを通じて可視化することができます**図2**。定着に向けた各KPIに合わせて、実際の活動状況をモニタリングすることで問題点を発見することができます。

- SFAにログインをしているか：部署別・役割別のログイン状況を確認
- SFAにデータが蓄積されているか：データ蓄積の推移、データ入力状況を確認
- 登録されたデータに異常はないか：異常データを確認し、精度の高い分析につなげるためにデータ品質を担保

そもそもSFAが使われていなければ、その原因を探り、問題点の改善が必要になります。マネジャーがSFAを活用できていない場合、そのチームのメンバーも活用していないケースが多く見受けられます。マネジャー自身もSFAをベースにしたマネジメントスタイルに変えていく必要性があります。

図1 定着プランとモニタリング

定着プランとは	運用、定着化の観点から一定期間経過後に達成しておくべきKPIと目標値、注力ポイントを定めたもの

SFAにおける定着プランの例

3ヶ月後のゴール:活動と商談の入力・更新率100%

	1ヶ月目	2ヶ月目	3ヶ月目
	取引先責任者の入力徹底	**活動の入力徹底**	**商談の入力、更新徹底**
注力ポイント	●既存の名刺情報を全て登録し、名刺は全て廃棄する ●新規訪問で得た名刺情報も全て登録する	●営業活動（訪問、来社）後、必ず活動を登録する	●商談の可能性が少しでもある場合必ず商談を登録する ●商談が進捗した場合、フェーズや金額を必ず更新する
KPIと目標値	①ログイン率:××% ②取引先責任者作成件数:××件	①活動作成件数:××件/週/人	①商談作成件数:××件 ②異常データ件数:××件

*KPIのモニタリングには **図2** のような活用状況を数値化するダッシュボードの作成を推奨。

図2 ダッシュボードによるログイン状況確認

ゴール実現のため追いかけるべき評価指標をたてる

ここ2週間のユーザーのログイン状況	ログイン0回のユーザーがいるチーム	管理職ユーザーのログイン率
有効にしているログインユーザー数	2週間ログイン0回のユーザーがいるチーム	一般ユーザーのログイン率
ログイン数の推移	2週間以内にログインがあるチーム	

部署別・役職別のログイン状況を確認

SFAの活用は進化させていくことで、より社内で活用できる余地が広がっていきます。実際に海外展開、サポート部門との連携強化、インサイドセールスの導入、営業とマーケティングの連動など、次なる展開にSFAが貢献しているケースが多々あります。データがしっかりと蓄積され活用可能になれば、新たな発想や新しい活躍の領域も生まれやすくなります。また、クラウド型のシステムの場合、新機能や機能改善などもアップデートされていくため、積極的に新しい仕組みを取り入れていく努力も必要です。

▶業務改善における3つのポイント

1. 改善すべきプロセスの明確化

SFAにデータが蓄積することで、良くも悪くもすべてが可視化されます。活動のKPIから、The Modelの各部門をつなぐKPIまで、あらゆる数値が見えてきます。最終的な目標・ゴールの達成に向けて、どのプロセスに問題がありそうかを深掘りします 図1 。改善すべきポイントがSFA入力や運用フローに関連するものか、部門間連携によるものか、営業が攻めるべきターゲティングなのかなど状況に応じて、定期的に運用状況を見直す機会が必要です。

2. 社内ベストプラクティスの活用

特定の営業部門や営業アカウントチームなどで、小さな成功でもいいのでSFAの活用例を広く社内に伝えます。「真似しやすい」例をあげ、「勝ち馬」に乗りやすい環境を整えます。社内報、営業会議、全社会議など誰もが目にするところで表彰、共有ができれば「あれは勝ち馬だ」と営業担当者は理解します。その結果、現場への浸透が進み、プロジェクト当初の目的が達成されるのです。積極的にプロジェクトオーナーの協力を仰ぎ、どのような使い方が理想的かを広めましょう。

3. 効果検証と改善アクション

プロジェクトチームは、SFAの運用を開始したら終了ではありません。プロジェクトチームとしての戦略や定着に向けた活動の内容、KPIが達成できているか見直しを続ける必要があります 図2 。初めの3ヶ月も非常に重要ですが、それ以降も目標を設定し、SFAにデータが蓄積し続けるための工夫を行っていきます。

図1 改善すべきプロセスの明確化

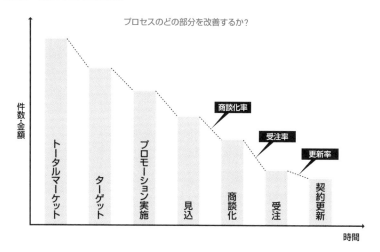

図2 効果検証と改善アクション

定期的に戦略および活動の内容・KPIの効果検証、改善を実施する

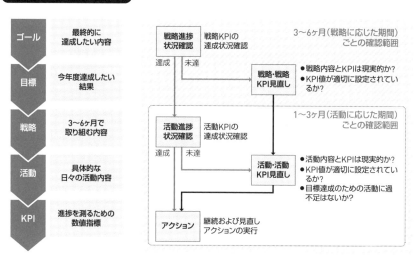

5 | 7 | SFA活用に必要なパイプライン管理

正確なパイプライン管理の大前提となるのは「すべての商談進捗状況の可視化」と「必ずフェーズをつけること」です。このフェーズを各社で明確に定義し、全営業が同じ理解で各商談を正しいフェーズに位置づけることで、未来を予測できる精度が格段に高まります。

1. パイプライン管理のスタートは、すべての商談登録から

フェーズは上部が商談の浅い段階で、下に進むにつれて商談が前進し、最終は「受注・商談完了」となります。例えば、製品について問い合わせがあっただけで、商談になるかどうかも定かでないものは1フェーズ目です。これまで現場の営業担当者が報告しなかったような商談も含めて、すべてを報告対象とするのが最初のステップとなります。情報をすべて洗い出し、段階ごとに整理をすると、パイプライン全体のシルエットが明らかになります **図1**。見込み段階の商談が少なければ発掘活動に注力したり、フェーズごとの停滞期間や製品の数、金額、営業担当者の商談数の適正なコントロールを行ったりするなど、自社にとっての理想的な形を保つのがパイプライン管理です。多すぎても対応できませんし、少なすぎてはこの先の達成が危うくなります。そのため、営業担当者の人数や対応能力にも目配せをしながら、全体のバランスをどのように保つのかが重要です。

2. パイプライン管理の正確性は、フェーズの定義が肝

商談進捗段階は、各社の製品特性や営業スタイルに合わせて正確に定義することが大切です。このフェーズの定義がうまくできていない場合、商談の進捗を正確につかむことができず受注予測にブレが生じ、営業マネジャーも状況に合わせて適切にアドバイスが行えなくなります。また、商談状況を正確に把握するには、営業担当者の行動だけでなく「顧客の検討状況」の反映が大切になります **図2**。営業担当者から「見積書を提出した」と報告があったとしても、商談初期段階で概算見積を提出した可能性もありますし、最終段階の価格交渉かもしれません。受注率を高めるには、自社の営業行動に加えて「顧客の検討状況」が重要です。つまり、「見積書を提出した」ではなく、「お客様が見積金額に納得した」。「課題のヒアリングを行った」ではなく、「お客様が業務課題を会社の問題として認識した。その内容はコレ」。「キーパーソンに会った」ではなく、「キーパーソンがこの解決策に納得した」というのが、各段階の定義となるべきものです。顧客を主語にすることで、その営業活動が購買プロセスを進めているのか、適切な施策を講じているのかが判断しやすくなります。

図1 正確に売上を予測するための営業フェーズ管理

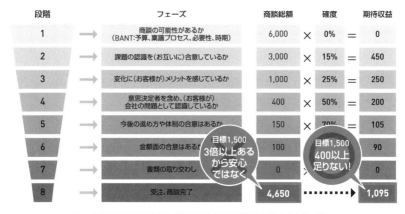

段階	フェーズ	商談総額		確度		期待収益
1	商談の可能性があるか （BANT：予算、稟議プロセス、必要性、時期）	6,000	×	0%	=	0
2	課題の認識を（お互いに）合意しているか	3,000	×	15%	=	450
3	変化に（お客様が）メリットを感じているか	1,000	×	25%	=	250
4	意思決定者を含め、（お客様が） 会社の問題として認識しているか	400	×	50%	=	200
5	今後の進め方や体制の合意はあるか	150	×	70%	=	105
6	金額面の合意はあるか	100				90
7	書類の取り交わし	0				0
8	受注、商談完了	4,650				1,095

目標1,500
3倍以上ある
から安心
ではなく

目標1,500
400以上
足りない！

フェーズ2以降の商談金額を合計すると目標の3倍以上パイプラインがあるように見えるが、確度をかけ合わせると目標には届かないことが分かる

図2 商談フェーズの定義—"お客様は認識しているか"

ひとりよがりにならない「事実ベース」の
パイプライン管理を実現するために

営業	フェーズ	お客様
「訪問・ヒアリング」やった「概算見積提出」やった「要件定義に協力」やった「事例紹介」やったから先に進めたり戻したりなど、自社の動きに決めがち	**1** 商談の可能性があるか（BANT：予算、稟議プロセス、必要性、時期）	ああ！そういう捉え方があるんだ！そういう解決策があるとは知らなかった
	2 課題の認識を（お互いに）合意しているか	
	3 変化に（お客様が）メリットを感じているか	これは会社にとっても、私にとってもメリットがあるから、早めに上司に知らせておこう
上司の「役員アポをセットして」の意味が分からず、先方担当者に「まだ早い」と断られる	**4** 意思決定者を含め、（お客様が）会社の問題として認識しているか	
	5 今後の進め方や体制の合意はあるか	予算をちょっとオーバーしてるけど、これだけメリットがあったら、かき集めてでもやるべき
1-4の段階で価値を認識していないと「値引き」の対応しかできない	**6** 金額面の合意はあるか	
	7 書類の取り交わし	
	8 受注	

5 | 8 | SFA活用における KPI策定のフレームワーク

　KPIは「Key Performance Indicator」の略で、重要な業績指標という意味です。つまり、目標を達成するために立てた戦略を実行できているかをチェックするための活動指標ということになります **図1**。KPIの定義が曖昧で単なる活動目標となってしまうと、最終的な目標達成にはつながりません。

　どの営業部門にもいるトップ営業やエースは、目標達成のキーとなる活動を抜け漏れなく活動に落とし込めています。一方で目標未達の営業は、忙しく働いているもののキーとなる活動が十分でなかったり、抜け落ちていたりと本質的な活動ができていません。努力や活動が、本質的な活動につながるためには、活動レベルでのコントロールが重要です。結果をコントロールしようとするのではなく、具体的な日々の活動レベルにKPIを落とし、多くの営業が実現できる体制を目指すことでチーム全体のレベルアップにつながります。

▶ **適切なKPIの特定**　どうすれば目標達成が可能なKPIを定められるでしょうか。会社や組織としての大きなゴール→目標→戦略→日々の活動目標の順番で1つずつ洗い出し、それぞれの目標値を決めていきます **図2**。

　売上目標が1年間で50億円と設定されていた場合、その目標を達成するため組織の戦略を洗い出していきます。戦略の持ち方は企業や部署によって異なりますが、新規顧客の開拓、既存顧客からの追加、営業の受注率向上などが考えられます。更にそれらの戦略1つずつに対して達成するための取り組みがあります。新規顧客の開拓であれば、マーケティングが獲得した見込み顧客に対する提案活動の件数や、提案時に紹介するソリューションのバリエーション、特定の業種に特化したアプローチを増やすなどがあげられます。それらを日々の活動KPIとして落とし込み、活動の抜け漏れがないかのチェックや、目標に対しての進捗を見ながら戦略の実行、目標達成に近づけていきます。結果のKPI（もしくはKGI）につなげていくための、活動KPIを導き出せるかがKPI設定の肝となります。

　日本の営業部門では大きな目標（売上数字や利益率など）は管理されているものの、目標達成のための活動コントロールがあまり行われていないケースが多くみられます。目標と日々の活動の間のギャップを埋めるために、活動KPIは市場環境や製品環境に合わせて、SFAに記録された成功パターンから再現できる活動内容を見つけ、常にブラッシュアップを計り続ける必要があります。

図1 KPI で活動をコントロール

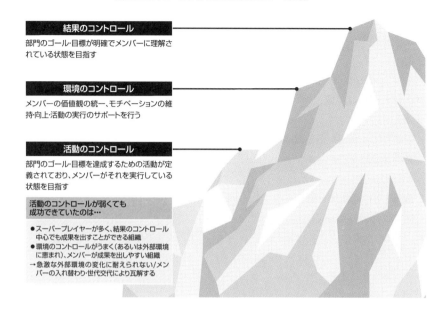

活動のコントロールが弱くても成功できるチームは稀…

結果のコントロール
部門のゴール・目標が明確でメンバーに理解されている状態を目指す

環境のコントロール
メンバーの価値観の統一、モチベーションの維持・向上・活動の実行のサポートを行う

活動のコントロール
部門のゴール・目標を達成するための活動が定義されており、メンバーがそれを実行している状態を目指す

活動のコントロールが弱くても成功できていたのは…
- スーパープレイヤーが多く、結果のコントロール中心でも成果を出すことができる組織
- 環境のコントロールがうまく(あるいは外部環境に恵まれ)、メンバーが成果を出しやすい組織
→急激な外部環境の変化に耐えられない/メンバーの入れ替わり・世代交代により瓦解する

図2 KPI 特定のフレームワーク

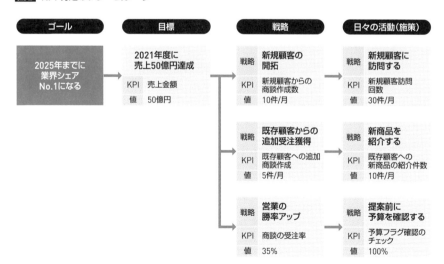

ゴール	目標	戦略	日々の活動(施策)
2025年までに業界シェアNo.1になる	2021年度に売上50億円達成 KPI 売上金額 値 50億円	戦略 新規顧客の開拓 KPI 新規顧客からの商談作成数 値 10件/月	戦略 新規顧客に訪問する KPI 新規顧客訪問回数 値 30件/月
		戦略 既存顧客からの追加受注獲得 KPI 既存顧客への追加商談作成 値 5件/月	戦略 新商品を紹介する KPI 既存顧客への新商品の紹介件数 値 10件/月
		戦略 営業の勝率アップ KPI 商談の受注率 値 35%	戦略 提案前に予算を確認する KPI 予算フラグ確認のチェック 値 100%

5 | 9 | ダッシュボードによる可視化

スプレッドシードではできないSFAのメリットの1つが、誰もが同じ画面と数字をリアルタイムで見ることができる点です。また、部門別や役職別にデータの切り口を変えたり、ドリルダウンして要因を探ることができたりする点もSFAのメリットです。欲しい人に欲しい情報がいきわたることで、議論が正確になり、アクションも明確になります。

▶定期的に決まった数値を確認する 図1

あらかじめダッシュボード上で目標値を設定しておきます。見るべきポイントは大きく4つのパターンに分けられます。

1. 結果・目標達成度を確認する

営業の「結果」は売上(受注)金額の場合がほとんどですが、企業によっては利益や数量、件数が目標の場合もあるでしょう。個人やチームの目標がどこまで達成されているのか、リアルタイムにいつでも確認できれば、常に数字を意識し、同じ方向を向いて働く環境が整います。

2. 進捗・途中経過・過程・傾向を確認する

1の結果をもたらす中間の指標を設定します。最終的な受注金額という結果につながる「進行中の商談数」や「金額」などです。「The Model」で分業体制を確立する場合は、商談を生み出すための見込み顧客(リード)獲得件数や、営業活動である訪問・メール・電話の件数といった中間指標を設定します。

3. 活動の健全性を確認する

最終的な目標を達成するためには、健全な営業活動がなされているかを確認する必要があります。これらの健全性を測る指標は、平均や率など全体の傾向を示すものです。

4. 活動の抜け漏れを確認する

マネジャーとして適切にチームを運営していくためには、すばやく確認すべき商談を見つけ出し、アクションにつなげる必要があります。データが更新されていないものや、同じフェーズに30日以上滞留している商談であれば、何らかの対処を行う必要があるでしょう。

▶データから特徴を探し、効率的な手法のヒントを探す

上記4つのパターンの数値を「期間」や「種別」でフィルターをかけると、目標達成を阻む真の原因が見えてくることがあります。探索的でダイナミックな分析は、まさにダッシュボードでの分析が得意とする部分です。

▶ダッシュボードの利用方法を決める 図2

何を可視化するかと同様に重要なのが、誰が、いつ、どのような目的で使うダッシュ

図1 例：商談管理のダッシュボード

「達成度・過程・健全性・抜け漏れ」を「期間/種別」で確認

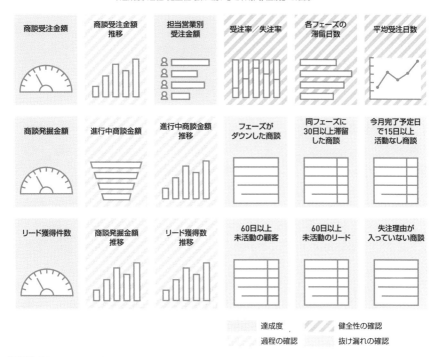

図2 立場に応じたダッシュボードの見せ方 / 内容

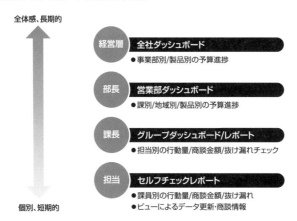

ボードなのかを決めた上で設計することです。経営層が月次で売上進捗をチェックするダッシュボードと、営業マネジャーとチームメンバーが週次のチームミーティングで目標に対する進捗をチェックするダッシュボードでは、見るべき内容が異なります。

5 | 10 | AI活用によるSFAのさらなる進化

あらゆるデバイスやビジネスプロセスにAIが使われる時代になりました。営業活動においては、もはや人が時間をかけて分析／学習する時代ではなくなりつつあります。AIはデータから学習するので、まず学習のもととなるSFA等のデータが一定量揃っていることが前提条件になります。その上でAIをどのように営業活動に活かせば、最短で成果をあげられるか営業シーン別に見ていきましょう **図1**。

1. 見込み顧客の発掘／獲得

展示会やセミナーで獲得した見込み顧客、Webサイトから資料をダウンロードした見込み顧客など、企業は様々なソースからの見込み顧客データを保有しています。これまで人が優先順位をつけてアプローチをしていましたが、現在はAIを活用すれば、過去の膨大なデータから学習し、優先度合いをスコアとして示してくれます。どのような条件に合致する見込み顧客が商談につながる可能性が高いのかがスコアで示されるため、たとえ経験の浅い営業でもアプローチの優先順位を適切に定められます。

2. 提案活動

提案活動でのAI活用は大きく2つあります。1つ目は、提案中の顧客の人事異動や重要なニュースなどの最新情報をAIがSFA上で知らせる機能です。これによって重要な変化を取りこぼすことなく提案機会につなげていくことができます。2つ目は、先の見込み顧客のフォローと同様に商談をスコアリングする機能です。提案中の製品、受注予定日、見積金額、相対している顧客の役職情報などあらゆる関連情報を学習し、スコアを提示します。また、提案を進める上でのリスクや受注に向けて乗り越えるべきハードルについてもインサイトとして提示し、営業担当者やマネジャーも気づけなかったパターンを示唆してくれます。

3. 売上予測

SFA活用においてパイプライン管理のあり方が定着すれば、AIも着実に学習していき、売上予測精度も高まります。営業マネジャーが全商談を再度見直し、時間をかけて売上予測を立てる必要はなくなります。この運用で、毎月／四半期などの指定した期間においての着地予測が誤差数％であるという数値までAIが教えてくれます。

AIをビジネスで活用するためには営業活動のデータ化が欠かせません。そしてそのデータを元にした予測をアクションや自動化につなげる循環も必要です **図2**。今後、営業分野でAIを積極的に活用するための第一歩として、SFAが有効に活用されている状態は必須条件といえるでしょう。

図1 AI と分析：3 つの活用ポイント

❶見込み顧客の発掘/獲得
アプローチ順の優先度付け
で、限りある時間を有効活用

❷提案活動
顧客の変化や商談提案のリ
スクを察知し、営業はお客様
に集中

❸売上予測
営業メンバーやチームの着
地を予測し、達成に向けた活
動へ集中

営業の生産性を向上

図2 AI をビジネスで活用するための好循環

予測をアクションや自動化につなげて、
結果を分析してビジネスに活用する

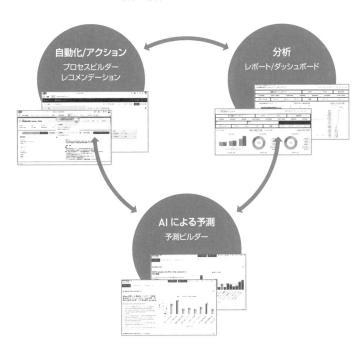

自動化/アクション
プロセスビルダー
レコメンデーション

分析
レポート/ダッシュボード

AI による予測
予測ビルダー

①SFA

Sales Force Automation の略。活動の履歴や商談内容、見積もり、契約などの情報を管理し、潤滑で効率的な営業活動を支援するためのシステム。集計・分析機能を持つものも多く、営業成果の推移を見える化し、売上予測を作成することも可能。

②CRM

Customer Relationship Management の略。顧客と長期的によい関係性を築くことで、利益の最大化を目指す手法のこと。ここでは、各部門の担当者とのやり取りや対応履歴など、顧客と企業(自社)の接点となる情報を集約・管理・分析するためのシステムのことを指す。

③MA

Marketing Automation の略。マーケティングの実務作業を自動化したりサポートしたりするためのシステム。メール配信やWebページ作成に特化したものから、オンライン上の顧客動向の捕捉などを含めた包括的な機能を持つものまで多様な製品が存在する。

④PRM

Partner Relationship Management の略。代理店・チャネル販売を行っている企業において、パートナーとなる企業や担当者とのスムーズな情報共有、コミュニケーション・関係強化を行うためのシステム。

⑤BANT

商談時、営業担当者が顧客からヒアリングし、把握しておくべき4種の情報である「Budget(予算)、Authority(決済権)、Needs(ニーズ)、Time frame(導入時期)」の頭文字を取ったもの。この4項目を顧客から聞けているかどうかで、見込み度合いを評価する。

⑥KGI / KPI

Key Goal Indicator / Key Performance Indicator の略。KGIは重要目標達成指標とも呼ばれ、売上高・利益率などの最終目標値であるのに対し、KPIは重要業績評価指標と訳され、商談化率・商談数などの中間目標値を指す。

⑦ダッシュボード

様々な数字の状況・進捗をひと目で確認するため、システム内のデータから抽出した複数のグラフや表などをひとつの画面に集約して表示する機能のこと。様々なページやレポートに遷移しなくても一箇所で分析結果を把握できる。

⑧ドリルダウン

情報を深掘りしてより詳細なデータを閲覧・分析すること。例えば、Salesforceのダッシュボードでチームごとの商談状況を見る画面から、チェックしたい担当者ごとのレポート画面に移動して商談一つひとつの内容を精査すること。

Chapter

6

MA（マーケティングオートメーション）

対面営業が難しくなった昨今、顧客の意思決定のプロセスは営業が
知らない間に進むようになりました。今まで以上にオンラインでの
顧客接点が重要度を増す中、注目されているのがMAです。
ツール導入をゴールとせず、きちんと成果を出すための運用や効果
測定まで踏み込んだ実践的な活用術をお伝えします。

Writer：広瀬 佑貴

6 | 1 | MAを利用する意義

　MA（マーケティングオートメーション）とは、これまで人的リソースを割いて行っていた定型的なマーケティング業務や、膨大なコストや時間をかけて行っていた複雑な処理を自動化し、プロセス全体の効率化を図るパッケージとして開発されたシステムのことを指します。

　MAの市場が拡大していった理由は大きく3つあります。1つ目は、**顧客の購買プロセスがオンライン化した**ことです。従来、顧客が情報収集できる手段は限られていたため、情報を集めるにはメーカーの営業担当者などから話を聞くしかありませんでした。しかし、インターネットの普及により、顧客は自由に必要な情報にアクセスして比較検討できるようになりました。こうなると営業担当者が知らぬ間に購買プロセスが進行し、自社製品の魅力を十分に伝えきれないまま競合他社を選択されてしまっているケースが出てきます。このような背景から、企業もオンライン上の購買プロセスを可視化する手立てが必要になりました。購買プロセスのオンライン化に伴い、マーケティングオートメーション市場も急成長を遂げています**図1**。

　2つ目は、**見込み顧客リストの中には検討を進めている顧客が一定数いる**という事実です。インターネット上で見込み顧客を獲得しやすくなっても、営業担当者のリソースは限られているためすべてに対応することはできません。ところが、商談に至らずフォローを止めてしまった見込み顧客のうち、8割が2年以内に検討を再開すると言われています**図2**。放っておけば競合にシェアを奪われてしまうため、営業リソースを割かずしてフォローできるような仕組みが必要になりました。

　3つ目は、**労働人口の減少により、機械化や自動化を進めないとビジネスが成立しなくなりつつある点**です。企業のマーケティング活動における悩みの上位には必ずといっていいほど「人的リソース不足」が挙がります**図3**。せっかく優秀なマーケターを採用できても、実務作業に手がかかり、本来集中すべき戦略立案に時間を割けないという問題が発生します。これを解決するために、人的リソース不足を補うツールの導入が必要になりました。

図1 急成長中のマーケティングオートメーション市場

市場予測を上回るスピードで成長し、約5,000社がMAを導入済

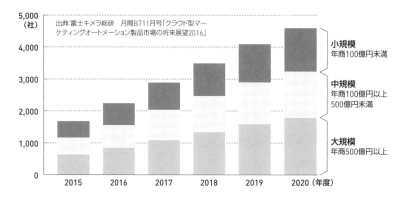

図2 優先順位の低い見込み顧客が生まれてしまう背景

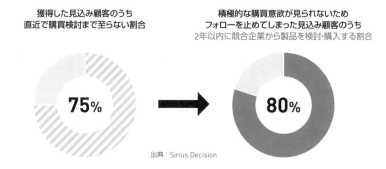

図3 マーケティング組織上の課題

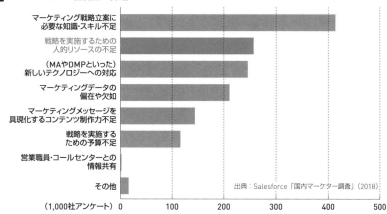

　本節では、MAの特徴的な機能である「トラッキング」「スコアリング」「メールマーケティング」「オートメーション」「シナリオ」「ランディングページ／フォーム作成」について紹介します。

▶**トラッキング**　顧客のメールアドレスとブラウザのCookieをひも付けることにより、自社Webサイト上の動きを可視化できる機能です。また、トラッキングはWebサイトに限らずメールの開封やクリックも対象となるため、営業担当者が普段から顧客とコミュニケーションをとっている1to1メールの反応もトラッキングすることが可能になります。

▶**スコアリング**　顧客の動きを点数に置き換え、検討度合いを数値化する機能がスコアリングです。スコアリングの対象はWebページの閲覧だけでなく、メールの反応やイベントの参加など、様々な活動を対象とすることができます。また、複数の製品ラインナップを扱っている企業であればそれぞれの製品に対する顧客の興味関心を点数化することも可能です**図1**。

▶**メールマーケティング**　優先順位の低い顧客へは営業のリソースが追いつかず休眠客となってしまうケースが多くあります。そこで、マーケターは能動的に見込み顧客へコミュニケーションを行う施策が必要になり、その中心となるのがメールです。一般的なメール配信ツールに備わっている「宛名の差し込み機能」「スケジュール配信」「A/Bテスト」「配信結果レポート」といった機能はMAでも利用が可能です。

▶**オートメーション（自動化）とシナリオ**　オートメーションとは、マーケターの実務作業を自動化する機能です。例えば、「過去失注客が料金ページを見たら営業担当者へ通知する」「スコアが80点を超えたらHotリストに登録する」などです。更に、これを複数組み合わせることで、顧客の反応に応じて分岐するシナリオを組み立て、顧客の属性に合わせた施策を、人手を割かずに実行できます**図2**。

▶**ランディングページ／フォーム作成**　メールの内容に興味を持った顧客が次にアクセスする場所として、「ホワイトペーパーのダウンロードページ」や「セミナーの申し込みページ」などの受け皿も必要になります。従来は社内のデザイナーや外注先にページを作成してもらわなければならず、1ページ追加するにも時間やコストがかかっていました。MAにはランディングページやフォームを簡単に作成できる機能が備わっているため、施策をスピーディーに回すことができるようになります。

図1 各製品に対する顧客の興味をスコアリング

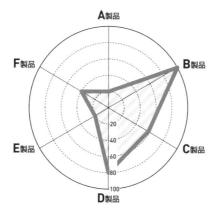

図2 顧客の行動に合わせて施策を自動的に実行

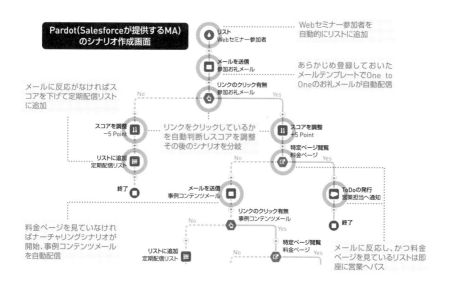

6 | 3 | MA利用時に押さえておきたい
フレームワーク

　これまで説明してきたように、MAはマーケティングを効率化・自動化するための仕組みです。しかし、MAはマーケティングの戦略や戦術を自動で考えてくれるものではありません。そこで、MA導入で成功するために押さえておきたいのが、「①ゴール → ②ペルソナ → ③コンテンツ → ④チャネル → ⑤リアクション → ⑥アクション」というフレームワークです。

　これは言い換えると、「①何を目的に、②それが誰に対するもので、③どんなコンテンツを、④どういう手段で届け、⑤どんな反応があったら、⑥自分たちは何をするか」ということを意味しています。これらを考えることがマーケティング戦略であり、戦術を実践するための手段をMAと捉えるのがいいでしょう **図1**。

　特に重要になるのが「①ゴール」と「②ペルソナ」です。「①ゴール」は、資料ダウンロード、イベント申し込み、アポイント獲得、アップセル／クロスセルなど、様々なパターンが考えられます。なぜならば、BtoBでは複数の小さなゴールの積み重ねによって受注に至るケースがほとんどだからです。ゴールのアイデアが出にくい場合は、受注までのプロセスを分解して考えるといいでしょう。例えば、よくある受注のパターンが「資料請求 → セミナー参加 → 商談 → 受注」であれば、受注の前にあるそれぞれのポイントがマーケティングの1つのゴールとなります。

　ゴールが決まると、次は「②ペルソナ」の設定に進みます。ここではゴールを達成するためにどんな顧客属性が適しているのかを検討します。ペルソナも休眠客、イベント参加者、過去失注客、既存顧客など様々なパターンが考えられます。通常はゴールの設定があってペルソナを検討することになりますが、例えば「営業リソースが足りず、過去失注客へアプローチが行き届いていない」というように明確な課題がある場合は、②ペルソナ → ①ゴールの順で検討することは問題ありません。

　ゴールとペルソナさえ決まってしまえば、ペルソナをゴールに導くためにはどんな「③コンテンツ」をどのような「④チャネル」で届けるのが効果的で、顧客の「⑤リアクション」に応じて自分たちはどんな「⑥アクション」をとるべきかは想像がしやすいと思います。

　繰り返しになりますが、MAは戦略や戦術を実践するための手段になります。戦略や戦略についてはあらかじめ準備が必要になりますので、フレームワークを利用して整理をしてみるといいでしょう。

図1 マーケティングで押さえるべき 6 つのポイント

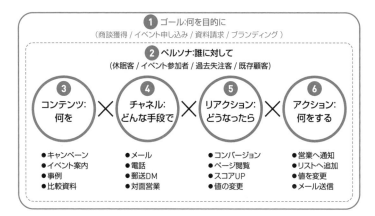

実践例

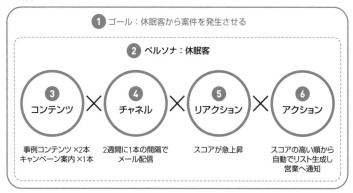

MAを軌道に乗せるための活用3ステップ

　MAは段階的な利用方法でも効果を出していくことができるツールです。マーケティングの体制が十分に整っていないと実践のハードルが高いと感じるかもしれませんが、そんなことはありません。以下では、顧客リストを3つのタイプに分け、段階的に効果を出していくステップを紹介します。

　顧客リストのタイプと、着手すべき順番は以下の通りです **図1** 。

- **ステップ1** 今すぐ自社の製品を検討している顕在層
- **ステップ2** 今すぐ自社および競合製品を含めて検討している顕在層
- **ステップ3** いつか検討するであろう潜在層

　ステップ1の顧客リストはすでに自社に目が向いており、自社のコンテンツにも接点を持つと予想されるため、それらをMAのトラッキング機能で洗い出します。自社製品を検討しているのでこれ以上マーケティングを行う必要はなく、営業担当者からアプローチをしてもらいます。ここで重要なのは、社内にある顧客リストのうち自社に目が向いている顧客をいかに把握できるかですので、必要なのは「顧客のメールアドレスとブラウザのCookieをひも付ける」ことになります。

　次に、ステップ2の顧客リストは、自社だけでなく競合他社も含めて製品を検討しているため、自社のことを思い出してもらえるよう定期的に接点を持つ必要があります。最低でも月1回、メルマガなどを送信してコンタクトします。

　最後に、ステップ3の顧客リストは、まだ検討していない潜在顧客になります。この中にはまだ課題を認識しておらず、また、課題と解決策が結び付いていない状態の顧客も含まれます。そういった潜在顧客の購買に至るまでの道筋を作り、それに沿って進んでもらうために行うのが「ナーチャリング」です。これらは手動で対応するには作業量が膨大なため、MAのシナリオ・メールマーケティング機能を使って購買プロセスを前進させるメールを自動送付していきます。

　各ステップをシンプルにいうと、ステップ1は「待ちのアプローチ」、ステップ2は「攻めのアプローチ」、ステップ3は「更に攻めのアプローチ」であり、MAの活用レベルや難易度もステップ1から3になるにしたがって高くなっていきます。一般的なMAの活用イメージは、ステップ2や3のような「定期的なアプローチの自動化」や「シナリオメールの配信」ではないでしょうか。しかし、MAの活用を軌道に乗せるには、まず簡単にできることから取り組み、徐々に攻めの施策へと移行していくのが堅実な方法です。MAを導入したからにはすべての機能を活用しようと気負わずに、できることから少しずつ着実に成果を出すことから始めましょう。

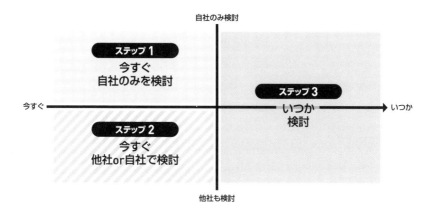

図1 顧客リストの分類と MA 活用の 3 ステップ

	▶ ステップ 1	▶ ステップ 2	▶ ステップ 3
見込み顧客の状態	今すぐ自社の製品・サービスを検討	今すぐ製品・サービスを検討	いつか検討
テーマゴール	待ちのアプローチ 保有している見込み顧客のオンライン行動を可視化する	攻めのアプローチ 見込み顧客と定期的な接点を持つ	更に攻めのアプローチ 見込み顧客の購買プロセスを進めさせる施策を打つ
必要な作業必要なもの	Cookie紐付け Web行動トラッキング 営業から送っているメールのトラッキング	最低月1回以上の定期的なメールアプローチ	カスタマージャーニー設計 ナーチャリングコンテンツ
効果	自社の製品・サービスを検討しているタイミングを逃さない効率の良い営業ができる	製品・サービスを検討するタイミングで自社のことを思い出してもらえる	見込み顧客の購買プロセスを自社に有利なように進めたり誘導できる

6 | 5 | メールコンテンツの作り方

　顧客へメールを使ってアプローチする際には「メールコンテンツ」が必要になります。しかし、いざコンテンツを作る段階になると、どうすれば魅力的になるのか、そもそも何をどうやって作ればいいのかとマーケターの多くが悩むところでもあります。本節では、メールコンテンツを作るための基本的な考え方とアイデア出しのヒントを紹介します。

　まず、コンテンツの内容は送り先の「リストの状態」によって検討・判断するべきです。例えば、「ケース1：過去3年間で蓄積された名刺でいまだ取引のない見込み顧客5,000件」「ケース2：先月の展示会で獲得した名刺1,000件」「ケース3：すでに○○製品で取引のある顧客300件」のリストがあるとします **図1**。どのリストでも最終的なゴールは「製品を売ること」になりますが、顧客の状態や関係性がそれぞれ異なるためメールの内容も変わってきます。

　ケース1の場合は、自社のことを覚えてすらいない顧客も含まれている可能性が高いため、まずは自分たちが何者かを説明する必要があるかもしれません。逆にケース2の場合は、先月接触していて自社のことを覚えている可能性が高く、自己紹介はそこまで必要ないかもしれません。また、ケース3はすでに取引があるので、別製品を既存製品とセットで使うメリットを訴求すると効果的かもしれません。

　このように、リストが変わればメールの内容も変える必要があります。コンテンツ作成では、「誰に向けた」「何を目的としたもので」「受信者にどうなって欲しいか」を常にセットで考えるようにします。ただし、リストを分割し過ぎても煩雑になってしまうため、バランスには注意が必要です。

　次にアイデア出しのヒントですが、メルマガというと製品紹介や導入事例、イベント告知など、何かしらセールスにつながるようなコンテンツを考えがちです。しかし、業界情報やニュース、市場調査やアンケートの結果など、すぐに案件にはつながらないノンセールスの情報でもコンテンツとしては有効です **図2**。このような内容を定期的に発信していくことで、業界のリーダーであることを印象づけたり、企業のブランディングになるからです。営業の現場では、このような情報を提案書や紹介資料として利用していることも多くあります。アイデア出しに悩んだ時は、営業担当者の提案書や資料を見せてもらうといいネタが見つかるかもしれません。

図1 メールの例

ケース1

過去3年間で蓄積された名刺で
いまだ取引のない見込み顧客5000件

先日、新たな事例が公開されました
ので、ぜひご紹介したくご連絡いた
しました。
改めて自己紹介をさせていただき
ますと、弊社は顧客管理を通じた企
業様の売上・お客様満足度向上をお
手伝いしている企業で、この分野で
国内外ともにNo.1シェアを頂戴し
ております。

ケース2

先月の展示会で獲得した
名刺1000件

先日は展示会にて弊社デモブース
にお越しいただき、誠にありがとう
ございました。当日対応させていた
だきました△△と申します。
○○様のご関心の範囲に応じて同
業他社の活用事例など交えなが
ら、個別で御社向けのご紹介に伺う
こともできます。
まずは先日のデモのご不明点やご
感想をお聞かせいただけますと幸
いです。

ケース3

すでに○○製品で取引のある
顧客300件

平素より弊社製品をご活用いただ
きありがとうございます。
お使いいただいているAという製
品と、昨年発売しました新製品Bを
併せてご活用いただき、更に大き
な成果を上げられたお客様事例を
ご紹介したく、ご連絡いたしました。

図2 コンテンツ作成のヒント

分類	カテゴリ	コンテンツネタ	目的
セールス	製品	製品紹介・機能紹介 使い方・無料トライアル	購買プロセスを進めさせる 検討タイミングで土俵に上がる ように接点を持ち続ける
	イベント	展示会・セミナー案内 (集客メール／来場お礼メール)	
	事例	導入事例・事例動画	
ノンセールス	関連コンテンツ (コンテンツマーケティング)	関連サービス情報 関連お役立ちコンテンツ	将来の案件への種まき 業界リーダーとしての印象づけ
	業界情報	業界情報・統計情報 市場調査・アンケート調整	
	ニュース	人事情報・移転情報 Webサイトリニューアル	企業情報の周知
	挨拶	季節の挨拶 (年末、年始など)	企業ブランディング

6 | 6 | MAの成果は分解思考で考える

　多くの企業にとって、MAを導入・活用する目的は「売上の向上」ではないでしょうか。しかし、売上の数字だけを見ていても、MAが効果的に機能しているかを判断することは簡単ではありません。MAの成果を測るには、売上を獲得するまでの要素を分解し、MAが寄与する範囲を特定し、成果指標（KPI）として注視する必要があります。本節では、MA特有の成果指標として、「アクティブプロスペクト率」「MQL転換率」「メール配信後の各種指標」を紹介していきます。

　「アクティブプロスペクト率」とは、保有リストのうち、顧客のメールアドレスとCookie IDがひも付き、Webサイト閲覧などの活動を可視化できる割合を指します。保有リストの数にもよりますが、まずはMAを利用開始して1年間で10%程度を目指し、そこから年に10%ずつ引き上げていくようにします。ただし、メールアドレスが無効であったり、インターネット以外のチャネルを好む層も一定数いるため、この数値が100%になることはまずありません。業界により、30〜50%を最高値として目標設定するとよいでしょう。

　次に、「MQL（マーケティング・クオリファイド・リード）転換率」とは、マーケティング活動によって創出された見込み顧客のうち、製品への興味関心度合いが一定以上で営業担当者に引き渡せると評価できた割合を指します。ここでは、営業担当者に引き渡した後の商談化率や受注率のことは考えず、あくまで転換率のみを成果指標とすることに注意してください。もしMQLからの受注率が芳しくないのであれば、MQLの定義を見直すといいでしょう。

　最後に、「メール配信後の各種指標」ですが、メール配信後の代表的な指標には、「到達率」「開封率」「クリック率」「問い合わせ率」などがあります。一般的なBtoB企業では、配信リストを母数にして到達率は90%、開封率は20%、クリック率は3%、問い合わせ率は0.1%という値が目安になります。もちろん、この目安はメールの内容や業界によって変わりますので、これらの値を定点観測して比較することが重要です。

　各指標の目標値をどのように設定するべきかという問題がありますが、これらの指標に決まった正解はありません。企業ごとに目標とする「売上・利益」から逆算して導き出すことになります。

　例えば、「売上目標●●円に対して現在●●円の乖離があるので、現在の受注率と単価から逆算すると●●件の商談が必要になり、●●件の商談を作るためにはMQL転換率が●●割は必要で、そのためにはメール配信1回あたり●●件の問い合わせを獲得する必要があり、そのためには……」といった具合です **図1**。このように、成果指標の目標値は逆算思考で設定しなければなりません。

図1 中間 KPI（成果指標）の設定と最終目標からの算出方法

会社の売上目標ー現在の売上＝達成まであと○○円

達成まであと○○円÷平均商談単価＝休眠客から あと○件の受注が必要

目標達成に必要な成果

○件受注するには○件の商談が必要

○件の商談を作るには○件のMQLが必要

○件のMQLを生むためには○件のクリックが必要

○件クリックされるには○件の開封が必要

○件開封されるには○件の到達が必要

○件到達するには○件のリストが必要

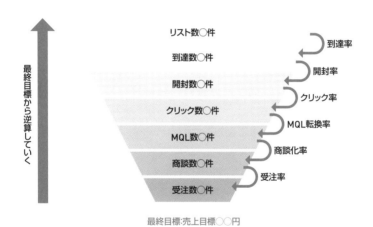

最終目標:売上目標○○円

MA成功の鍵は「いかに営業部門を巻き込むか」

　MAを利用して最大限の効果を得るためには、営業部門との協力・連携が重要になります。なぜならば、BtoB商材の場合はほとんどのケースで最後に営業担当者が提案してクロージングをかけるからです **図1**。そこで重要となるのが、マーケティング部門と営業部門間における「MQLの定義の合意」と「リストのリサイクルについての合意」です。

　まず「**MQLの定義の合意**」について説明します。MQLとは6節で説明した通り、マーケティング・クオリファイド・リードの頭文字をとったもので、マーケティング活動によって創出された見込み顧客のうち「製品への興味関心度合いが一定以上で営業担当者に引き渡せると評価できたリード」を指します。マーケティング部門は、MQLの数が評価指標になっている場合が多いため、本音を言えばMQLの評価基準はできる限り低くしたいものです。一方、営業部門ではできるだけ質の高いリードにアプローチしたいと思っているので、MQLの定義についてミスマッチが起こると、マーケティング部門は「自分たちが一生懸命作ったリードを営業部門がしっかりフォローしてくれない」、営業部門では「マーケティングのリードは質が悪いのでフォローしても無駄」と、両者の間に溝が生じてしまいます。よく「マーケティングと営業は仲が悪い」と言われる理由はここにあります。こうした問題を発生させないためには、MQLの定義については事前に話し合いの上、合意をしておくことが重要です。MAのトラッキングやスコアリング機能は、この定義決めに対しても役立ちます。例えば「MAのスコアが80点以上ならばMQLとする」「資料ダウンロードをし、かつWebサイトを5ページ以上閲覧していればMQLとする」などです。

　次に、「**リストのリサイクルについての合意**」について説明します。営業部門にパスしたリードは、そのすべてが商談化され受注に至ることが理想ですが、現実にそのようなことはまずありません。商談を進める中で、予算やタイミングの都合でそれ以上進まず休眠客になってしまうケースの方が多いと思います。一方、フォローを止めてしまった見込み顧客のうち、8割が2年以内に検討を再開するとも言われており、定期的なフォローが必要になることは1節で説明した通りです。そのため、マーケティングと営業部門で顧客を循環させるサイクルが重要で、営業部門にパスをしたらしっかりアプローチしてもらい、商談化や受注ができなかった場合はマーケティングに戻してもらうという体制を確立しておく必要があります **図2**。このように、営業を巻き込み、共創する意識で体制を築くことができれば、MAの効果を発揮して最終目的である売上・利益の向上にも貢献できます。

図1 マーケティングオートメーションが力を発揮する範囲

MAはリードジェネレーション後の商談化までのプロセスを強化

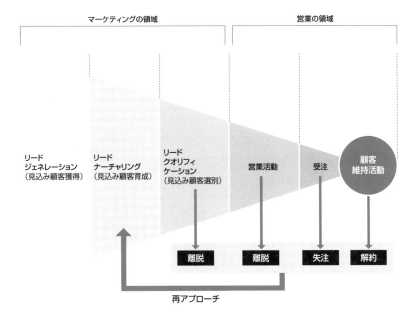

図2 顧客フォローを循環させるサイクル

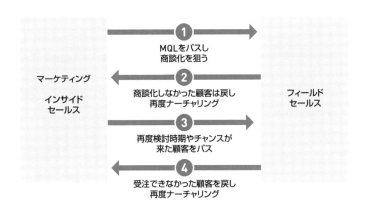

6 | 8 | MAの効果を推算する方法

一般的なBtoBビジネスでは、BtoCビジネスと比べWebサイトの問い合わせ数が少なく、購入検討期間も長期にわたります。そのため、BtoBビジネスにおけるMA活用は休眠客リストや失注客リストなどが中心となります。結果、保有リストの数が極端に少なければリード獲得施策を優先すべきケースもあります。

それでは、どれくらいの数があればMAを導入するのに十分といえるのでしょうか。MAが先かリード獲得が先か、これはMAの導入を検討する際に必ず出てくる議論です。様々な意見がありますが、大事なのは保有リストの件数ではなく、そこからどれくらいの商談数や受注数が見込めるかを想定し判断することです。以下では、これらの想定数を算出する計算式について紹介します。

計算式の考え方はシンプルです。MAはトラッキングやスコアリング機能によって検討度合いの高そうなリスト＝ホットリストを抽出することができるので、このホットな見込み顧客の割合を想定できれば、現在の商談化率と受注率を掛け算することで想定受注数が算出でき、現時点の保有リストでどの程度効果が出るかを推算できます。

例えば、ホットリストの定義を「Webサイトを3PV以上閲覧したリスト」と定義します。私のこれまでの経験を踏まえると、ハウスリストに毎月メールを送った場合、それをトリガーにWebサイトに来訪して3PV以上閲覧する割合は0.1〜1％です。したがって、月間の想定受注数の計算式は**図1**の通りになります（※商談化率と受注率は状況によっては2倍程度まで上振れするケースもあります）。MA導入とリード獲得施策のコストが同じ場合、ここで算出された想定受注数が、リード獲得施策からの想定受注数を上回るのであれば、MAを導入した方が、費用対効果が高いことが予測されます。

より詳細には**図2**のような計算式で算出します。保有リストもすべて営業担当者がタッチしてない休眠客ではありません。また、中にはフォロー対象でない顧客が一定数含まれているケースもあります。そのため、これらを省いて計算することで、想定受注数をできる限り正確に予想するようにします。

このような考え方は、すでにリード獲得施策を実施しており、ある程度問い合わせ件数がある場合に、更にリード獲得を強化すべきか、もしくはMAに投資すべきかを判断する際にも役立ちます。どちらの施策に投資するにせよ、数字を用いて判断をしていくことが重要です。

図1 MA 導入による想定受注数の計算

図2 MA 導入による想定受注数の計算（詳細）

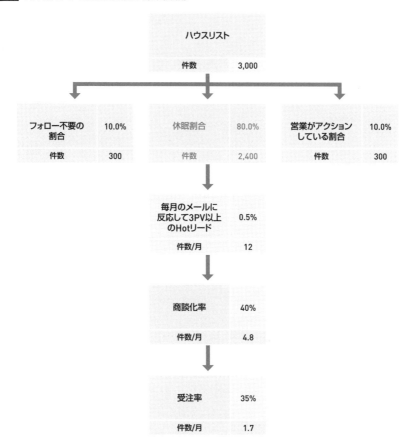

6 | 9 | 広がるMAの活用シーン

　本章では、MA導入の目的を売上・利益の向上に置き、主なユーザーはマーケティング部門や営業部門という前提で説明してきました。しかし、最近ではカスタマーサポート業務や、採用活動、社員教育など、用途が広がりつつあります。本節ではMAの新たな可能性として、マーケティングや営業以外での利用例を紹介します。

　図1はMAの活用範囲を示しています。従来の主な用途は、マーケティング〜営業領域 Ⓐ で、見込み顧客の興味関心の把握、アプローチの優先順位決め、失注／休眠客の掘り起こしでした。新たな利用例として、まずは代理店の教育・コミュニケーション Ⓑ が挙げられます。製品を代理店経由で販売するビジネスの場合、代理店の営業担当者に製品のことを伝え、深く理解してもらうことが重要です。そのための育成プログラムやコミュニケーションに、MAのシナリオやトラッキングの機能が応用できます。

　カスタマーサクセス領域 Ⓒ では、受注後の顧客に対して、製品を活用してもらうためのオンボーディング（定着化）に利用できます。例えば、製品利用開始時に問い合わせの多い質問に対応するコンテンツをあらかじめ用意しておき、シナリオ機能を用いて顧客の利用段階に応じたものを自動送付することができます。また、自動化の機能を用いれば、既存顧客に契約更新の案内を適切なタイミングで自動送付することも可能になります。

　採用活動 Ⓓ では「採用候補者との関係構築」や「内定後の辞退防止」といった用途があります。優秀な人材は引く手あまたで人数も限られているため、将来の採用候補者としてつながりを維持したいというニーズがあります。そこで、日ごろから自社を意識してもらうため、MAを利用して定期的な情報送付を行います。また、内定者に対しては、入社まで定期的なコミュニケーションを取り、内定後の辞退を防止する目的でも使えます。内定辞退は人事にとって大きな痛手となるので、それを低減できるのであれば、人材採用コストの観点でも投資対効果を出せるでしょう。

　他にも、新人研修や営業教育・セールスイネーブルメントといった社員教育 Ⓔ にも適しています。学習コンテンツを進捗に併せて提供したり、スキルの習得の遅れを指摘することができます。これは、見込み顧客に対するナーチャリングと同じようなものと考えると理解しやすいでしょう。

　MAの基本機能である「トラッキング」や「オートメーション」**図2**は、対象とアイデアしだいでまだまだ新しい用途に応用できる可能性を秘めています。

図1 MA の活用範囲

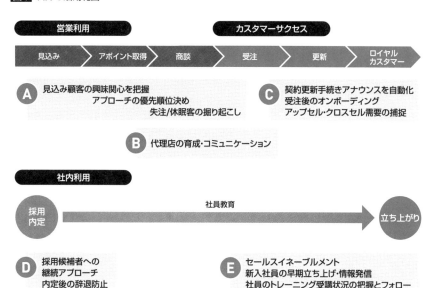

営業利用　　　　　　　　カスタマーサクセス

見込み ＞ アポイント取得 ＞ 商談 ＞ 受注 ＞ 更新 ＞ ロイヤルカスタマー

A 見込み顧客の興味関心を把握
アプローチの優先順位決め
失注/休眠客の掘り起こし

C 契約更新手続きアナウンスを自動化
受注後のオンボーディング
アップセル・クロスセル需要の捕捉

B 代理店の育成・コミュニケーション

社内利用

採用内定　　　　社員教育　　　　立ち上がり

D 採用候補者への
継続アプローチ
内定後の辞退防止

E セールスイネーブルメント
新入社員の早期立ち上げ・情報発信
社員のトレーニング受講状況の把握とフォロー

図2 MA の基本的な機能

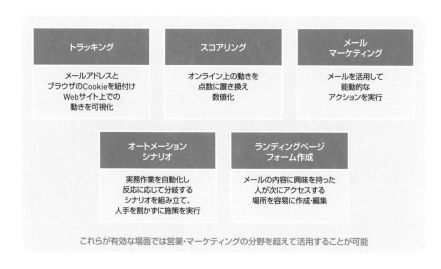

トラッキング	スコアリング	メールマーケティング
メールアドレスとブラウザのCookieを紐付けWebサイト上での動きを可視化	オンライン上の動きを点数に置き換え数値化	メールを活用して能動的なアクションを実行

オートメーションシナリオ	ランディングページフォーム作成
実務作業を自動化し反応に応じて分岐するシナリオを組み立て、人手を割かずに施策を実行	メールの内容に興味を持った人が次にアクセスする場所を容易に作成・編集

これらが有効な場面では営業・マーケティングの分野を超えて活用することが可能

AI活用によるMAのさらなる進化

マーケティングや営業に革新をもたらし、様々な分野で応用が広がるMAは、この先どのように発展していくのでしょうか。今、大きなインパクトをもたらす技術として期待されているのがAI（人工知能）です。

例えば、スコアリングはマーケティングや営業活動の優先順位を判断する基準となるため、MAの中でも重要な機能になりますが、最適な『スコアリングロジック（＝点数化の定義）』を導き出すことは容易ではなく、多くのマーケターを悩ませています。

どのページを閲覧したら何点つけるか、どこに重み付けをするかなど、MAの初期設定として一般的な定義は用意されているものの、正解はユーザーごとに異なります。更に、何も手を加えないとスコアが上がり続け、今現在は興味関心が薄くてもホットな顧客に見えてしまうことも課題でした。ここにAIのエンジンが組み合わさることで、一定の解決が期待されます。

AIは、MAで取得した情報はもちろん、SFAやCRMに登録された属性情報も含めて分析を行い、過去の活動や属性などの傾向からスコアリングを実行します。また、AIによるスコアリングは現時点の評価をリアルタイムに反映するため、過去に自社Webサイトの閲覧頻度が多くスコアが高かったとしても、最近の閲覧頻度が下がっていればスコアは自動的に低くなります。これによりマーケターは難解なスコアリング設定業務から解放され、営業は精度の高いスコアをもとに限られたリソースの中で効率的な営業活動が行えるようになります 図1。

もう1つ、AIに期待されるのは、大量のデータからインサイトを導き出すプロセスを自動化することです。例えば、キャンペーンのアトリビューション（貢献度）分析においては、人間が精緻に分析することが非常に困難なため、恣意的に貢献度を割り振るしかないという課題があります。それをAIの活用により、過去のマーケティングデータとセールスデータから複数のキャンペーン間の貢献度を数理統計学的に割り出して、より精度の高いキャンペーン効果分析ができるようになります 図2。

これまで個人のスキルや経験に頼っていた定義設定や分析をAIが担うようになれば、分析精度は高まり、マーケターは人が行うべき創造的な活動に集中できるようになります。更に、これまではデータサイエンティストが行っていたような予測モデルの作成も、ユーザー企業側で可能になります。AIとの組み合わせにより、MAを用いたマーケティングや営業活動はますます高度化していくでしょう。

図1 AIによるスコアリング(例)

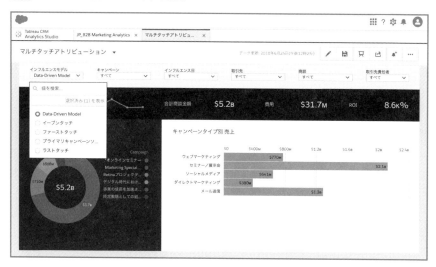

図2 AIがデータを元にインサイトを発見

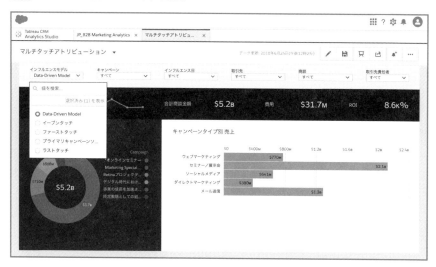

①DMP

Data Management Platform の略。オンラインで収集した情報を統合・分析し、データを活用した最適なマーケティング活動を支援するシステムのこと。自社で収集したデータを対象としたものをプライベートDMP、データ提供企業が持つビッグデータを対象にしたものをオープン（パブリック）DMPと呼ぶ。

②シナリオとトリガー

シナリオとは、顧客の行動に反応して様々なマーケティング施策が自動的に実行される筋書きのこと。その中で、施策を実行するきっかけとなるメール開封やリンククリックといった顧客のオンライン上のアクションのことをトリガーと呼ぶ。

③ペルソナ

マーケティングにおいて、ターゲットがどういった人間であるか、様々な要素を元に仮定した典型的な人物像のこと。

④チャネル

ここでは、電話やメール、手紙、対面など顧客と接点を持つ手段のこと。

⑤アクティブプロスペクト率

自社のリストのうち、MAと連携したフォームへの登録や、MAから送付したメール内にあるリンクのクリックなどのアクションにより、メールアドレスとCookieの情報が紐付いた顧客の割合のこと。

⑥MQL／SQL

Marketing Qualified Lead / Sales Qualified Lead の略。それぞれ、マーケティングが営業サイドにパスできる、営業が商談化しうると判断した見込み顧客のこと。各社によって定義は異なる。

⑦Cookie

ユーザーがWebサイトを訪問したとき、閲覧内容や入力情報、日時などを一時的にブラウザに保管するデータや、その仕組みのこと。

⑧ハウスリスト

これまでのマーケティング活動や営業活動で企業が取得した見込み顧客・既存顧客リストのこと。

Chapter

7

インサイドセールス

インサイドセールスは単なる内勤営業ではなく、顧客に寄り添って傾聴しその声を各部門に届けるハブとして、その役割や価値を大きく広げつつあります。組織の方向性を決めるKPI設定や人材育成についても触れながら、インサイドセールス立ち上げの7ステップに沿って「訪問しない時代に求められる本質的な営業活動とは何か」を読み解きます。

Writer：鈴木 淳一

7 | 1 | インサイドセールスの意義と役割

　世の中の変化が激しく、将来予測が困難といわれている現在、顧客を理解して市況を読みながらビジネスを進めることは難しくなっています。そのような変化に柔軟に対応できる営業体制を強力に後押しするのが本章でご紹介する「インサイドセールス」です。

　インサイドセールスは主に3つの役割を担います **図1**。1つ目は**顧客の最初の窓口となり、適切な初動対応を行う役割**です。顧客の悩みごとや状況に応じ、最適なコミュニケーションを目指します。2つ目は**MQLからSQLに絞り込み、営業に引き渡す役割**です。商談を進められる可能性が高い顧客だけを営業とつなぐことで、互いのミスマッチを減らし、営業を効率化させます。一方でまだ確度が高くない顧客に対しては中長期的に接点を持ち続け、興味を喚起するナーチャリングを行います。3つ目は**顧客の声を最前線で聴き、各部門に届けるハブの役割**です。部門間をつなげるハブとなって、社内の連携を促進し、顧客の抱える課題の統合的な解決を目指します。これらによって、営業やマーケティング、更に他部門も巻き込んで「顧客の成功とともに会社を成長」させる原動力をもたらします。

　人々の行動様式がデジタルにシフトしていることによって、営業活動を根底から見直す必要に迫られています。従来どおりの売り込み一辺倒のマーケティングや営業は、必ずしも顧客が望むものではないかもしれません。そのような環境では、まず顧客の声に耳を傾け、正確に状況を把握し、その上で顧客に本質的に役に立つ解決策・サービスを提供すべきです。このときインサイドセールスは、**図1**にあるようにまず「情報の入り口」として顧客に寄り添ってその声に耳を傾け、丁寧に状況を聞き出します（ステップ1）。そしてコミュニケーションを図りながらニーズを捉え、適切な判断によって営業と連携します（ステップ2）。更に「部門間をつなげるハブ」となって顧客の声を社内の各部門に届ける役割を担います（ステップ3）。オンラインイベントや施策に対する反響ならマーケティング担当へ、導入検討の温度感であれば営業担当へ、製品への反応や要望であれば製品担当へ、活用状況であればカスタマーサクセス担当へとフィードバックします **図2**。

　インサイドセールスを通じて顧客の状況や変化を把握することで、各部門は顧客を常に意識しながら、それぞれがやるべきこと、できることを考えられるようになります。単に顧客の確度を判別するための部門としてだけではなく、お客様の変化を捉え、部門間の連携の中心となるという意味でインサイドセールスの存在意義は大きいのです。

図1 インサイドセールスの役割と効果

	役割	実行のポイント	得られる効果
ステップ1	● 顧客の最初の窓口となり、適切な初動対応を行う ● 顧客の悩みに寄り添い、状況に応じた適切な次のステップを支援する。	● 顧客のリアルな状況把握 ● 次のステップを明確にするための商談ルートの提示（コンテンツ提供、セミナー案内、デモ実施、訪問アポなど）	それぞれの顧客に対し、適切なコミュニケーションと最適な解決策を提示
ステップ2	● MQL から SQL へと絞り込みフィールドセールスへと引き渡す ● 営業と顧客のミスマッチを減らし、営業の効率化を目指す	● SQLへの到達基準の明確化（スコアリング等） ● SQL到達基準の定期的な見直し	営業の効率化、生産性向上
ステップ3	● 顧客の声を聞き、各部門に届ける ● 1つの部門では埋もれてしまいがちな生の声を、営業・マーケティング・製品サービスの課題として明確化する	● 情報伝達ルールの設定 ● 課題別の担当部署の設定	全社統合的な課題抽出と対処。顧客を中心とする企業カルチャーの醸成

図2 顧客の声を集めるハブとなるインサイドセールス

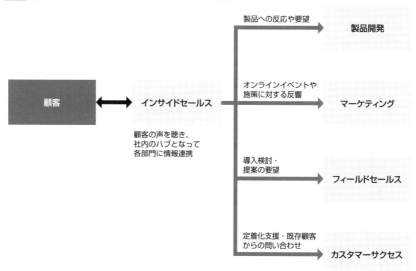

7 | 2 | インサイドセールス組織を立ち上げる 7つのステップ

　インサイドセールスを始めるにあたり、多くの企業が組織の立ち上げや運営で苦労しています。成功の秘訣として、**図1**に示す7つのステップで進めていくことをおすすめします。

　①「**ミッションの設定**」では、インサイドセールスがどんな役割を担う部門にするのかを明確にします。テレアポのように電話をかけて、見込み顧客リストを整備（クレンジング）するのか、しっかりと顧客に対して傾聴し、状況変化を組織に反映させながらパイプラインを作るのか、それとも売上優先で効率化するのかといったことを決定します。

　②「**人材配置**」は、企業によって相違があります。従来は、人材活用を目的に営業で活躍できなかった方を配属させるケースが多くありました。一方で現在のインサイドセールスは、顧客の状況変化を把握して他部門にフィードバックする役割ですから、情報感度が高く、変化に対して柔軟に対応できる人材が求められます。

　③「**KPIの設定**」は、設定次第で組織の方向性を決定するものであり、各ステップの中でも非常に重要です。④「**部門間の情報連携**」は、社内でどのようにデータを連携するかです。各部門が同じ数字やゴールを見ていて情報に齟齬が発生しないようにすること。これができないと、部門間の戦略がかみ合わずに衝突が生まれてしまいます。全部門のKPIを全社員が常時リアルタイムで把握できれば、会社全体として進む方向やボトルネックを共有できます。

　顧客の変化を正しく捉えるには、⑤「**データベースの整備**」が必要です。現場から上がってくる営業相手の役職や部門配属の情報など、データが整備されていればMAを活用して顧客に対する適切なフォローアップを行ったり、コンテンツを提供したりできます。更に、AIの活用という観点でも、分析元となるデータの質を保つ必要性が高まっていますが、その役割を担うのもインサイドセールスです。

　最後に、メンバーを育成し、優秀な人材を輩出するために必要となるのが、⑥「**キャリアプランの策定**」と⑦「**教育トレーニング**」です。モチベーション高く働くためには、数年後の自分の姿を思い描くことが重要です。インサイドセールスは自分と向き合う時間が多く、データを用いてメンバーの育成がしやすい部門です。個々の能力を伸ばすトレーニングを提供し、育成をしながら業務ができる環境を作れば、より生産性の高い部門運営が可能です。将来のキャリアプランから逆算して成長する思考は、メンバーの成長速度を最大化できます。

　次節からは、この7つのステップをそれぞれ解説していきます。

図1 インサイドセールス組織の作り方 - 7つのステップ

① ミッションの設定	インサイドセールスを何の目的で設置するのか、明確な役割と仕事内容の具体的な定義／インサイドセールスの責任範囲の設定
② 人材配置	ミッションに応じた最適な人材配置／変化への対応・組織力底上げであれば若手人材、人材の多様化促進であればシニアやダイバーシティ人材の登用
③ KPIの設定	パイプライン創出までのステップ、施策管理、1名あたりの活動量、担当者の評価指標を設定
④ 部門間の情報連携	部門間の情報連携方法、情報連携頻度を決定／全部門のKPIを全社員が常時リアルタイムで把握できる仕組の導入
⑤ データベースの整備	顧客の最新情報反映と共有によるデータベースの整備（ナーチャリング・クレンジング）／MAやAI等、データドリブンな運用ができる体制構築
⑥ キャリアプランの策定	インサイドセールスを経験した人材の多様なキャリアパス設定／お客様の声を傾聴することから生まれる顧客志向を人材として社内に拡散
⑦ 教育トレーニング	最先端テクノロジーを活用する仕事として、将来のスキルに応じたトレーニングプランの策定／オンラインにて効率的な学びの仕組みを確立

図2 例：Salesforce の場合

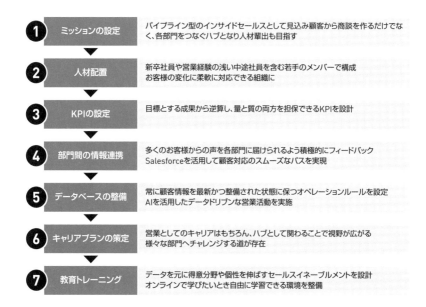

① ミッションの設定	パイプライン型のインサイドセールスとして見込み顧客から商談を作るだけでなく、各部門をつなぐハブとなり人材輩出も目指す
② 人材配置	新卒社員や営業経験の浅い中途社員を含む若手のメンバーで構成／お客様の変化に柔軟に対応できる組織に
③ KPIの設定	目標とする成果から逆算し、量と質の両方を担保できるKPIを設計
④ 部門間の情報連携	多くのお客様からの声を各部門に届けられるよう積極的にフィードバック／Salesforceを活用して顧客対応のスムーズなパスを実現
⑤ データベースの整備	常に顧客情報を最新かつ整備された状態に保つオペレーションルールを設定／AIを活用したデータドリブンな営業活動を実施
⑥ キャリアプランの策定	営業としてのキャリアはもちろん、ハブとして関わることで視野が広がる／様々な部門へチャレンジする道が存在
⑦ 教育トレーニング	データを元に得意分野や個性を伸ばすセールスイネーブルメントを設計／オンラインで学びたいとき自由に学習できる環境を整備

インサイドセールスの立ち上げ①
ミッションの設定

　インサイドセールス部門を立ち上げるにあたっては、どのようなミッションを持たせるのかをまず決定する必要があります。インサイドセールスは3つの基本型に大別されます **図1**。

　「**パイプライン型**」は、リードを育成していくタイプです。マーケティングによって獲得したリードに対してアプローチし、商談化するところまでをインサイドセールスが担当します。インバウンドやアウトバウンドをはじめ、ターゲットアプローチ、ABMなど、あらゆる方法を駆使してパイプラインを作ります。ソリューション販売などのように、オーダーメイド提案が多く、顧客ごとに提案内容が異なる商材に適しています。

　「**アップセル・サポート型**」は、顧客と連絡をとりながら、追加の提案や活用支援のサポートも一緒に行うタイプです。インサイドセールスとカスタマーサクセスが同じチームとして運営されており、シンプルでパッケージ化された商材に適しています。これは、人員が潤沢に存在せず、営業組織がまだ確立されていないスタートアップ企業などで多く見られます。ただし、アップセル・サポート型を継続させる組織は少なく、事業が成長するにつれてパイプライン型かオンラインセールス型へと移行していくのが一般的です。なお、基本的にパイプライン型は新規顧客、アップセル・サポート型は既存顧客を対象としますが、両方を組み合わせた「ハイブリッド型」もあります。

　「**オンラインセールス型**」は、顧客を直接訪問せず、オンラインのみでクロージングまでを行い売り切るタイプです。アップセル・サポート型と同様にパッケージ化して売りやすいシンプルな商材に適しています。

　また、インサイドセールスはそのターゲットによって、インバウンドを中心に中小企業の新規開拓を行う「SDR（Sales Development Representative）」とアウトバウンドを中心に大手企業の新規開拓を担う「BDR（Business Development Representative）」に分けられます **図2**。SDRは「反響型インサイドセールス」、BDRは「新規開拓型インサイドセールス」とも呼ばれ、一般的にターゲットとする企業の規模で分けられます。

　これら3つの基本型を前提としながらも、昨今の「直接の対面や訪問がしづらい状況」で変化している部分もあります。例えば、インサイドセールスがパイプライン型でフィールドセールスが訪問でクロージングを行っていた企業でも、対面営業を全面的にやめ、オンラインセールス型に移行する企業も増えています。専門的に役割を分けた担当を置くのか、リードナーチャリングやパイプライン作成から受注するところまですべてを1人で担当するのかなど、新しい状況に合わせて変化・発展させた型が再定義されつ

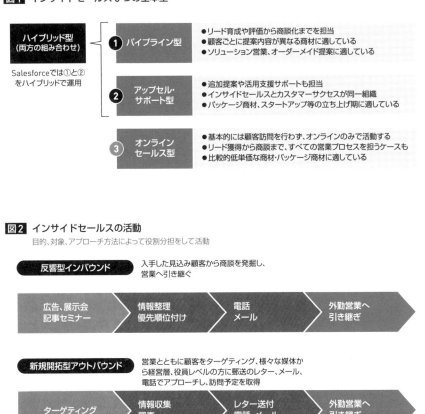

図1 インサイドセールス 3 つの基本型

ハイブリッド型
(両方の組み合わせ)

Salesforceでは①と②
をハイブリッドで運用

❶ パイプライン型
- ●リード育成や評価から商談化までを担当
- ●顧客ごとに提案内容が異なる商材に適している
- ●ソリューション営業、オーダーメイド提案に適している

❷ アップセル・サポート型
- ●追加提案や活用支援サポートも担当
- ●インサイドセールスとカスタマーサクセスが同一組織
- ●パッケージ商材、スタートアップ等の立ち上げ期に適している

❸ オンラインセールス型
- ●基本的には顧客訪問を行わず、オンラインのみで活動する
- ●リード獲得から商談まで、すべての営業プロセスを担うケースも
- ●比較的低単価な商材・パッケージ商材に適している

図2 インサイドセールスの活動
目的、対象、アプローチ方法によって役割分担をして活動

反響型インバウンド　入手した見込み顧客から商談を発掘し、
営業へ引き継ぐ

| 広告、展示会 記事セミナー | 情報整理 優先順位付け | 電話 メール | 外勤営業へ 引き継ぎ |

新規開拓型アウトバウンド　営業とともに顧客をターゲティング、様々な媒体から経営層、役員レベルの方に郵送のレター、メール、電話でアプローチし、訪問予定を取得

| ターゲティング | 情報収集 調査 | レター送付 電話、メール | 外勤営業へ 引き継ぎ |

つあります。本書ではパイプライン型(ハイブリッド型)を中心に詳細をご紹介します。

7 | 4 | インサイドセールスの立ち上げ②
人材の配置

　インサイドセールスは、社内において各部門をつなぐハブ組織として機能することで真価を発揮します。その意味では、会社の業務全般に対して広く興味を持ち、全体を俯瞰して顧客中心の視点から社内にフィードバックできる「ゼネラリスト型」の人材が適しているといえます。得てしてイノベーションとは、仕事と仕事のはざま、業務と業務の隙間、誰も手をつけていない部分に生まれるものです。社内にポジティブな変化をもたらす存在として、インサイドセールスは自分の業務範囲にとどまらず、マーケティングの企画、営業のクロージング、定着化支援にも視野を広げ、アイデアや意見を積極的に伝えられるという人が向いています。

　また、人材育成や社員教育の観点から見ても、インサイドセールスは新卒や若手人材の配属先として適しています **図1**。まずインサイドセールスでゼネラリストとして成長しながら、仕事を通じて自身の得意分野や専門領域を見つけていきます。将来、営業職としてキャリアを積んでいくための基礎作りの場としてはもちろん、傾聴して顧客の課題を理解し、提案するという仕事を行ってきた人材が他の部門に広がっていくことで、会社全体に顧客中心の姿勢とカルチャーを醸成できるというメリットがあります。一方で、ゼネラリスト型という適性を持つ人材は若者に限らず30〜40代の人やセカンドジョブとしても適している職種といえます。

　必要なスキルとしては、コミュニケーション能力が挙げられます。ただし、コミュニケーション能力というと、誰とでも楽しく会話できることや初対面の人とでもすぐに盛り上がることだと思うかもしれませんが、必ずしもそうではありません。インサイドセールスの本質は、顧客から得た情報を社内に正確に伝えることであり、内向的な性格の人でも適性がある場合があります。

　今後、表面上の印象付けや好感度を上げるための過剰なコミュニケーションは、「世間話などの雑談はいいから本題や結論を先に」と敬遠されるでしょう。実際、これまで顧客との人間関係構築を強みとしてきたリレーションビルダー型の営業は、対面での営業がなくなったことで苦労している人が少なくありません。

　むしろオンラインでのやり取りが主流となりつつある現状では、本質にじっくりと向き合い、顧客に寄り添って傾聴できる信頼性を持つことが何よりも大切です。その意味でも、インサイドセールスは新しい時代に適した営業職であり、そこで求められる人材像も「シンプルに本質を追求する人材が活躍する」等、従来とは異なる方向に変化しているのです **図2**。

図1 若手インサイドセールスは他部門でも活躍

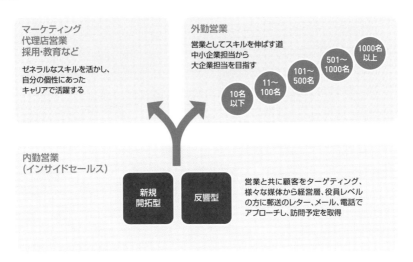

マーケティング
代理店営業
採用・教育など

ゼネラルなスキルを活かし、
自分の個性にあった
キャリアで活躍する

外勤営業

営業としてスキルを伸ばす道
中小企業担当から
大企業担当を目指す

10名
以下
11～
100名
101～
500名
501～
1000名
1000名
以上

内勤営業
(インサイドセールス)

新規
開拓型

反響型

営業と共に顧客をターゲティング、
様々な媒体から経営層、役員レベル
の方に郵送のレター、メール、電話で
アプローチし、訪問予定を取得

図2 Salesforce のインサイドセールスが掲げるビジョン

～本質を追求する～

人としての本質

インサイド
セールスの
本質

The Modelの
本質

誠実と信頼
お客様の状況変化に
深い共感と
傾聴でよりそう

お客様に最も近い
部門として
お客様に気づきを与える
「Insight Sales」
を目指す

常に顧客の成功を
中心に置き
組織連携の重要な
ハブとなる

インサイドセールスの立ち上げ③
KPIの設定

KPIをどう設定するかで、インサイドセールスの方向性は決定されます。インサイドセールスのKPIとしてよく挙げられるのが「アポイント件数」ですが、それだけでは単なるテレアポ部隊になってしまいます。そうなると、アポを獲得することがゴールとなり、確度の低い案件も営業へパスされてしまうことで、営業部門だけでなく、マーケティング部門との関係も悪化します。また、インサイドセールスの仕事内容も単調となり、モチベーションが下がる原因となるケースが多くあります。

まず量のKPIとして、アポイント件数や架電件数、有効な会話ができた回数を設定します。次に質のKPIとして、営業へパスしたあとで、実際に提案が進められると認められた有効商談数やアポイントから受注できた金額を設定します。このようなバランスで、量だけではなく営業に対する貢献や顧客の成功といった質の軸もあると、インサイドセールスは自分のアクションだけでなく、その後の商談進捗まで気にかけるようになります（**図1**の第1〜2段階）。

より望ましいのは、マーケティングが獲得したリード数から受注数まで各段階での件数、更にそれぞれの理想的な掛け率を明らかにしておくことです。これによって、会社全体でボトルネックや改善すべき点がどこにあるのかを把握でき、顧客志向の広い視野を持てるようになります**図2**。

更に、部門間の連携を促進し、顧客中心の発想を醸成するために、部門間で共有するようなKPIを設定します。例えば、マーケティングのKPIをリード獲得数だけではなくインサイドセールスが作る商談数の総量とすれば、マーケティングは自ずとインサイドセールスと連携するようになります。同じくインサイドセールスは、新規商談件数だけでなく契約数/受注金額もKPIとして持つと、営業の契約獲得に向けて連携するようになります。

組織が成熟し、人数や体制が安定してきた段階ではインサイドセールスのKPIを営業と同じ有効商談数と契約数の2つに絞り込むことも可能です。追いかける数字も営業と共通になり、自然と自部門だけに注力する考えは消失し、いかにして顧客に成功してもらえるかに集中するようになります。つまり、KPIによって全部門が顧客志向になっている状態を作るというわけです（**図1**の第3段階）。

ただし、最初からこのような質重視のKPIのみを設定してしまうと、スピード感を持った事業展開が困難になります。まずは、架電件数や、アポイント数、有効商談数をKPIに設定しておいて、組織の成熟度合いに合わせて段階的に変化・移行していくとよいでしょう。

図1 KPI の遷移

第1段階	第2段階	第3段階
アポイント件数	アポイント件数　有効商談数	有効商談数
	有効会話数　受注金額	受注金額

従来多かった、量のみを重視したKPI　　量と質のバランスを考えたKPI　　質に特化して外勤営業と共通させたKPI

図2 逆算し、量と質を高める目標へ

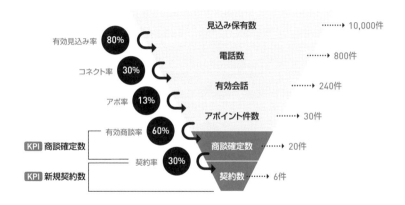

見込み保有数　‥‥‥▶ 10,000件
有効見込み率 80%
電話数　‥‥‥▶ 800件
コネクト率 30%
有効会話　‥‥‥▶ 240件
アポ率 13%
アポイント件数　‥‥‥▶ 30件
有効商談率 60%
KPI 商談確定数
商談確定数　‥‥‥▶ 20件
契約率 30%
KPI 新規契約数
契約数　‥‥‥▶ 6件

インサイドセールスが部門間の連携で効果を発揮するには、リードのスコアリング(評価)と営業へパスする際の基準やルールが要となります。MAによってはデータに基づいてAIが見込み度合いを点数化する機能を備えているものもあります。それにインサイドセールスが得た生の情報も加えることで、より精度の高いスコアリングが可能になります。ただし、主観的な評価ではなく、顧客に対して次はどのようなアクションが必要か「時間軸」で状況を切り分けてランク付けする必要があります。「話を聞いてくれなかった」「課題感を認識していないようだ」といった主観的な評価では、担当者ごとに解釈がブレてしまい、顧客の状況を適切に判断することができません。

「今月中に動いてもらえそうならA」、「2〜3ヶ月かかりそうならB」、「1年くらいかかりそうならマーケティングに一旦戻してMAでナーチャリングをする」といったように顧客側の時間軸で判断すると、次のアクションやフォローのタイミングが明確になります**図1**。このように、顧客の状況と時間軸に基づいているものが理想的なランクの判断方法です。

次にランク付けの具体的な評価基準、例えば商談を作る際に何をもって「アポイントが取れた」とするか。昔ながらのテレアポ型インサイドセールスの場合では、アポイント日程が決まれば「取れた」とみなしていました。その結果「とりあえず立ち話でもよいのでアポイントを」となってしまい、質の低い訪問につながっていました。それを避けるために、インサイドセールスはアポイントの日程に加え、「最低限この情報は押さえておく」「この点が確実でない場合、無理にアポイントは取らずにナーチャリングする」というヒアリング項目を営業や他部門と合意しておきます。

例えば、**図2**のようなヒアリング項目を設け、全体の8割程度が埋まっている状態とアポイント日時が確定している状態がそろって「アポイントが取れた」「商談ができる」と判断すると、空振り提案の割合を最小限にできます。ただし、これらの項目の中でどれが商談化につながりやすい重点項目かは企業ごとに異なる上、状況とともに変化します。外勤営業とともに追加する項目や外す項目を検討し、定期的にアップデートし続ける必要があります。

近年、企業でチャットや社内SNS活用が進んでいますが、インサイドセールスがアポイントを取った時点でヒアリング項目の内容を投稿するとアポイント件数分のノウハウが日々蓄積されます。社内共有で集合知にできる仕組みを作ることで、インサイドセールスの存在意義や価値は更に向上するでしょう。

図1 リードのランク付け

A （対応中）	リードアサイン後当月以内に商談化が見込める
B （対応中）	リードアサイン後2~3カ月以内に商談化が見込める
C （対応中）	リードアサイン後顧客との有効会話なし/活動前の営業担当者の確認待ち
D （中長期的に育成）	リードアサイン後4~6カ月以内に商談化が見込める
E （中長期的に育成）	リードアサイン後7カ月以降に商談化が見込める
F （興味関心の相違）	コネクトできたが、顧客の実現したいことが自社では実現できない場合
F （営業対象外）	求職者/学生/開発者の方で製品導入に関係しない場合 またはコネクトできたが顧客が自社のパートナーになることに関心がある場合
F （不通）	最低6回、電話とメールを組み合わせた連絡をしても顧客と会話できない場合
F （データ不備）	正しい電話番号やメールアドレスが入っておらず活動できない状態

図2 逆算し、量と質を高める目標へ

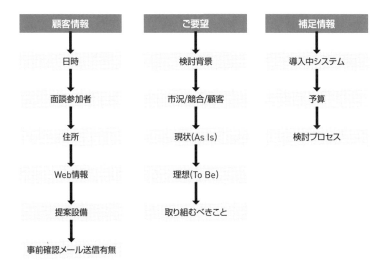

159

7 | 7 | インサイドセールスの立ち上げ⑤
データベースの整備

　生産性向上のために欠かせないのが情報共有であり、その基盤となるのが顧客情報を集約したデータベースです。このデータベースを整備し続け、いかに最新の状態に保てるかがマーケティングと営業の成否を分けるといっても過言ではありません。

　この変化の激しい時代には、市場や顧客理解のために調査会社にアンケート調査を依頼しても、数カ月後に得られた結果は、すでに最新のものとは齟齬がある可能性もあります。望ましいのは、自社内でデータベースを整備し続けることであり、現場から上がってくる最新の顧客情報をデータベースに反映して共有することです。この重要な役割の担い手としてふさわしい存在がインサイドセールスです。見込み顧客を含めた顧客との接点を数多く持ち、かつ直接のコミュニケーションに基づいてすばやく状況を把握できる立場として、この役割に最も適しています。

　顧客の状況をリアルタイムでアップデートすることの重要性は、MAやAIの活用によって増す一方です。必要なデータが整備されてデータベースに蓄積されていれば、MAが自動的に顧客のフォローアップを実行したり、役職や業界に適したコンテンツを提供したり、見込み顧客をナーチャリングしたり、精度の高いランク付けができます。

　仮にデータが不正確なままだと、間違ったターゲティングや分析になってしまいます。AIの学習にもデータは不可欠ですが、正しい顧客データがあればAIによる正しいスコアリングを実現できます。あらゆる分野でデジタルトランスフォーメーションが進行する今、必要なテクノロジーはそろっています。それらをフル活用できれば、競争力を大きく向上させることができます。

　具体的なデータベース整備の方法としては、クレンジング（正規化や形式統一）のルール決めが必要です（例えば「株式会社」とするか「（株）」とするかなど）**図1** **図2**。これは、Web 、展示会、メールなどの様々なチャネルを通してコンタクトした顧客を同一人物かどうか判別する、いわゆる名寄せのためにも必須です。MAやAIが真価を発揮するには、個々の顧客にどれだけ豊富な情報を集められているかにかかっています。その意味でも、正確な名寄せは重要です。ただデータベースを更新するのはインサイドセールスに限らないため、他部門とも統一されたルール設定をするとよいでしょう。その他、7-6で説明したように、ヒアリング項目を外勤営業と検討する際に、同時にフォーマットやクレンジングルールも決めておきます。

図1 名寄せに関するルール例1

住所	すべて日本語で入力します。
国	「JP」と入力します。「日本」「JAPAN」全角の「JP」もNGです。
郵便番号	ハイフンなしの半角7桁 ビル番ではなく、土地に付与されているものを入力します。 （誤）100-0005 /（正）1000005 郵便番号は日本郵政HPで確認
住所	Webなどで調べても不明の場合は住所項目欄に全て、"確認中"と記載。
都道府県	全角で記載。日本語の都道府県名を入力します。
市区郡	●東京都千代田区の場合は、市区郡（Shipping City）に千代田区が入ります。 ●神奈川県横浜市神奈川区の場合は、市区郡（Shipping City）に横浜市が入ります・ ●町名・番地：地番表記は半角英数で入力します。 　例："一丁目1－1"は"1-1-1"と入力します。 ●ビル名がわかる場合は全角で入力します。階の表記は半角の「F」と入力します。

図2 名寄せに関するルール例2

社名	正式名称へ変更 ※（株）→ 株式会社○○○　（有）→ 有限会社○○○
名前	ローマ字標記→カタカナに変更する。 ※ yamada taro → ヤマダ タロウ
電話番号	ハイフンを入れて記載 （誤）0342221000　（正）03-4222-1000
HP	調べて記載（HPが存在しない場合は空欄でOK）
従業員数	企業単位ごとの人数を入力します。分からなければグループ全体（連結）の従業員数を入力します。正社員、パートなどに分かれて記載がある場合は、正社員の人数を入力します。参考となるソースは以下です。 ●企業Webサイト ●有価証券報告書：金融庁EDINET（上場している場合） ●第一部 企業情報 第1 企業の概況"提出会社の経営指標等"に単独の従業員数の記載があります。 ●転職サイト

　適切なキャリアパスを作り、メンバーがモチベーション高くワクワクしながら働く環境づくりは、組織として成果を上げるためにも重要です。

　従来インサイドセールスは、営業としてフィールドセールスへのキャリアアップを目指すというパスが一般的でした。一方で最近主流になりつつあるのは、インサイドセールスでヒアリング力を鍛えて、営業部門だけでなく別部門にジョブ型として輩出していくというものです。インサイドセールスにとって最も重要なスキルは、顧客に深い共感を示しながら傾聴を実現する会話力です。昨今の変化の激しい環境では、業界単位でのパターン化やコールスクリプトでは意味をなさなくなり、まずは顧客の状況を把握した上で個々にオーダーメイドの会話ができるようにするという方向に進んでいます。そのような中で身につけた能力は、ビジネスにおいて欠かせない能力として、どのような場面でも役立つ力となるでしょう。

　また、インサイドセールスは各部門をつなぐハブとして、幅広い関係者とのコミュニケーションが発生するため、自然と営業以外の仕事にも目を向けるようになっていきます。キャリアの選択肢が広がり、興味のある仕事や自分の得意分野を更に活かせる可能性がある目標を見つけることで、モチベーションを高く保ちながら働くことができます。

　例えばマーケティングに異動した場合、The Modelの中で見込み顧客のパスを受け取る側だった経験を活かし、より商談化率を高める施策やインサイドセールスとの連携方法を考えることができるようになります。カスタマーサクセスでは、営業がどのようなビジョンを顧客に説明しているのかを理解した上で、その実現に向けてどのような方法があるのかを寄り添って考えられるでしょう **図1**。インサイドセールスで培った能力や経験は活きる場面も多く、育成を担うセールスイネーブルメント部門や、分析を行う戦略部門など、幅広い部門で活躍できる人材になります。

　もちろん、営業としてフィールドセールスのキャリアを目指す方にもインサイドセールスを経験するメリットがあります。部門間の連携が重要になるThe Modelの中で、インサイドセールスとしての目線やコミュニケーションの取り方、役割分担を理解していることで、スムーズな商談の受け渡しにつながります。Salesforceでは、フィールドセールスとして入社したメンバーよりも、インサイドセールスを経験してからフィールドセールスに進んだメンバーの方が、成果が出ているというデータもあります。

図1 卒業生はどこにキャリアアップしているか

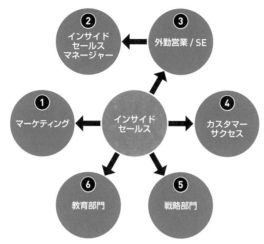

The Modelの内の前後の部門に加えて、幅広い部門で新しいキャリアを作っている

7 | 9 | インサイドセールスの立ち上げ⑦ 教育トレーニング

　人材輩出を見据えた中で育成を行う際に重要となるポイントは、「個性や長所を伸ばす」ことと「データに基づく細やかな評価・教育」です。個性や長所を伸ばすという方針は、インサイドセールスに限らず現在の社会において共通するものです。テクノロジーの発展が目覚ましい環境では、それによって人の欠点を補うことが可能になり、同時にいかに個性を伸ばせるかが大切になります。

　そして、個性を伸ばす人材育成の基盤として活用するのがデータです。インサイドセールス部門を抱える企業の多くは、SFAを利用しています。そこに記録された様々な活動データを、マネジャーやチームごと、新卒か中途か、在籍日数といった軸で可視化して分析できます。更にKPIを組み合わせることで、個人やチームの成長を将来予測とともに見ることも可能です。それによって、何が長所で伸ばすべきポイントはどこか、何が必要なのか、成長曲線の違いなどを細かく把握できます **図1**。

　次に、理想的な電話での会話・メールの文面とはどのようなものでしょうか。テレアポと呼ばれるような一方通行の電話営業では、事前に想定した会話内容をコールスクリプト（トークスクリプト）として用意しておくことが一般的でした。一方で、変化の時代にインサイドセールスが活用すべきなのは、コールスクリプトではなく、顧客からのヒアリングを最大化するためのフレームワークです。

　まず、「Why you now（なぜ、今あなたに連絡をしたのか）」を冒頭で明確に伝えます。様々な業界業種がコロナ禍で大きな変化を迎えてからは特に、なぜ今連絡をしたのかをより丁寧に説明しなければ、顧客に受け入れてもらえません。それを経て、初めて質問へと移ります。顧客の心理と状況に合わせてアプローチを行うためのテクニックなどもトレーニングに盛り込み、これも状況に合わせてアップデートしていく必要があります。オンライン営業では、Webカメラでもアイコンタクトをしっかりと行い、顧客に聞いているという姿勢をはっきり示すといったことが重視されるようになっています。今後、VUCA（Volatility＝変動性、Uncertainty＝不確実性、Complexity＝複雑性、Ambiguity＝曖昧性の頭文字を取った言葉。先行きが不透明で予測が付きづらい状態のこと）時代の営業シーンにおいては、お客様や市況の変化に寄り添い、傾聴のフレームワークやテクニックを磨いて、顧客からの活きた情報取得を最大化していく取り組みが広がっていくはずです。傾聴スキルの一例、お客様の話に「オウム返し」によって同調を伝えたり、「言い換え」によって理解を示したり、非対面でも情報を引き出すスキルがより求められてきます **図2**。

図1 人材育成の基盤となるデータ(例)

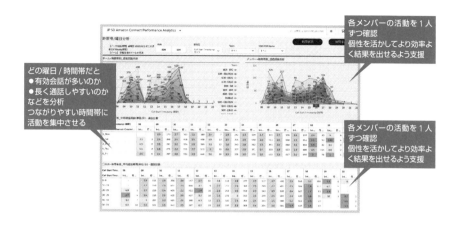

図2 深く共感、傾聴するためのテクニック

	内容	実用方法	注意すべき点
オウム返し	相手の話を繰り返す 同調を示す	相手の発言を繰り返しつつ、「大切なのは〇〇ですね」と加える	理解していないワードはオウム返しを用いて聞く 調べる時間をかせぐ
言い換え	相手の話を一般的な内容に言い換える 理解を示す	言い換えますと〇〇の実現ということですね つまり〇〇ですね	相手の話に割り込まない 話を途切れさせない 間に注意する
共感	相手の意見に対し 経験や理解を伝える 共感を示す	おっしゃる通りですね 私もそう思います なるほどその通りです	相手の現状やお困りごとを聞き出し、深く共感する
引用	相手の話の中からポイントを見つけ出し強調する 信頼を示す	まさに御社の〇〇というビジョンですね 先程〇〇ということもおっしゃられましたね	引用するワードを事前に調べておく 提案書にキーワードを入れることも有効となる
アイコンタクト (見え方)	相手の話を真剣に聞く 姿勢を示す	話を聞いている間はカメラを見る、共感する場合はカメラに近づく 大きく頷く	カメラの見すぎや 細かい頷きはわざとらしい印象になる

7 | 10 | インサイドセールスの未来

　インサイドセールスは多くの企業が注目しており、その将来性は有望だといえます。特に2020年に入ってからは、新型コロナウイルスの感染拡大により対面活動が難しくなった企業の多くが、インサイドセールスに活路を見出し、新たに組織を立ち上げるケースが急増しました。2020年、Salesforceでは1年間で515回のインサイドセールス説明会/立ち上げ支援をお客様にご要望いただき実施してきました。「変化をいち早く捉えて組織を変えるハブとなる部門」としてインサイドセールスの定義や概念が浸透し、その価値は高まりつつあります **図1**。「インサイドセールス」という言葉の検索数もそれを示しています。2013年から2018年までの5年間で30倍に増加、2020年3月にはニューノーマルへの対応のため、爆発的な伸びを見せています **図2**。

　今後のインサイドセールスは、マーケティングの要素も強く持つようになります。例えば、ヒアリングで得た顧客のニーズを元にセミナーを開催し、成功すればそのノウハウをマーケティングに伝え規模を拡大して開催する。インサイドセールスがお客様の活きた声をもとにトライ＆エラーを担うことが可能です。他にも、営業に代わってオンラインでどこまで売り切れるのかを試みたり、カスタマーサクセスのフォローを担当したり、製品に対するフィードバックを聞いたりと、様々な可能性があります。

　担当者個人の観点から見ると、最先端のテクノロジーを駆使する仕事で、今後大きく発展する分野の1つであることはインサイドセールスの大きな魅力です。営業を科学して、データに基づいた本質的な仕事を行うインサイドセールスは、デジタルトランスフォーメーションの最先端にいる職種といえます。

　長らく日本では、労働人口減少にともなう生産性向上という課題に対して解決策を模索し続けてきました。しかし2020年、コロナ禍において非対面でのコミュニケーションが標準となったことで、すべての人が以前は当たり前だった対面の必要性や価値について考え直すようになりました。営業活動がオンライン前提になると、これまで地域で分けていた営業も大きく変わります。物理的な場所に根ざしたエリア担当といった概念はなくなり、子育てのために地元に戻った人や地方で新たなキャリアを築きたい人なども、インサイドセールスの人材要件に当てはまります。働き方改革の促進が今なお強く叫ばれていますが、人材活用の面でも大きな可能性を持つ職種といえます。

　データドリブンでデジタルトランスフォーメーションを実現する。個性を活かし多様な人材が活躍できる。日本の生産性向上の鍵の1つはインサイドセールスの未来が握っているといっても過言ではありません。

図1 お客様に最も近く、変化を捉える

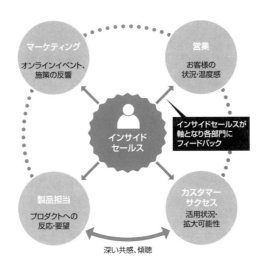

図2 日本におけるキーワード検索数比較

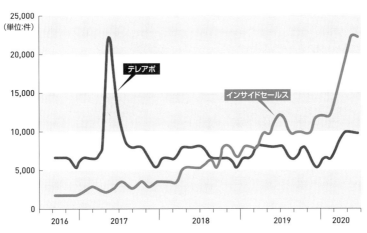

出典: Google Ad Words キーワードプランナーによる調べ（as of 2020/09/16）

①インバウンド

有益な情報やコンテンツを提供することで見込み顧客を惹きつけ、自社に興味を持ったり、問い合わせや資料請求をしたりと自らアクションをした顧客に対して営業活動を行うこと。

②アウトバウンド

まだ自社で接点を持っていない見込み顧客に対して、企業側から営業活動を行うこと。

③SDR

Sales Development Representativeの略。インバウンドを中心としたインサイドセールス担当者のことを指し、反響型とも呼ばれる。お客様から問い合わせの入りやすい中小企業を担当することが多い。

④BDR

Business Development Representativeの略。アウトバウンドを中心としたインサイドセールス担当者のことを指し、新規開拓型とも呼ばれる。お客様から問い合わせの入りにくい大企業を担当することが多い。

⑤データドリブン

行動・判断が定量的な情報や分析に基づいている状態のこと。インサイドセールスは様々なデータが取りやすく、営業を科学して本質的な行動につなげることができる。

⑥クレンジング

CRMやSFAに蓄積している顧客データから、不要なものを取り除き、古く誤った情報を修正することで、最新・正確かつ重複のない状態にして精度を高めること。

⑦名寄せ

名前や住所、社名などの表記ゆれがあっても、その他の項目から同一人物だと判断できる場合や、様々なシステムに重複したデータがある場合に、それらをひとつに統合すること。

⑧コールスクリプト

顧客に対して電話をする際に、話す内容や返すべき台詞をあらかじめマニュアルとしてまとめたもの。

Chapter

8

カスタマーサクセス

カスタマーサクセスというと、契約後のサポートをイメージする方も多いかもしれません。しかし、顧客と中長期的に関係を築くことが求められる現代において、「顧客の成功を実現する」という考え方は営業担当者も提案の段階から持つべき視点といえるでしょう。本章では企業全体として目指すべき真のカスタマーサクセスとその実現方法を解説します。

Writer：坂内 明子

カスタマーサクセスとは、すなわち「顧客の成功」です。顧客の成功に向けて企業が担う取り組みや役割のことをいいます。受け身ではなく顧客の成功に向けて能動的に貢献するところに大きな意味があります。「顧客の利益」を実現することが「自社の利益」へ直接的につながるビジネスが一般化する中で、カスタマーサクセスという考え方が生まれました。

また、現実には営業は新規顧客の開拓に時間を要することが多く、既存顧客にリソースを割けなくなり、フォローが手薄になりがちです。加えて昨今対面の営業活動が制限される中で、営業担当者は従来のように取引先に気軽に立ち寄り、顧客の情報を掴むという行動は難しくなりました。そのため、契約後の顧客を専門に、その成功に注力できる存在が重要になってきた、という背景もあります。

この「カスタマーサクセス」という考え方を初めて提唱したのがSalesforceです。同社では、2000年初頭からこの重要性を訴えてきました。近年、カスタマーサクセスは大きな注目を集めるキーワードとなり、サブスクリプションではないビジネスモデルでも、カスタマーサクセスを専門とする部署やカスタマーサクセスマネジャーといった役職を設ける企業が増えてきました。

自社の顧客に対するサービスとしては、すでに「カスタマーサポート」を設置している企業も数多くあります。最終的にお客様の成功というゴールは同じでも、カスタマーサポートとカスタマーサクセスの役割は明確に異なります。

カスタマーサポートはあくまでも、顧客からの問い合わせやトラブルを迅速に解決することを主眼とし、起点としては受動的な動きとなります。一方、カスタマーサクセスは、自社のプランや戦略を元に、能動的に顧客に関わります。顧客の事業における成長を後押しし、その成功を促進するために尽力していくことが役割となります。顧客のパートナーとして、中長期的な視点に立ち、場合によっては複数の部署と関わりながら、成功へと導いていくことがカスタマーサクセスの果たす役割です。

カスタマーサクセスを新たに始めるのであれば、まずは顧客にとって何が成功なのかを定義することから始めます **図2**。例えば、定量的な目標の達成、ROIの獲得などに加え、さらなる成長に向けて投資を行えるような体制づくりなど、短期・長期、定量・定性など企業ごとに様々な軸での「成功」が考えられるでしょう。顧客にとっての成功がカスタマーサクセスの役割そのものとなります。

そして、その役割に向けた適切な戦略、適切なチーム、そしてCRMなどの支援ツールを活用しながら、「顧客の成功が自社の成功」というカスタマーサクセスの概念を自社の業務に落とし込んでいくことを目指します。

図1 カスタマーサクセスとカスタマーサポートの違い

	カスタマーサクセス	カスタマーサポート
役割	経営や事業計画に沿って企業の成功を目指すパートナーになる	個別・技術的なトラブル解決を行う
支援起点	カスタマージャーニーに基づく活動で能動的	顧客からの問い合わせ起点で受動的
支援の期間	中長期的(契約後は伴走し続ける)	短期的・一時的(問い合わせ〜トラブル解決まで)
実行範囲	複数部門を巻き込んだ多様な支援	トラブル解消に必要な範囲
主なKPI	●契約の更新率 ●クロスセル/アップセルの金額 ●チャーンレート(解約率) ●顧客満足度　など	●トラブル解決までのスピード ●対応品質(顧客アンケート) ●お問い合わせ解消率　など
提供する価値	経営や事業計画に沿って企業の成功を目指すパートナーになる	個別・技術的なトラブル解決を行う

*カスタマーサクセスとサポートは対立する概念ではなく、双方が存在する場合もある。
Salesforceではカスタマーサクセス部門の中にサポートチームが存在する。

図2 これからカスタマーサクセスを始めるなら

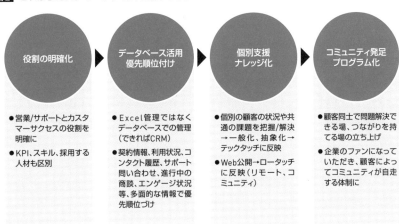

役割の明確化
●営業/サポートとカスタマーサクセスの役割を明確に
●KPI、スキル、採用する人材も区別

データベース活用 優先順位付け
●Excel管理ではなくデータベースでの管理(できればCRM)
●契約情報、利用状況、コンタクト履歴、サポート問い合わせ、進行中の商談、エンゲージ状況等、多面的な情報で優先順位づけ

個別支援 ナレッジ化
●個別の顧客の状況や共通の課題を把握/解決→一般化、抽象化→テックタッチに反映
●Web公開→ロータッチに反映(リモート、コミュニティ)

コミュニティ発足 プログラム化
●顧客同士で問題解決できる場、つながりを持てる場の立ち上げ
●企業のファンになっていただき、顧客によってコミュニティが自走する体制に

8 | 2 | サブスクリプションモデルの鍵となる カスタマーサクセス

　商品やサービスを所有・購入するのではなく、月や年単位などの決まった期間や利用した分だけ料金を支払って利用する「**サブスクリプションモデル**」によるビジネス形態が様々な分野で急速に広がっています。このモデルの先駆けとなったクラウドサービス（SaaS）はもちろんのこと、BtoC領域でも映画や音楽の配信、更には洋服やクルマの分野にも浸透しています。

　こうしたサブスクリプション型のビジネスモデルの登場は、企業における顧客との関係性にも変化を与えました。製品やサービスを購入してもらうことをゴールとする従来型の「売り切り」のビジネススタイルとは異なり、継続利用してもらうことで、収益の拡大が見込めるからです。長期にわたる契約が実現してはじめて、アップセルやクロスセルの機会を生み出すことが可能となります。つまり、サブスクリプション型のビジネスモデルでは、LTV（Life Time Value）を向上させていくことこそが目指すべきゴールだといえます 図1 。

　契約の更新率が収益にどのような影響を及ぼすのか考えてみるとその重要性がより理解できます。例えば、サブスクリプションモデルで提供しているサービスの売上が、現在10億円だったとします。これに対し1年後に90％の顧客に契約を更新してもらえた場合には同年の売上が9億円です。更新率がそれより10ポイント下がって80％だった場合には8億円になります。しかしこの更新率が5年後まで続いたらどうなるでしょう。90％の場合には5億9,049万円ですが、80％の場合には、5年後の売上が3億2,768円まで激減します。この90％と80％の間の5年分の売上を積み上げると、両者の差は累積で9億9,631万円となり、これはほぼ当初1年分の売上に相当することになります。したがって、解約率をいかに下げていくのかが、サブスクリプションビジネスではとても重要なテーマなのです 図2 。

　市場に競合の製品・サービスが数多く存在する中、常に自社の製品やサービスを選び、契約を更新し続けてもらわなければなりません。そこで、顧客が契約の更新を決断する最重要のポイントが「カスタマーサクセス」となるわけです。自社の提供する製品やサービスが、顧客のビジネスにしっかりと貢献できるという高度な付加価値の提供、それに向けたサポートを行うカスタマーサクセスが、サブスクリプションビジネスの鍵となるのです。

図1 サブスクリプションビジネスの収益モデル

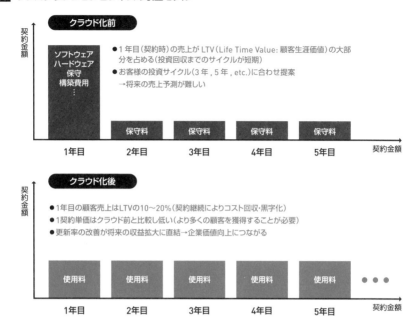

図2 サブスクリプションビジネスにおける更新率の重要性

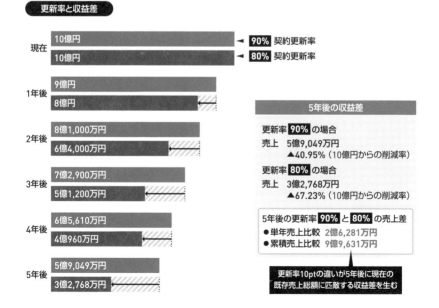

8 | 3 | 継続的なエンゲージメントの重要性

　カスタマーサクセスの活動は、自社の製品・サービスを用いて顧客をビジネスゴールに導くためのサポートです。それぞれの取り組みを通して顧客とのエンゲージメントが維持されていくことになります。エンゲージメントが高く維持されることで、顧客に自社のサービスを、他に代替できない唯一無二のものとして受け入れてもらうことができ、ひいてはそれが長期にわたる契約更新につながる大きな原動力となるわけです。

　特にカスタマーサクセスの担当者は、自社内でも顧客と接する機会を最も多く持つことになります。したがって、顧客としても商談を基軸とする営業担当者に対するのと比べて、売り込みを前提としないカスタマーサクセスの担当者には、リアルな課題やニーズなども伝えやすいという傾向があります。そうした継続的なやり取りの中から、クロスセル、アップセルなどの新たな商談の発掘につながっていくといったケースも少なくありません。

　顧客とのエンゲージメントの維持・強化に向けたカスタマーサクセスのアプローチをもう少し具体的に見ていきましょう。中でも代表的なアプローチとして知られるのが、LTVを軸に顧客を層別化し、「**ハイタッチ**」「**ロータッチ**」「**テックタッチ**」という3分類で、それぞれの層に適したフォローを実施する手法です **図1**。

　まずハイタッチは、大口顧客に該当する顧客層に対するもので、例えば専任担当者をつけるなどして、基本的には個別により手厚い対応を行うというものです。顧客の要望に応じた製品・サービスのカスタマイズなどがこれに含まれます。

　ロータッチは、ハイタッチが対象とする層に比べて、売上規模が中程度の顧客をターゲットとするフォローで、個別ではなくある程度集団的な対応となります。例えばワークショップやイベントの開催などがこれに相当します。

　そして、テックタッチは、ロングテールといわれる、数の多い顧客に対するアプローチで、テクノロジーを駆使して広範囲に同時対応を行うというものです。メールによる情報配信やオンラインコンテンツの提供などがこれにあたります。

　こうしたカスタマーサクセスの活動は、営業やマーケティング、商品企画といった領域とも密接に関わるものです。したがって、カスタマーサクセスのための組織をどのような立ち位置とするのかも重要な検討項目となります。その主要な選択肢としては、営業組織の中に配置する、もしくは商品企画部内に配置する、あるいはカスタマーサクセス部隊を独立で設置するといった方法が考えられます。それについては自社のカスタマーサクセス戦略に照らし合わせて吟味する必要があるでしょう。

図1 層別化によるプライオリティ設定と管理

1 顧客情報（契約金額/営業提案状況/イベント参加/メールやWebへのアクセス/テクニカルサポート/システム利用率データなど）から顧客を分析し層別化

2 各顧客層の特徴に合わせ層別支援（個別支援/マスプログラム/テクノロジー支援他）を実施

3 顧客状況を調査（定期実施）もしくは利用率変化時に個別顧客対応。リスクが顕在化した際に改善を検討し更新リスクを売上予測へ反映（週次アップデート）。プライオリティ付けによるリスク対応リソースの調整

図2 例：契約後のカスタマージャーニー

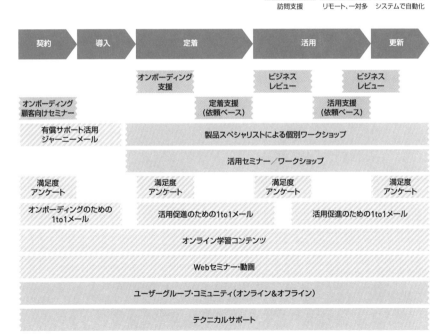

8 | 4 | カスタマーサクセスのKPI

　自社の提供する製品やサービスが顧客のビジネスの成功に貢献を果たせるように行う活動こそがカスタマーサクセスです。その貢献の度合いをしっかりと把握することが、活動の重要な指針になります。したがって、カスタマーサクセスの貢献度を計測するためには、製品やサービスを取り巻くデータについて、定量化されたKPIを設定することが不可欠です 図1 。

　サブスクリプションビジネスにおけるカスタマーサクセスの主要なKPIとして、まず挙げられるのが「契約更新率」です。チャーンレート（解約率）をいかに下げていくかが、サブスクリプションビジネスにおける切実なテーマである反面、契約更新率が高いということは製品やサービスが評価されている証しでもあり、顧客ビジネスへの貢献度が最終的に示される指標だと捉えることもできます。これら解約・契約更新に至るまでの様々なKPIを分析し、解約に至る前の情報や変化を察知することが重要です。KPIおよびその相関関係や関連性を分析して、それらの変動により契約更新率の状態がどう変化したか検証し、その結果をまたあらためて施策へとフィードバックしていくというPDCAサイクルを回していくことが、サブスクリプションビジネスにおいては重要なアプローチとなります。

　また、あらゆるビジネスモデルにおいて有効な考え方として、顧客への貢献度をより具体的に計測する「成功スコア」があります。端的にいえば、顧客が自社のサービスをどのように利用しているかを把握するためのもので、数値化された様々な角度からの指標に基づく総合スコアだと捉えることができます。これは「ヘルススコア」とも呼ばれます。

　例えば、自社の提供するサービスがSaaS（Software as a Service）であるようなケースを想定するならば、成功スコアはユーザーの「ログイン状況」や「アプリケーション利用数」、あるいは「データ入力数」「データ格納量」、更には「他システムとの連携数」などがその構成要素となり、顧客のサービス利用の実態を把握する指標となり得るでしょう。

　加えて、カスタマーサクセスの活動におけるもう1つの重要なKPIとなるのが「顧客接点」に関わる指標です。例えば、利用に関わるサポート窓口などへの「問い合わせの状況」や「トレーニングの受講状況」「ユーザーコミュニティやイベントへの参加状況」、「動画資料の視聴状況」や「アプリケーションダウンロード数」などが顧客接点に関わる指標のサンプルとして挙げることができます。

図1 例：Salesforce のカスタマーサクセスグループの KPI

カスタマーサクセス実現のために

契約更新率
- 価値
- お客様側の投資対効果

成功スコア
多数の視点を元にした総合スコア
- ログイン状況
- データ量
- 連携状況
- アプリケーション構築数
- サポートへの問い合わせ数
- プログラム活用度
- 追加商談の状況
  などを加味

顧客接点
（エンゲージメント）
- 社員との接点
- 活用プログラム接点

図2 例：一般的なカスタマーサクセスの KPI

カテゴリ	KPI	KPIの内容	計測方法
サービス利用	ログイン状況	サービスへのログイン状況から利用度合いを把握する	サービス利用ログ
	データ入力数	サービス利用により入力されたデータの量や蓄積状況を把握する	サービス利用ログ
	データ分析状況	サービス利用により蓄積されたデータの閲覧やレポートの出力状況を把握する	サービス利用ログ
	アップセル	利用規模やアカウント数の拡大を把握する	受注データ
	契約更新金額	今年度の契約金額÷翌年の契約金額で利用アカウント数や規模を確認する	SFAデータ
利用範囲拡大	アプリケーション利用数	サービスに含まれない追加のアプリケーションの利用状況を把握する	支援実績情報等
	他システム連携	サービスが他サービスと連携されているか、その企業の基盤への浸透度合いを把握する	支援実績情報等
	アウトプット活用状況	アウトプットデータが経営レベル～現場レベル各層で活用されているか把握する	アンケート等
	クロスセル	サービスと連動したサービスや商品が購買されているか確認する	受注データ
サポート活用	質問数・コール数	サポートへの質問やコールの状況を把握する	CRMデータ
	FAQ活用	FAQ等自己解決のためのコンテンツ活用状況を把握する	アクセスデータ
	トレーニング活用	トレーニングプログラムやその理解度を把握する	支援実績情報等
	セミナー参加	セミナーへの申し込み、参加、アンケート情報を把握する	CRMデータ
総合評価	顧客満足度	顧客満足度を把握する	アンケート等
	NPS	NPS（Net Promotor Score）を把握する	アンケート等
製品開発	VOC（Voice of Customer）	製品やサービスへのリクエストを製品開発チームへ共有	アンケート等

8 | 5 | カスタマーサクセスにおけるデータ活用

　カスタマーサクセスにおいては顧客ビジネスへの貢献度に関連したKPIを適切に設定し、成功スコアを活動の指針とすることが重要です。つまり、担当者自身が顧客に接する中で感じた印象など、属人的な経験、勘といったものに頼るのではなく、客観的に定量化された多様なデータを活用して、より高精度な意思決定やアクションにつなげていくことが、カスタマーサクセスの領域においても不可欠です **図1**。

　特に今日では、デジタルテクノロジーが広く企業活動の中に浸透してきており、サービスの利用状況に関わる顧客のデータを様々な角度で収集できるようになっています。見方を変えれば、こうした各種データを収集・活用できる仕組みが整備されてきたことが背景要因となって、カスタマーサクセスといった取り組みを実践していこうという機運が企業の間で高まっているともいえます。

　例えば、ソフトウェアを提供する企業のケースでいえば、顧客のログイン状況に関わる情報を捕捉することは容易であり、その他、データの入力数や格納量といったものも、サービス提供にまつわる管理情報としてプロバイダの手元で管理されています。その他、自社の提供するオンライン教材や動画などのコンテンツへのアクセスや、Webセミナー、ユーザーコミュニティへの参加、あるいは資料ダウンロードといった周辺サービスの利用状況などもエンゲージメントの状態を把握する上での有効なデータとなるでしょう。つまり「成功スコア」はそれらデータ群の活用によって算出されるものだということになります **図2**。

　もちろん提供するサービスによって、顧客ビジネスへの貢献度を測るKPIも異なり、その結果、収集すべき顧客データの種類も違ってくることになりますが、そうしたデータを確実に入手できる仕組みやプロセスを構築することが重要です。

　また、入手したデータをただ漫然と蓄積していくだけでは、データの持つ本来の価値を活かしていくことはできません。蓄積されたデータを適切に整理し、カスタマーサクセス担当者が局面に応じて必要なデータを即座に取り出して閲覧し、活用できる、データの効果的な可視化と分析を支援するシステム的な仕組みを整備することになります。その上で「活動総量の把握」「個別企業分析」「成功要因分析」などのデータ分析のアプローチを経て、対策を実行していきます。対策により成功スコアそのものの設定が正しかったのかを定期的に見直し、より顧客の状態を把握できるデータ分析基盤へと進化させていきます。

図1 カスタマーサクセスのデータ分析

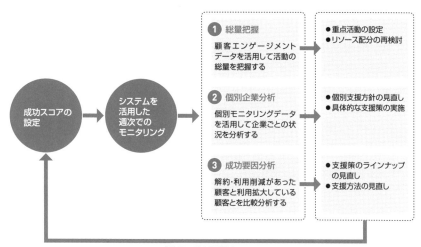

成功スコアの再検討

図2 成功スコアの算出

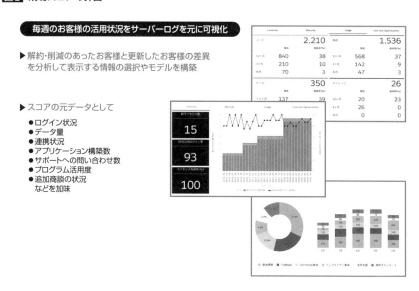

毎週のお客様の活用状況をサーバーログを元に可視化

▶ 解約・削減のあったお客様と更新したお客様の差異
を分析して表示する情報の選択やモデルを構築

▶ スコアの元データとして

- ●ログイン状況
- ●データ量
- ●連携状況
- ●アプリケーション構築数
- ●サポートへの問い合わせ数
- ●プログラム活用度
- ●追加商談の状況
  などを加味

8 | 6 | カスタマーサクセスにおける活動

　カスタマーサクセスの活動のあるべき姿とは具体的にはどのようなものでしょうか。これに関し、重要な鍵を握っているものが「**カスタマージャーニー**」という考え方です **図1**。カスタマーサクセスの活動があくまでも提供する商品やサービスの利用を通じた「顧客の成功」を目指すものであるという観点で捉えれば、「顧客が成功というゴールに至るための道のり」こそが、カスタマージャーニーであるといえます。その道のりは、一般的にはサービスの契約後、「事前準備」「定着化」「業務改善」という一連のステップで捉えることができます **図2**。

　カスタマーサクセスでは、これら全工程を通じた顧客との良好なエンゲージメントの上に、それぞれの工程に応じて顧客がサービスの活用によって享受する価値を最大化していくための最適な支援を「ハイタッチ」「ロータッチ」「テックタッチ」の各アプローチにより活動していくことになるわけです。

　中でも重要な位置づけとなるのが、導入したての新しい顧客を対象とする「**オンボーディング**」の取り組みです。「オンボーディング」とは、新たにサービスの利用を開始した顧客に、いち早くサービスに親しんでもらうためのプロセスを指し、ユーザーの好奇心や活用意欲が高まっているこの段階でのフォローの如何が、その後のサービスの活用度を決める鍵を握ることになります。ここでサービスに対してメリットを感じ、良いイメージを抱いてもらうことができず、活用意欲を低下させてしまうと、その後の回復は非常に困難なものとなります。

　この段階での具体的な活動としては、はじめてサービスを利用するユーザー向けのセミナーや学習用オンライン教材の提供、あるいはサービスに親近感を抱いてもらうためのコンテンツをWebやメール、あるいは冊子などにより提供するといった施策が考えられます。また、続く利用定着や活用段階での施策としては、サービスのさらなる使いこなしを支援するようなセミナーやワークショップの実施、あるいは顧客のサービス利用状況についての診断を行って、よりよい活用に向けたアドバイスを行うといった取り組みなども有効でしょう。

　もちろん、こうした活動の中で、カスタマーサクセスの担当者は常に自社の営業担当と密接に連携し、顧客情報の共有を図っていくことになります。こうしたことにより、当該顧客におけるサービス契約の維持はもちろん、アップセルやクロスセルに関わるタイムリーな提案を行うことが可能となるわけです。

図1 例：Salesforce における契約後のカスタマージャーニー

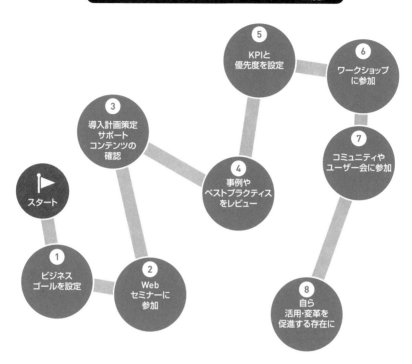

お客様自身で成功できるためのカスタマージャーニーを用意

- **5** KPIと優先度を設定
- **6** ワークショップに参加
- **3** 導入計画策定サポートコンテンツの確認
- **7** コミュニティやユーザー会に参加
- スタート
- **4** 事例やベストプラクティスをレビュー
- **1** ビジネスゴールを設定
- **2** Webセミナーに参加
- **8** 自ら活用・変革を促進する存在に

図2 製品活用の3ステップ

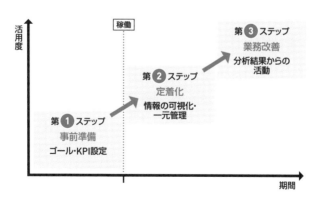

活用度

稼働

第**3**ステップ
業務改善
分析結果からの活動

第**2**ステップ
定着化
情報の可視化・一元管理

第**1**ステップ
事前準備
ゴール・KPI設定

期間

　カスタマージャーニーに即した顧客への支援策などのパフォーマンスを高める有効なアプローチとなるのが、MAツールの活用です。顧客が製品・サービスの利用によって享受できる価値を最大化するには、顧客の利用状況に応じた適切な支援を、適切な相手に対し、適切なタイミングで実施していくことが肝要です。MAツールは、それを効率的に実現します。

　SaaSのようなITサービスを例にとって見てみましょう。サービスを導入したてのオンボーディングの段階において、例えば顧客の経営層であれば、その方々に利用ユーザーに対して活用目的や意義を導入前に伝えてもらうことは非常に重要となります。そのための参考となるコンテンツをメールで紹介します。一方で、同じ顧客でもシステム管理者の役割にあたる顧客に対しては、初期に必要なユーザー設定やビジネスプロセス整理を促すようなメールを送信し、詳細が確認できるWebページへのリンクへ案内します **図2** 。更に、経営者に対するメールの開封が確認できたら、一定の期間を経たタイミングで次なるレベルで啓蒙を進めるためのコンテンツをメールで案内します。またシステム管理者に対しては設定作業の完了が確認できたら、そのタイミングで利用環境の整備を次ステップへ進めるためのコンテンツを案内、あるいはセミナーやワークショップの実施告知をメールで送信して参加を促すといった方法も効果的でしょう。

　MAツールを活用すれば、このようにあらかじめ設計しておいたカスタマージャーニーや顧客の利用ステータスに応じたメール送信などを自動化するといったことが可能になります。カスタマーサクセスのための一連の支援策を、あらかじめ設計したプロセスに沿って、遺漏なく実践していくことが可能になるわけです。

　顧客自身が製品・サービス提供者の訪問による支援を受けることなく、自ら利活用をめぐる課題を抽出してそれを解決し、製品・サービスのもたらすビジネス価値を最大化していけることは、カスタマーサクセスの1つの理想形です。そのためには顧客がカスタマージャーニーのどういう段階にあるのか、どういう課題に直面している可能性があるかをしっかりと捕捉しながら、そこで必要となる情報の提供などの支援策を、MAツールなどのシステムを活用して確実に実施していくことが重要なのです。

図1 少人数で多くのお客様を効果的に支援するための仕掛け

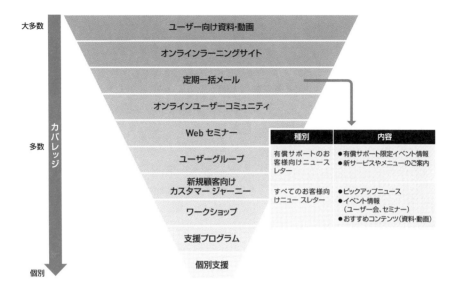

種別	内容
有償サポートのお客様向けニュースレター	● 有償サポート限定イベント情報 ● 新サービスやメニューのご案内
すべてのお客様向けニュースレター	● ピックアップニュース ● イベント情報（ユーザー会、セミナー） ● おすすめコンテンツ（資料・動画）

図2 カスタマージャーニーによる適切なコンテンツの提供

顧客をつなげる仕組みの構築

　カスタマーサポートの中でも、顧客が"自走"していける体制を支えるものとして重要な役割を担うのが「**ユーザーコミュニティ**」です。特に特定製品に関するユーザー会などは、これまでも数多く開設・運営されてきました。サブスクリプションビジネスが拡大し、カスタマーサクセスに向けた要請が増す中で、ユーザーコミュニティに対する注目度も俄然高まっている状況です **図1**。

　ユーザーコミュニティにおいては、同じ製品・サービスを利用する顧客同士が互いにつながり合い、利用をめぐる課題や活用に関わるノウハウを共有し合うことになります。例えば、ある問題に直面したユーザーがコミュニティにその旨を投稿すれば、同様の問題を克服した他のユーザーが自社での経験に基づいてアドバイスを行うという互助的な関係がそこに構築されます。そうしたフラットな関係性に基づくアドバイスは、往々にして製品・サービスを提供するベンダーからは得られない貴重なものとなります。もちろん、そうしたことがカスタマーサクセスに大きく寄与することはいうまでもありません。

　ベンダー側から捉えれば、自社の製品・サービスに関わるユーザーコミュニティの活動をいかに活性化させ、そこで交わされる顧客同士のコミュニケーションをどれだけ熱を帯びたものに促進していくかが、カスタマーサクセス活動の視点からも重要なテーマとなります。例えば、コミュニティの中でその製品・サービスを際立ってうまく使いこなし、多大な成果を享受している顧客に講演を通じて、事例を披露してもらうというのはよく見られるアプローチです。紹介された成功事例に刺激を受けた別の顧客が自社にそのノウハウを取り入れたり、更にはより良い活用方法にチャレンジしたりするといった好循環を生み出すことが可能となります。また、アワードを設けて、顧客に自社の事例をエントリーしてもらい、優れた事例を表彰するといった取り組みを行って、コミュニティの活性化の一助としているベンダーも少なくありません **図2**。

　更に、製品・サービスが広く普及し、市場での需要が成熟してくると、ベンダーが設営するものとは別に、顧客の有志が参集して独自に設置・企画・運営されるユーザーコミュニティといったものも見られます。いずれの場合においても、ベンダーのスタンスとして重要なのは、直接的な自社の収益の追求ではなく、顧客のビジネスゴールに向けたサポートを念頭に置く、カスタマーサクセス活動の一環として関わりながら、それらの活性化を目指していくということです。

図1 コミュニティはニューノーマルな世界においても不可欠

ベストプラクティスの展開	ロイヤルティの向上	新規マーケットへの影響
お客様自身の声をそのまま　他のお客様が聞くことができ、拡張性のある事例共有が可能	「お客様」から「ファン」になり、より企業と強固なエンゲージメントを実現	コミュニティの活動が新たな顧客へのエンゲージメントへとつながる

先行きが見えない時にこそコミュニティの価値は高まる

図2 例：Salesforce のユーザーコミュニティにおける取り組み

「個人の成功」と「個人のモチベーション」はコミュニティ活性化に不可欠な要素

課題やノウハウの共有
- 全国40以上のコミュニティグループ
- 毎月15回以上のイベントを開催
- ユーザーや開発者による主体的な活動

活用チャンピオン大会
- 全国8カ所で予選会を実施
- 毎年40社以上が出場
- 参加者が順位を選定

ファンの育成
- キャラクターやグッズで楽しさを演出
- ファンイベントの実施
- アワードプログラムとの連動

グローバル MVP プログラム
- 製品について深い知識を持ち、専門知識を積極的に共有し、コミュニティを支援している顧客を称え、表彰

数千人規模の基調講演での登壇
- 自社の取り組みや自分のキャリアにおける変化を全社的なイベントで対外的に発表

様々な媒体での紹介
- ブログや冊子、プロモーションなどで多数の顧客に登場
- その取り組みやキャリアを紹介

（左）大規模イベントでの登壇、（右）ブログでの紹介

8 | 9 | 顧客対応における営業と カスタマーサクセスの違い

　カスタマーサクセスと営業の関係性はどのように捉えればいいでしょうか。一般に営業活動の目的は、リード（見込み顧客）を獲得してそこにアプローチし、受注して売上を立てることにあります。カスタマーサクセスの活動目的は、受注後に顧客ビジネスにおける自社の提供する製品・サービスの価値を最大限に引き出すことで顧客のビジネスに貢献し、その結果として長期にわたり継続利用してもらって、最終的にLTVの最大化につなげていくことにあります。

　つまり、営業活動の主な力点が、自社の製品・サービスの適用が検討される顧客企業内の部門などへ、どういう価値提供が可能なのかを訴求することに置かれ、対象組織のキーパーソンにアプローチして受注することが1つの明確なゴールになります。一方、カスタマーサクセスでは、あくまでも顧客企業内の各組織のビジネスゴールや経営視点で捉えた顧客企業全体のビジネスゴールに寄り添うものとなり、顧客の各組織のキーパーソンはシステム管理者や経営層も含めた広範な人たちとやり取りを行って、ビジネスゴールの達成という長期的な展望に立った活動を展開していくことになります**図1**。

　そこで重要なテーマとなるのが、営業とカスタマーサクセスの連携性をいかに高めるかということです**図2**。カスタマーサクセスでは、その活動の性質上、提供する製品・サービスの利用状況や満足度が顧客の各組織においてどうなっているか、顧客がビジネスゴールを目指す上でどのような業務課題に直面しているか、更には顧客自身が気づいていない潜在的課題なども含め、深く顧客を理解しているはずです。カスタマーサクセスからの情報は営業情報の宝庫です。

　したがって、営業からすればカスタマーサクセスが把握している顧客のビジネスゴールを理解した上で、利用状況や満足度、業務課題などの情報を精査し、それを踏まえてクロスセル、アップセルなどのビジネスチャンスを効果的に見出して、受注獲得につなげていくということが可能となります。カスタマーサクセスとの連携がうまい営業は担当顧客の変化をいち早く察知できます。そうした意味では、カスタマーサクセスとの連携をいかに密に行っているかといったことも、営業担当者の評価指標になり得ます。

　このように営業とカスタマーサクセスの間の密接な連携性を確立し、その維持・強化を図っていくための仕組みづくりこそが、カスタマーサクセスを展開する企業にとって肝要であるといえます。

図1 カスタマーサクセスと営業の違い

	カスタマーサクセス	営業
共通の成果指標	顧客の成功	
主な役割	既存顧客の定着化・活用支援 解約阻止・満足度向上	新規顧客の開拓・商談化・受注 クロスセル・アップセルの受注
主なミッション	受注後の顧客へ 自社の製品・サービスの価値を 最大に引き出す	検討段階の顧客へ どのような価値提供が可能かの提案・訴求
主なカウンター	製品・サービス活用に関わるすべての人（ユーザーや推進プロジェクトメンバーを含む）	導入検討に関わるキーパーソン、意思決定者
主な成果指標	契約更新金額やチャーンレート	受注金額や件数
得られる情報 （社内で互いにシェア）	●顧客のビジネスに対する深い理解 ●活用支援の中で見つかった潜在的な課題 ●カスタマーサクセスが受注後に把握した 　追加・変更情報 ●次の商談への芽の察知と情報	●検討段階で提案の前提となった重要情報 ●各キーパーソンのゴールや特性情報 ●顧客からベンダーへの期待値 ●営業提案時に描いたビジョンや方向性、進め方などの合意事項

図2 カスタマーサクセスと営業の協業

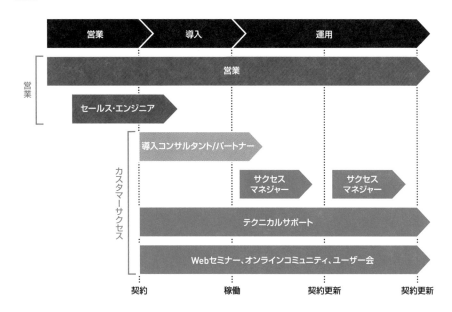

　この節では、カスタマーサクセスの取り組みを成功に導く上で、製品・サービス提供者である企業に求められる要件について検討します。ここまで見てきたように、カスタマーサクセスの取り組みは、決してサブスクリプション型ビジネスにおける目先の契約更新を追い求めるための施策ではありません。真のカスタマーサクセスとは「顧客のパートナーとして伴走し、ビジネスの成功をともに実現すること」であり、その結果として自社も成長していくというものなのです。

　ただし、カスタマーサクセスの部門やチームのみが顧客の成功を目指すというだけではその目的に適う成果をあげていくことはできません。例えば、仮に営業に「顧客の成功」という視点が欠落していて、本来顧客のニーズに合致しない製品・サービスを販売したとしたらどうでしょう。導入後にカスタマーサクセスが顧客のビジネスゴールに向けた製品・サービス活用のロードマップを描くことが困難であることはいうまでもなく、もちろん顧客の成功など望むべくもありません。

　そうした意味では、カスタマーサクセスのみならず、営業はもちろん、マーケティングやカスタマーサポートといった各タッチポイント、更には開発部門やバックオフィスをも含めた社内の全部門が「顧客の成功こそが自社の成功である」という意識を持ってビジネスに取り組んでいることが不可欠です。言い換えれば、そうした「顧客第一主義」の考え方が全社に浸透し、企業文化としてしっかりと根付いていることが、真のカスタマーサクセスを目指していく上での重要な前提であるといえます **図1**。

　今後もビジネス環境は常に変化を遂げていくことになります。それに追随する形で、カスタマーサクセスの取り組みのあり方も変化させていく必要があります。成功スコアなどのKPIも、環境や状況の変化に応じて継続的に見直しを図っていくことは必須でしょう **図2**。

　一方で、今日、急速な進化を遂げたデジタル技術の積極的活用により、カスタマーサクセスの活動に新たな可能性を拓いていくこともできるはずです。IoTなどの仕組みを通じて、顧客の製品・サービス利用に関わるより詳細な情報の収集は、施策の精度向上に寄与するはずです。あるいはAIの活用によって人が行っている判断をシステムでまかなえれば、作業の自動化の範囲も大きく広がっていくでしょう。最新デジタル技術の活用の可能性を探っていくということもカスタマーサクセスの取り組みにおいては重要です。

図1 カスタマーサクセスを実現するためには「企業文化」にまで落とし込むことが重要

Salesforceのコアバリュー

信頼
率直にコミュニケーションできる場所、透明性

カスタマーサクセス
全ての起点は顧客の成功

イノベーション
お客様のアイデアから毎年3回製品改善

平等
あらゆる人を歓迎

「Salesforceの企業文化の象徴は、企業の壁を超えて世の中に関わるためにコミットすることだ。従業員はコミュニティを支援し、他の人たちの成長を助けたいと思っている。また、私たちの顧客や他者を成功させたいと願っているのだ」

Salesforce CEO マーク・ベニオフ著
「TRAILBLAZER」(東洋経済新報社)

図2 例：Salesforce のカスタマーサクセスの歩み

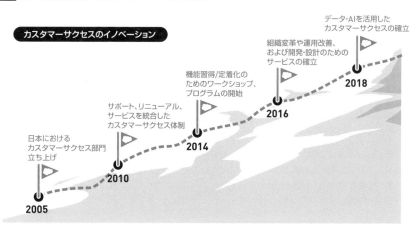

カスタマーサクセスのイノベーション

日本における
カスタマーサクセス部門
立ち上げ
2005

サポート、リニューアル、
サービスを統合した
カスタマーサクセス体制
2010

機能習得/定着化の
ためのワークショップ、
プログラムの開始
2014

組織変革や運用改善、
および開発・設計のための
サービスの確立
2016

データ・AIを活用した
カスタマーサクセスの確立
2018

①サブスクリプションモデル

1人あたり月額○○円といった形で、サービスや製品を利用した期間や量に応じて料金を請求するビジネスモデルのこと。例として携帯電話や動画配信サービスなどが挙げられる。

②LTV

Life Time Value の略。顧客生涯価値と訳され、企業と取引がある期間に顧客がもたらす利益の総額のことを指す。1回の利益ではなく、長く取引を続けてもらえることによって収益を最大化するサブスクリプションビジネスの評価指標として注目されている。

③エンゲージメント

ここでは、顧客が企業に対して感じる愛着や結びつきの強さ、思い入れのこと。これが強いほど契約継続につながりやすく、また製品の活用度も深まりやすい。

④NPS

Net Promoter Score の略。顧客の企業に対するエンゲージメントを測る指標のひとつで、他人に対してどの程度サービスや製品を勧めるかを質問し、数値化するもの。

⑤チャーンレート

解約率のこと。金額や件数、企業数や人数等様々な指標で測ることができ、LTVを最大化することが求められるサブスクリプションビジネスにおいて重要な指標となる。

⑥成功スコア／ヘルススコア

ログイン数や利用データ量を複数の指標を元に総合的な活用度を数値化し、提供している製品やサービスを顧客がどれだけ利用しているか可視化するためのスコア。

⑦カスタマージャーニー

認知から始まり、検討、購買、活用に至るまで、ペルソナがたどる一連の顧客体験や購買プロセスのこと。例えば、Webサイトで情報収集をし、営業担当者に問い合わせて商談を受け、稟議を上げて意思決定し、購入したのち製品を使い始める、といった道のり全体を指す。

⑧オンボーディング

何かを新しく始めたばかりの方を、現場に慣れさせ、実践ができる状態になるまで支援すること。主に新入社員入社後の最初の研修や、製品導入後の最初の講座やサポートのことを指す。

Chapter

9

マーケティング

コロナ禍におけるマーケティング活動は、顧客の行動そのものがテレワークやオンラインに移行したことで強制的にデジタルマーケティングへのシフトが迫られています。場当たり的なWebマーケティングやオンラインセミナーの活用ではなく、営業活動と一体となったマーケティング活動になるための作戦を解説します。

Writer：渥美 英紀

9 | 1 | Webマーケティングの変遷

　Webマーケティングはマーケティング活動全般の中でも重要な位置を占めるようになってきました。まだWebマーケティングの仕組みが確立していない企業では、これまでの時代の変遷を追うように自社のレベルが上がっていくことが多いため、まずWebマーケティングが発展してきた歴史を振り返ります。

　インターネットが黎明期のころは、法人におけるWebサイトの役割は企業の存在証明やカタログの代用に留まっていました。まだ、展示会や郵送DM、専門誌の活用やアウトバウンドコールなどがリードを作る中心的手法でした。組織としても、マーケティング部門そのものがなく、営業組織が全般的な役割を担っている企業の少なくありませんでした。

　2001年ごろから、Webマーケティングを活用してできることが増え、多様な役割を担うようになってきました。各社で情報が積極的に公開され、ユーザーもWebで依頼先やパートナーを探すように変化してきました。2007年ごろからはリスティング広告などのWeb広告が様々な法人営業分野でも効果が十分に出るようになり、流入数と問い合わせ数を一気通貫で分析し、中長期的な視野で計画が練られるようになりました。前後の時期に、SaaS型の顧客管理システムが次々と登場し、顧客データの蓄積と再利用をローコストで実現できるようになってきました。Webマーケティングの裾野が広がり、多くの企業で自社が直接アプローチできる顧客を蓄積し、継続的なコミュニケーションを目指しました。

　しかし、継続的なコミュニケーションには、質の高い情報を提供し続ける必要があり、注目はコンテンツに向けられるようになりました。検索エンジンでも質の高いコンテンツを多数供給することでSEOの上位順位を獲得するコンテンツマーケティングで成功する企業が現れました。

　商談や商談前のリード情報が一定にとれるようになってくると、すぐに商談にならない案件も多数保有することになります。そのため、営業とマーケティングの役割分担を見直し、分業化を行い効率的な運営をするモデルが様々考案されました。MAをはじめとする各種システムも連携ができるようになり、統合的なマーケティングを目指すようになります。また、データ分析においても、アクセスログのみ、広告データのみから分析するのではなく、その後の問い合わせ状況や営業実績と突き合わせで分析し、統合的なマーケティング活動へと進んでいます。

　そしてコロナ禍において、マーケティングのあり方を強制的にでも変えなければならない転換期となっています。統合型のマーケティングを行うためには、顧客のアクションをデータ化することが大前提となってくるため顧客の行動履歴を捕捉できるWeb

図1 Webマーケティングの変遷

年	Webマーケティングの変遷	オフラインのマーケティング

年		
1994〜**1995**	**広報サイト** 企業の存在を証明する役割 ●企業のWebサイトが登場	「展示会」「郵送DM」「業界専門誌への広告」「アウトバウンドコール」「セミナー開催」などによるリード・商談創出
1996〜**2000**	**カタログサイト** 製品・サービスの存在を証明する役割 ●製品・サービスの基本情報の提供が広がる ●カタログ情報に匹敵する情報がWebサイト上で提供されるように	
2001〜**2006**	**課題解決サイト** お客様との商談のきっかけを作る役割 ●製品情報だけでなく事例情報なども掲載され、価格も一部表示されるように ●「電子カタログ」「ウェビナー」「ビジネスブログ」などWebの多様な活用方法が登場 ●CRMシステムのASP／SaaS化が進み低価格化 ●メールを活用したメールマーケティングが拡大	
2007〜**2013**	**コミュニケーションサイト** お客様との関係を構築・維持する役割 ●コンテンツを活用した中長期的な顧客との関係構築を志向するように ●BtoBでも活用できる広告手法・メニューが増加 ●「リードジェネレーション」「リードナーチャリング」などの考え方が普及 ●コミュニティサイトや会員サイトがBtoB分野でも登場 ●名刺活用、顧客DBとの連携が本格化 ●Webから獲得したリード情報とSFA／CRM等とのシステム連携可能に	
2014	**統合マーケティングサイト** 営業とマーケティングを連携させる役割 ●MAの活用が本格化 ●インサイドセールスやカスタマーサクセスなどの分業モデルの普及 ●コンテンツマーケティングによる潜在層へのアプローチが本格化 ●IPアドレスの分析による企業名分析が普及 ●専門雑誌もWebメディアを推進 ●スマホ利用の拡大に従いスマホでの表示最適化が検索順位に影響するようになり、BtoBサイトでもレスポンシブ対応が必須に ●3rd party cookieの利用制限が広がり、リマーケティングなどのcookieを利用する広告が順次廃止へ	オフラインからオンラインへのウェイト拡大

の活用は欠かせないものとなっています。

9 | 2 | 統合的なマーケティングにおける Webマーケティングの重要性

マーケティング手法の中でも、Webマーケティングの存在感は大きくなっています。今後訪問しないことが前提となれば顧客は営業担当から直接情報収集を行うということが難しくなり、その傾向は更に強くなる可能性もあります。これは「オンラインでの情報収集が加速する」という、顧客の検討プロセスが変化していることに注目する必要があります。

営業力に関する調査を20年以上続けるCSOinsight社の調査では、約44%は事前に製品を絞り込み、約20%は製品だけでなく仕様を詰める段階で営業にコンタクトを取るとのデータもあります 図1 。つまり、営業に会う前に意思決定プロセスのいくつかを完了していることになります。となれば、営業の敗因の分析は、もはや営業単独ではできません。データを分析するにしても、営業の敗因はSFAからだけでは分析しづらくなりつつあります。営業プロセス全体で捉え、MAなども絡めながら、どの段階で負けているのかを統合的に知る必要があります。もし、現状の弱点が、営業商談のフェーズよりも、マーケティングの初期段階での可能性が高いとすれば、統合的に見た時に注力すべきポイントは広告やコピーということになるかもしれません。あるいはWebサイトやダウンロード資料の品質などで、有力な商談を落としている可能性もあります。

また、Webマーケティングが活躍できる役割が拡張している点にも注目する必要があります。これまでの旧来型の営業が担ってきた役割と比較を行うと具体的にイメージしやすくなります。営業が行っていた活動に注目すると、「製品の情報提供」や「事例の紹介」などはすでに多くの部分がWebマーケティングにとって代わられています。「デモンストレーション」であれば、Web上の動画やオンラインセミナーなども代替手法として活用されています。「在庫確認」や「見積作成」なども、EコマースやAIによる自動化が活用されています。「トレンド情報の発信」などもメールマガジンなどで代替され、営業担当にはメールマガジンなどでは出回っていない、より希少性の高い情報や自社にとって特別な情報を求めるようになります。営業が担ってきた役割の多くがWebマーケティングに置き換わっていることを見逃してはなりません。

このように訪問しない時代となる前から、顧客の変化は「営業」と「マーケティング」を統合的に考えなければならないことを示唆していました。今ある営業が持っている機能や役割、マーケティングが持っている機能や役割を出し切って、再定義し、Webを活用しながら新しいモデルを目指す、その重要な要を担っているのがWebマーケティングといっても過言ではありません。

図1 購買者はセールスにどの段階でコンタクトをとるのか？

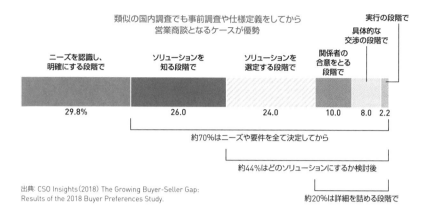

類似の国内調査でも事前調査や仕様定義をしてから
営業商談となるケースが優勢

ニーズを認識し、明確にする段階で	ソリューションを知る段階で	ソリューションを選定する段階で	関係者の合意をとる段階で	具体的な交渉の段階で	実行の段階で
29.8%	26.0	24.0	10.0	8.0	2.2

約70%はニーズや要件を全て決定してから

約44%はどのソリューションにするか検討後

約20%は詳細を詰める段階で

出典: CSO Insights (2018) The Growing Buyer-Seller Gap:
Results of the 2018 Buyer Preferences Study.

図2 従来の営業手法と Web マーケティングによる代替手法

	従来の営業の役割例	代替手法の例
商談創出	ターゲットリストづくり	Webマーケティングやターゲットリスト AI 活用
	アポイントメント獲得	インサイドセールス部門やアポイントメント AI、メールマーケティング活用
個別商談	製品の情報提供	Webサイトや資料ダウンロード
	事例紹介	Webサイトや資料ダウンロード
	デモンストレーション	オンラインセミナーやデモ動画の活用
	価格交渉や見積り	見積りシミュレーションやインサイドセールスによる交渉、AIの活用など
	提案書作成・商談	オンライン商談システムの活用
	在庫確認・納期確認	EDI や EC システムの活用
受注後支援	契約・発注処理	営業支援部門との連携、電子契約の活用
	納品・サポート	カスタマーサクセス部門との連携
顧客関係の維持	トレンド情報の発信	メールマガジンや SNS の活用

 営業"のみ"が活躍できる領域が減ったことで、営業プロセスのどの部分を営業に残し、どの部分をマーケティングや分業化でカバーするか再定義する必要に迫られている。

9 | 3 | マーケティング手法の全体像

　Webマーケティングの発展に合わせて多様な広告やWebサイト活用が実現できるようになってきました。これらのマーケティング手法は顧客化のプロセス（顧客と出会ってから、契約し、優良顧客へとなる過程）から整理することで理解しやすくなります。

　「**潜在顧客**」は検討していないが、ターゲットと基本属性が合致し、将来顧客になる可能性がある顧客です。検討段階に関係なく積極的にリード化を目指します。オフラインでは展示会や大型のリアルイベントなど、オンラインでは自社のオウンドメディアを活用したコンテンツマーケティング、ニュース性の高い情報を使ってプレスリリースや広告から資料ダウンロードを獲得するホワイトペーパーマーケティングなどが挙げられます。

　「**新規顧客**」は潜在顧客の中から、新規商談の可能性がある顧客です。自社が保有する潜在顧客のリストや各メディア、広告媒体から、商談可能性のある顧客を集客し、顕在化させます。メールへのレスポンス、Webサイトへの問い合わせ、コールへの反応、キャンペーンの申し込みなど営業が商談可能な状態を目指します。ここまでのプロセスを「リードを創出する」リードジェネレーションと呼びます。

　リード獲得ができたあとは、リードを育てるリードナーチャリングのフェーズに入ります。「**既存接点顧客**」は、未受注な顧客や営業活動から一定時間が経過したものです。組織体制によりますが、現在商談化していない保有リストからの商談化施策はインサイドセールス部門やマーケティング部門が担うことが多くあります。ここではMAやメール配信を活用しながら、オンライン商談やデモ依頼などより具体性の高い商談化を目指します。獲得できた商談を評価・整理（リードクオリフィケーション）し、営業に引き渡します。ここまでの商談獲得プロセスをデマンドジェネレーションと呼ぶこともあります。

　契約獲得できたあとの「**既存顧客**」では、すでに契約のある顧客から、クロスセルやアップセルを狙ったり、関連部門の紹介を通じて再商談化を目指したりします。組織体制によりますが、サポート部門やカスタマーサクセス部門、場合により営業やマーケティング部門がその役割を担います。サプライ品のリピート購買用のECサイト、ユーザー向けサポートサイト、ユーザーコミュニティの構築などを行います。

　組織体制によっては、各プロセスの顧客に対して明確な担当がない場合もあります。そのため、現在どのプロセスが弱いのか、どこを伸ばすべきかを、自社のモデルを見据えながら整理し、対策を検討していくことが重要です。

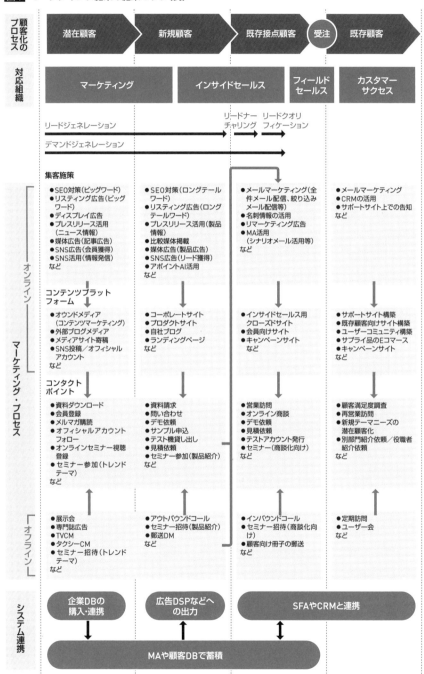

図1 マーケティング施策の施策マップ（例）

顧客化のプロセス

潜在顧客 → 新規顧客 → 既存接点顧客 → 受注 → 既存顧客

対応組織

| マーケティング | インサイドセールス | フィールドセールス | カスタマーサクセス |

リードジェネレーション

リードナーチャリング　リードクオリフィケーション

デマンドジェネレーション

集客施策

潜在顧客
- ●SEO対策（ビッグワード）
- ●リスティング広告（ビッグワード）
- ●ディスプレイ広告
- ●プレスリリース活用（ニュース情報）
- ●媒体広告（記事広告）
- ●SNS広告（会員獲得）
- ●SNS活用（情報発信）
- など

新規顧客
- ●SEO対策（ロングテールワード）
- ●リスティング広告（ロングテールワード）
- ●プレスリリース活用（製品情報）
- ●比較媒体掲載
- ●媒体広告（製品広告）
- ●SNS広告（リード獲得）
- ●アポイントAI活用
- など

既存接点顧客
- ●メールマーケティング（全件メール配信、絞り込みメール配信等）
- ●名刺情報の活用
- ●リマーケティング広告
- ●MA活用（シナリオメール活用等）
- など

既存顧客
- ●メールマーケティング
- ●CRMの活用
- ●サポートサイト上での告知
- など

コンテンツプラットフォーム

潜在顧客
- ●オウンドメディア（コンテンツマーケティング）
- ●外部ブログメディア
- ●メディアサイト寄稿
- ●SNS投稿／オフィシャルアカウント
- など

新規顧客
- ●コーポレートサイト
- ●プロダクトサイト
- ●自社ブログ
- ●ランディングページ
- など

既存接点顧客
- ●インサイドセールス用クローズドサイト
- ●会員向けサイト
- ●キャンペーンサイト
- など

既存顧客
- ●サポートサイト構築
- ●既存顧客向けサイト構築
- ●ユーザーコミュニティ構築
- ●サプライ品のEコマース
- ●キャンペーンサイト
- など

コンタクトポイント

潜在顧客
- ●資料ダウンロード
- ●会員登録
- ●メルマガ購読
- ●オフィシャルアカウントフォロー
- ●オンラインセミナー視聴登録
- ●セミナー参加（トレンドテーマ）
- など

新規顧客
- ●資料請求
- ●問い合わせ
- ●デモ依頼
- ●サンプル申込
- ●テスト機貸し出し
- ●見積依頼
- ●セミナー参加（製品紹介）
- など

既存接点顧客
- ●営業訪問
- ●オンライン商談
- ●デモ依頼
- ●見積依頼
- ●テストアカウント発行
- ●セミナー（商談化向け）
- など

既存顧客
- ●顧客満足度調査
- ●再営業訪問
- ●新規テーマニーズの潜在顧客化
- ●別部門紹介依頼／役職者紹介依頼
- など

オフライン

潜在顧客
- ●展示会
- ●専門誌広告
- ●TVCM
- ●タクシーCM
- ●セミナー招待（トレンドテーマ）
- など

新規顧客
- ●アウトバウンドコール
- ●セミナー招待（製品紹介）
- ●郵送DM
- など

既存接点顧客
- ●インバウンドコール
- ●セミナー招待（商談化向け）
- ●顧客向け冊子の郵送
- など

既存顧客
- ●定期訪問
- ●ユーザー会
- など

システム連携

| 企業DBの購入・連携 | 広告DSPなどへの出力 | SFAやCRMと連携 |

MAや顧客DBで蓄積

197

9 | 4 | マーケティングの目標を再整理する

　法人分野におけるマーケティングの目的は大別して、ブランディングとリード・商談獲得に分けられます。ブランディングが有効に機能していれば、リード・商談獲得にも良い影響を与え、各プロセスで相乗効果が得られます。しかし、足元でしっかりとした営業モデルの確立ができていないとブランド価値を証明する営業活動ができないため、イメージを裏切ることとなり、むしろ逆効果になる可能性もあります。そのため、これから統合的な改善を行う企業では一定のリード・商談獲得の実績を積み上げてからブランディングを行う方が建設的です。

　リード・商談獲得を推進するには2つのアプローチがあります。1つはThe Modelに代表される「**抜本的に営業プロセスの役割分担を見直すアプローチ**」です。マーケティング部門の主な役割は、リードの創出とMQL（Marketing Qualified Lead）の獲得になります。関連部門と合意したMQLを獲得するために、リードをオフライン施策・Webマーケティング・名刺情報のDB化などを通じて創出し、問い合わせや資料ダウンロードなど商談を具体化するための施策を立案・遂行します。先にモデルを描き、それに合わせた組織や役割を定義するという、抜本的な見直しを行いたい場合に欠かせない視点です。

　ただし、表面的にこの仕組みを導入しようとすると、マーケティング部門が量を重視する傾向になり、質の高い商談を志向しづらくなります。また、顧客から見ると検討フェーズが進展するたびに、マーケティング・インサイド・営業・導入担当など担当が変わっていく印象を与えることがあるため、SFA/CRMの各フェーズで得た情報をもれなく共有しておくことが必要となります。

　もう1つのアプローチは「**現状の営業課題を中心に考えた場合のアプローチ**」です。今営業が困っていることを中心に、マーケティング施策で営業課題の解決を目指します。この場合、マーケティングの目標は営業課題によって異なります。営業上の課題がある程度明確な場合や自社にマーケティングの成功実績が乏しく、小さな成功を積み上げて社内の納得度を高めていく必要がある場合もこういったアプローチが向いています。

　ただし、このアプローチの場合、現状の仕組みが尊重されすぎたり、力のある部門の意向が強く反映されたりと、抜本的な改革には向きません。現状の延長線上で考えることで、本当に目指すべきモデルになるのかという疑問を持っておく必要があります。

　いずれの視点にも重要なことは、現状の仕組みをつぶさに分析し、その延長線上に目指すべきモデルがあるかということです。そのモデルは訪問しない時代への適応を意識し、顧客がオンラインで行動し、テレワークで活動していたとしても耐え得る仕組みを目指すことです。

図1 マーケティングの目的

	ブランディング 認知を拡大し、 競合との優位性を知らしめる	リード・商談獲得 営業活動に寄与するための リードや商談を獲得する
主な方針	●企業や製品の認知度を高める ●その企業や製品の優位性を周知する	●製品やサービスへのリードを獲得する ●リードから商談を創出する ●既存顧客や接点のある顧客から、再商談化を行う
主な実施内容	●露出／広告配信面の強化 ●プレスリリースや寄稿などによる中立媒体への掲載 ●認知の質を高めるための情報提供やストーリーテリング	●Webサイトへの流入施策の展開 ●Webサイトでの顧客顕在化施策の展開 ●MAやメールを活用した商談化の推進
プロジェクト期間	中長期的になりがち	短期的な展開も可能で、 単年で結果が出ることもある
成果の測定	認知度調査や認知の質の調査、顧客満足度調査などを活用し、抽象的になりがち	リードや商談の数で一定の評価ができ、具体的に成功可否が判断しやすい

図2 現状課題を中心に考えた時のアプローチ

顧客分類	営業課題	代表的な改善アプローチ
潜在顧客	①潜在顧客にアプローチできていない	ターゲットを製品や事業よりも広く設定し、潜在的な顧客に向けた情報提供サイトを展開する
	②潜在顧客を蓄積できていない	潜在顧客向けサイトにおいて、メルマガ登録や会員登録、SNS登録など再訪問のための情報発信体制を構築する
	③潜在顧客に向けた発信材料がない	社内やパートナーの専門家から情報提供体制を構築する 外部パートナーを開拓し、連続的にコンテンツ発信できる体制を構築する
新規顧客	④新しいリードが不足している	Webサイト改善を通じてWebサイトから顧客を顕在化させる 一定の顕在化率に到達したら、集客方法を多様に展開し、実験する
	⑤有力なリードが得られていない	Webサイト内で商談前に見せるべきコンテンツを経由させる設計にする 魅力的なダウンロード資料などで、有力な商談が反応するポイントを作る
	⑥商談後の成約率が低い	商談の事前情報として獲得すべき必須情報を整理し、MQL／SQL基準を見直す 商談直後のアプローチや営業との連携方法に改善の余地がないか見直す
既存接点顧客	⑦リード情報を組織的に管理できていない	各リード発生タイミングで顧客DBへと連結できるようにデジタルツールを見直す リードを活用するメンバーが無計画に情報発信しないようルールを制定する
	⑧リード情報に定期的にアプローチできていない	MAツール・メール配信ツールを活用し、獲得した情報を活用する登録された顧客にとって有益な情報をコンテンツ化する
	⑨リードからほとんど商談につながらない	商談化に実績のあるキャンペーンやコンテンツ、セミナーを投げかける 反応がない場合、リードが古かったり、質がターゲットと合致していないなど精査する
既存顧客	⑩既存向け営業に手間がかかりすぎている	既存向け営業のプロセスの中で、Webマーケティングで代替できるポイントを明確にする 分業モデルを構築し、営業が本来注力すべき活動に専念できる環境を整備する
	⑪既存顧客に定期的にアプローチできていない	すでに契約や購買がある顧客にとって有益な情報をコンテンツ化する 会員サイト、コミュニティサイト、定期情報配信の仕組みを導入する
	⑫既存顧客から新たな商談が生まれない	商談化に実績のあるキャンペーンやコンテンツ、セミナーを発信する そもそもメールに反応しない顧客もいるためコールやDMなどのアプローチ方法も再検討する

　仮にメールアドレスや名刺情報が3万件あるとしても、マーケティングや営業としてのどのくらいの価値があるかはターゲットとの合致度が重要となります。マーケティングにおけるターゲットを考える時には以下の2つ視点を持ち合わせておくことが重要です。

　ひとつは基本属性を中心としたターゲットで、企業規模・職種・役職・エリアなどがそれにあたります。すでにハウスリストを持っている場合も、該当するターゲットがどの程度含まれているかには常にチェックしておく必要があります。例えば、特殊なターゲットである「歯科医師」を狙う場合は、自社のリストの中に歯科医師が何人いるのかということ、そしてそれが全国の歯科医師10万人超のうちどのくらいのシェアを持っているのかということが重要です。全国の10万人超のうち、すでに8割以上のリストが保有できているのであれば、マーケティング活動の主軸はリストの鮮度維持や新たに歯科医師になる人の囲い込みとなります。あえて極端な例をご紹介しましたが、これは「大企業の情報システム部門」や「中小企業の管理部門の部長」などのターゲットでも同様の考え方が必要です。理論上の獲得し得るリードの数を把握していないと、リストの状況に合わせた作戦の立案はできません。

　もうひとつターゲットを考える上で重要な視点は、顧客の検討段階です。リストの中にも、ある製品の購入を具体的に購入しようとしている人もいれば、しばらく検討する可能性がない人もいます。検討段階は予算を軸に考えると整理しやすくなります。大別すると、予算がとれておらず予算取りの状態（意思決定の上流工程）と予算が一定確保できておりパートナー選定の状態（意思決定の下流工程）に分けられます。当然、これらの状態ごとに顧客の悩みごとは変わっていくので、提供すべきコンテンツやアプローチ方法が変わります。ただし、これはどちらを狙うのがよい、というものではありません。上流工程であれば早い段階で顧客にアプローチできる代わりに、予算が取れずに営業活動が徒労に終わる可能性もあります。下流工程であれば、商談が具体化しやすい代わりに、同様の相談を競合他社に相談している可能性も高まります。自社の特性に合わせたターゲット選定が必要です。

　すでにリード情報を多数獲得できているケースでは、ターゲットの中から自分たちが理想とする状態の顧客を抽出するための企画が重要となります。これからリード情報を獲得するようなケースでは、基本属性が合うターゲットの中でも、更に検討状態が合う人を集中的に狙えるようなプランニングが必要になってきます。

図1 ターゲットの2つの軸と対策方針

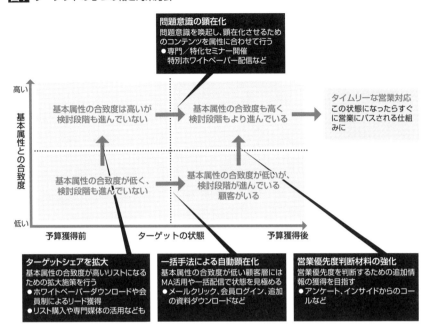

図2 法人の意思決定プロセスからみた顧客の状態

法人の意思決定プロセス	意思決定の段階	商談の傾向	営業の基本方針
社内議論・戦略策定	案件となるまでの上流工程段階	商談期間が長く、不確定要素も多い	一旦、リード情報を獲得し、顧客を育成。戦略策定時期に合わせたコンサルティング提案を行う。
案件定義・基本計画			
業者情報収集・コンタクト	取引先の選定を行う下流工程段階	商談期間は短いが、競合との価格競争になりがち	商品選定場面に数多く遭遇し、選定に残るための営業が必要。 受注ができた後には、次期意思決定プロセスでの上流工程段階からの営業を目指す。
提案評価・業者選定			
社内調整・業者決定			

　Webマーケティングを本格化させようと考える場合、Webサイトの活用は不可欠です。Webサイトの活用を高いレベルで行うためには、基本的に3つのプロセスに分け、それぞれ綿密な計画が必要です。まずは全体的な概略を解説します。

　「**集客**」のプロセスはWebサイトにどのように人を呼ぶかというプロセスです。有償で行う広告やメディアへの掲載を狙うPR、また検索エンジンの上位表示を狙うSEOなどが代表的な手法です。集客対象となるページは、製品サイトやランディングページ、オウンドメディア（自社が保有する専用メディア）ということになります。それぞれの集客特性を見極めながら、組み合わせてプランニングすることが重要となります。

　「**コンテンツプラットフォーム**」は、Webサイトに来た人に理解を深め、営業につなげられるリード獲得に移行するプロセスです。Webサイトのデザインももちろん重要ですが、良質なコンテンツが供給されていることが成功への必須条件となります。このプロセスで製品やソリューションの理解が深まり良いイメージを持たなければ、顧客が問い合わせをしたいと思う候補の中に残れません。そのため、出し惜しみをせずに情報を出す方が、良い結果を生みやすい傾向があります。

　「**コンタクトポイント**」は、問い合わせだけでなく、資料請求などを含めた幅広い手法で再訪問や営業やインサイドがコンタクト可能な状態にするプロセスです。現在もっとも数を稼ぎやすい方法が資料ダウンロードです。ノウハウ資料やホワイトペーパーなどを少ない情報で登録可能とし、問い合わせ状態まで至っていない幅広い人が情報を残すきっかけを設計していきます。

　これらの3つのプロセスはすべて良質であることに越したことはありませんが、現状すべてのプロセス対策を打っているにもかかわらず、期待する成果を上げられていない場合は改善ポイントを明確にする必要があります。BtoBのWebサイトの場合、1つの目安はCV率1%です。コーポレートサイトや製品・サービスのWebサイトではおおよそCV率は0.5〜1%の間に分布する傾向にあり、1%は現実的に目指すことのできる値です。このCV率が低ければ、サイトが顧客を顕在化する力が弱いということになり、集客よりもサイト改善に重点を置く必要があります。逆に、サイトのCV率ばかり追いかけていても、そもそもの流入数が少なければ大きな成果にはつながりません。そこで、一定のCV率をクリアすれば力点は集客に移ります。ただし、関連がない人が流入をすれば必然的にCV率も落ちるため、ターゲティングに気を配りながら集客施策を強化します。目標とするリード獲得数に大幅に不足している状況であれば、双方を改善していく必要があります。

図1 Webマーケティングの基本的なプロセス

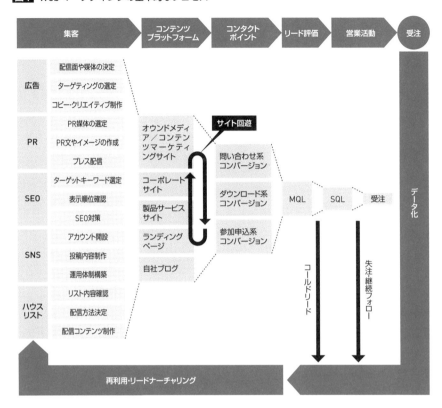

図2 改善方針の目安

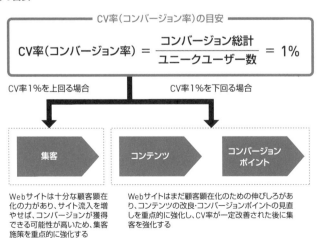

CV率（コンバージョン率）の目安

$$CV率（コンバージョン率） = \frac{コンバージョン総計}{ユニークユーザー数} = 1\%$$

CV率1%を上回る場合

CV率1%を下回る場合

集客

コンテンツ

コンバージョン
ポイント

Webサイトは十分な顧客顕在
化の力があり、サイト流入を増
やせば、コンバージョンが獲得
できる可能性が高いため、集客
施策を重点的に強化する

Webサイトはまだ顧客顕在化のための伸びしろがあ
り、コンテンツの改良・コンバージョンポイントの見直
しを重点的に強化し、CV率が一定改善された後に集
客を強化する

9 | 7 Webマーケティングにおける集客

Webで活用できる集客方法は、常に進化しています。そのため、新しい方法は可能性が高ければ実験し、常に集客手法そのものを見直し続けることが重要です。

Webマーケティングの集客というとSEO対策を意識する人が多いかと思います。ただし、注意していただきたいのは、コンテンツマーケティングによるSEO対策は成功すれば大きなメリットをもたらすものの1位をとれるサイトは1つであり、膨大なコストをかけたとしても競合に負ければ期待するほどの成果を上げられないかもしれない点です。成果が大きい分、ハイリスクである側面があるということです。そのため、他の広告とも組み合わせながら計画していくことが現実的です。

Web広告で注目すべきはターゲティングの進化です。そもそも「人事　システム」などの検索キーワードに対して出稿するキーワード連動型の広告が主でした。その後、サイト訪問経験のある人にだけ、バナー広告を出稿するリマーケティングやリターゲティングといった広告が高い成果を上げてきました。ただし、これらのサイト訪問者をターゲティングする方法はGDPR（General Data Protection Regulation、EU一般データ保護規則）をはじめとする個人情報保護へのルールの厳格化から、Cookieを利用した手法が見直され今後段階的に廃止される見込みです。GDPRとは、欧州連合が個人データの保護強化を目的に制定した規則です。本人が自身の個人データの削除を管理者に要求できるなどルールが厳格で、Webマーケティングにおける個人データの保持にも影響を与えています。

現在は、IPアドレスから狙った企業のアクセスがあった場合に表示するディスプレイ広告や競合のキーワードやサイトを見ている人、それに類似する群衆に広告を出稿する方法など様々なターゲティング手法が確立されています。

また、配信面においても、FacebookなどのSNSやLinkedin、Eightなどのビジネスに特化したSNSへの広告も登場しています。更にはタクシーCMなども活用が広がっており、今後様々なデジタルサイネージなど、対企業に適した空間を指定できる可能性も広がっています。配信する広告物も、テキスト広告からバナー広告、動画広告へと変遷しており、活用する広告に応じたクリエイティブが準備できる体制構築も重要です。

更に、広告以外にもニュース性の高い情報をプレスリリースとして配信し、サイト訪問者を獲得する方法も定着してきました。プレスリリース配信サイトを活用し、そこから新聞、専門メディアなどへの掲載を狙います。

多様な集客方法が広がる中、訪問しない時代への対応を考えると、広告の実施方法にも工夫が必要です。情報収集を行う人は必ずしも会社からアクセスするわけではなくなり、自分のスマートフォンを活用する人も増えます。すると、スマートフォンを前

204　CHAPTER 9：マーケティング

図1 集客手法の整理

カテゴリ	手法名	概要	配信面	主なターゲティング方法
広告	検索連動型広告／リスティング広告	Google、Yahoo! といった検索エンジンにおいて、指定したキーワードが検索された時に出稿される広告	Google、Yahoo! およびその提携の検索サイト	検索キーワード[*1]
	ディスプレイ広告	各社が提携するディスプレイ広告ネットワークにバナー広告等を出稿する広告	各社が提携するディスプレイ広告ネットワーク	ページの内容や過去の検索動向等
	リマーケティング広告／リターゲティング広告	自社サイトでリマーケティング用のタグを設置したページに訪問経験のある人にのみ出稿する広告	各社が提携するディスプレイ広告ネットワーク	サイト訪問者の訪問履歴や訪問回数
	SNS広告	各 SNS の表示画面やメッセージに挿入される広告	各 SNS の表示画面やメッセージ	登録時の年齢やエリア、職種や役職、フォローしているアカウントなど
	Youtube広告	Youtubeの動画内や検索時の表示に出稿される広告	Youtubeの動画内や検索結果画面等	動画のテーマや指定したチャンネルなど
	業界誌・業界媒体サイト広告	各業界誌の Web サイト上や記事として出稿される広告	各業界誌の Web サイト	各業界誌で持つ属性情報[*2]
	業界誌・業界媒体メルマガ広告	各業界誌が会員向けに配信するメルマガに出稿される広告	各業界誌のメールマガジン	各業界誌で持つ属性情報[*2]
	タクシーCM	タクシー内のデジタルサイネージに配信される広告	タクシー内のデジタルサイネージ	年齢層や時間帯など
PR	ネットプレスリリース	プレスリリースとしてサイト掲載し、ニュース性のあるテーマを探している会員に情報配信を行う	各プレスサイト・提携サイトやそれぞれの保有会員	メディアやメディアのテーマなど
	動画プレスリリース	プレスリリースとしてサイト掲載し、ニュース性のあるテーマを探している会員に情報配信を行う	各プレスサイト・提携サイトやそれぞれの保有会員	メディアやメディアのテーマなど
	業界誌への寄稿	各業界誌に記事を提供し、誌面掲載を行う	各業界誌の Web サイトや誌面	各業界誌の読者全般
	外部ブログ	外部のブログメディアで記事掲載・発信を行う	ブログメディアの訪問者	ブログメディア読者全般
SEO	SEO対策	検索エンジンに好まれるWeb サイトを展開し、自然検索での上位表示を狙う	Google を中心とした検索サイト	上位表示されたキーワードで有効[*1]
SNS	SNS活用	Facebook や Twitter といった SNS 内で公式アカウントを持ち、運用する	各 SNS の表示画面やメッセージ	フォロワーになったユーザー
ハウスリスト	自社リスト	自社が持つリストにメールマガジンや郵送のダイレクトメールなどを配信し、反響を獲得する	自社リスト	自社で保有する属性情報によるセグメント
	グループ会社リスト	グループ会社が持つリストに対して、メール配信等を行う	グループ会社リスト	グループ会社で保有する属性情報にセグメント
	パートナー企業リスト	競合パートナーや代理店などが持つリストに共催セミナーなど共通の話題についてメール配信等を依頼する	各パートナーのリスト	各パートナーで保有する属性情報にセグメント

＊1：検索需要が多く意味が広いビッグワードを狙うか、検索需要が少ないが限定的な意味のロングテールワードを狙うかでもターゲティングが変わる。
＊2：記事広告／タイアップ広告として幅広い人が関心のあるテーマを設定するか、製品・サービスを直接訴求するかでターゲティングが変わる。

提とした広告や動画を積極的に活用した広告など、これまで多くの BtoB 企業が主戦場としてこなかった広告にも活用の幅が広がることを念頭に置く必要があります。

Webマーケティングのコンテンツ

　コンテンツの企画において誤解が多い点は、膨大なコンテンツ量を常に更新し続けなければならないと思われている点です。SEOで上位を目指すコンテンツマーケティングにおいては、コンテンツの量と質、スピード感は非常に重要になりますが、通常の製品やサービスの良さを訴求するサイトでは、必ずしも更新性や膨大なコンテンツ量が必要なわけではありません。ターゲットとする顧客が、検討に十分となる（問い合わせようと決断できる）コンテンツの量と質が1つのゴールです。

　通常、マーケティング部門に製品やサービスが下りてくるころには、製品の仕様やサービスの内容は変えられません。そのため製品やサービスがそもそも持っている機能を掲載しているだけでは、スペックを並べる以上の訴求はできません。切り口を製品・サービスそのものではなく、その製品がどのように活用され、製品の枠を超えたメリットを出し、どれだけのお客様に支持されているかという情報を提供していく必要があります。また、お客様の事例や名前を出せない製品や事業の場合、データによるエビデンスを強化し、周辺のノウハウを提供し、その製品・サービスがどれだけ有用であるかの情報を展開していきます。まとめると、重要になるのは「事例」「実績」「人物」「データ」「ノウハウ」、またそれらの掛け合わせとなります。

　コンテンツにおいて最も難しいのが、コンテンツの連続性の設計です。Webサイトを見て満足し、問い合わせや資料ダウンロードをしたお客様に対して、その期待感を損なわずに、いかに次のステップにつなげていくかを具体的に設計していく必要があります。例えば、価格表の大まかなものはWebサイトで公開し、価格表詳細はダウンロードで提供。その後、企業ごとの状況に合わせた見積りの案内がインサイドセールスを通じて展開するなどの流れです。あるいは、事例は誰もが知っている会社の事例・ロゴが掲載されており、詳細の成功のコツ事例は成功事例集としてダウンロード。その後、フィールドセールスがその企業の悩みや規模に応じた事例を具体的に説明するといった連続性のある設計です。コンテンツの連続性がWebサイトを越えて営業にコンタクトを取りたいと思うトリガーになります。

　そのため、Webサイトで公開するもの、ホワイトペーパーとして情報登録後に獲得できるもの、その後インサイドセールスからしか情報提供されないもの、営業商談時に初めてもらえる情報など営業プロセスごとに情報が深くなっていく設計が肝心です。これらはインサイドセールスやフィールドセールスと連携することを前提とし、どのフェーズにキラーコンテンツを持たすことが営業プロセス全体としてよいのか、総合的な視点が欠かせません。

図1　コンテンツ展開例

事例	顧客事例	顧客のロゴを掲載し、企業との取引そのものをアピールする
	社名伏せ事例	顧客名を伏せる代わりに改善前後のデータなどをアピールする
	ロゴのみ事例	各社のロゴのみを一覧掲載し実績としてアピールする
	社内事例	社内で実際に実践した内容の詳細をレポーティングする
	ケーススタディ	よくあるケースになぞらえて、商品サービスの活用パターンをアピールをする
実績	外部評価	外部団体からの受賞・表彰・取材歴などをアピールする
	実績一覧	実績を一覧にし、多くの案件を実行している点をアピールする
	実績数値化	実績総数や内訳を数値化し、コンパクトなメッセージやグラフなどで伝える
人物	技術者紹介	技術者にフォーカスをしてこだわりや技術レベルの高さをアピールする
	コンサルタント・営業紹介	コンサルタントや実際に訪問をする営業を紹介し、顔を売る
	ビジネスブログ	ブログ形式で社内のスペシャリストが業界のニュースや専門知識の解説などを行う
	社長メッセージ	社長からのメッセージ発信する動画で配信されるケースも
データ	マーケティングリサーチ	商品開発時などに実施したマーケティングリサーチの一部を公開する
	ネットリサーチ	特定の業界に関連するリサーチを自らとり、ホワイトペーパーとして公開する
	実地型リサーチ	顧客満足度調査、顧客への販売実績など自分たちで集計したデータを公開する
ノウハウ	方法論	商品情報ではなく、商品の提供方法など自社で培った方法論を公開する
	オンラインセミナー	実際のセミナーを撮影したり、オンライン特別のセミナーを録画・公開する
	技術紹介	専門技術について解説を行ったり、独自技術の紹介を行う
	用語解説	難解な用語や業界専門用語を解説し、特化した業界への強さをアピールする
	よくある質問	質問をたくさん掲載することで、顧客フォローの経験値をアピールする
	小冊子公開	ノウハウを小冊子としてまとめ公開する

9 | 9 | Webマーケティングの コンタクトポイント

　ここでは問い合わせやリード獲得につながる窓口を総称して「**コンタクトポイント**」と表現しています。マーケティングの目標となる成果は徐々に「問い合わせ」から「問い合わせ前段階の状態」へと移行しており、将来にわたってコンタクトをとることが可能になる状態を目指すことが重要です。

　問い合わせが起こるのは、かなりその商品への購買や意向が顕在化された段階です。実際に数字で見ても、サイト閲覧後にとる行動率で問い合わせは5番目の優先度となっています。最も多いアクションはダウンロードであり、次にサイトのブックマークなど再訪問するためのアクションとなります。そのため、幅広い検討段階の人をつかむためには資料ダウンロードや会員登録といった浅い検討段階でもできるコンタクトポイントが必須になります。また、問い合わせはどんな検討段階の人でも各検討段階に合わせた窓口があること、つまり問い合わせのラインナップを整備し、問い合わせフォームだけでは捉えられない顧客を顕在化させるという視点が重要です。

　更に、ある程度Webマーケティングが進むとフォームのコンバージョン率を高めるための施策を検討することになります。特にフォームは改善効果がダイレクトにリード獲得数に影響するため、重要な改善ポイントです。よくある改善方法としては、極限まで設問を省き、気軽に問い合わせや登録を可能にしようとする方法です。しかし、設問が減ると、営業やインサイドセールスがコンタクトを取る際のヒントとなる情報が少なく、次のプロセスがやりづらくなります。厳密にMQLやSQLのルールを設定している企業では、その要件をクリアできないかもしれません。そこで重要になるのが事前の期待値を高めるという考え方です。例えば資料ダウンロードの促進であれば、フォームの設問を減らすのではなく、事前のページでのアピールに焦点を当てます。資料をビジュアル化し、目次を掲載、読んだ人のおすすめの声や具体的な事例、中身の一部が読める等資料への期待感を高めます。設問を減らさずとも、回答が獲得できる状態を目指す必要があります。

　また、フォーム回答後の対策も盲点になりやすい対策項目です。飛んでくる自動返信メールの中身の精査や最適化、サンクスページでの最新セミナー情報や関連サービスの掲載等、リード獲得後に優良なリードであり続けるための工夫も欠かせません。一定の成果が出せる法則を自社なりに導ければ、MAでのシナリオ化を行い、良質な対応の自動化を目指します。

図1 BtoB サイトでの行動率

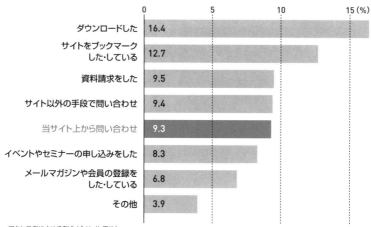

アクセス者に占める割合（全サイト平均）
出典：『BtoBサイト調査2020』（2020年4月実施／トライベック株式会社　トライベック・ブランド戦略研究所）

図2 コンタクトポイントの例

ダウンロード系		
総合カタログ	総合カタログを郵送やデータで提供する
パンフレット	個別商品のパンフレットを郵送やデータで提供する
営業提案書	定型の提案書をダウンロードできるようにする
小冊子提供	特別なテーマにしぼった小冊子を提供する
仕様例・構成例	サーバーやシステムの会社規模に合わせた仕様や構成の例を提供する
実務用資料	FAX送信状や法務関連の基本表記などよく使う実務関連資料を提供する
分析データ	開発段階での実験データやアプリケーションデータなどを提供する
パートナー向け資料	パートナーになるための資料を提供する
開発者支援ツール・データ	自社製品を使う開発者に向けてツールやデータを提供する
提案支援ツール・データ	販売支援をしている会社に向け、提案に必要なツールやデータを提供する
簡易診断	フォームから必要項目を入力するだけの簡単なビジネス診断を行う

問い合わせ系		
資料請求	資料の請求を受け付ける
相談会	無料相談会や法務相談など専門性の高い相談を個別で受け付ける
デモ依頼	商品やサービスのデモンストレーションの依頼を受け付ける
見積依頼	見積もりに必要な情報をもらい、見積もり依頼を受け付ける
テスト機貸し出し	テスト機の貸し出しを受け付ける
サンプル・試用	商品のサンプルを提供したり、サービスのお試しを受け付ける
問い合わせ	あらゆる問い合わせを受け付ける

参加申込系		
セミナー申し込み	セミナーへの参加を受け付ける
デモ会	ショールームなど来場を前提としたデモを受け付ける
視察申し込み	オフィスや工場などの視察を受け付ける
メルマガ登録	メールマガジンへの登録を受け付ける
会員登録	会員サイトへの登録を受け付ける

Webマーケティングの改善を行うためには、集客からコンバージョンまでの各ステップに切り分けで分析する方法が有効です。まずは、それぞれ大きなブロックでボトルネックとなっている数字を捉え、改善ポイントを探ります。

どの KPI もマーケティングの成功可否を測る上で重要ですが、ここでは特に重要な KPI について解説します。

「**広告の配信量**」は、最も大きな入り口となる指標です。インプレッションなどとも表現されます。ターゲットを過度に広く捉えれば、そのあとのクリック率やコンバージョン率が悪くなり、サイト全体として成果が落ちたような数値になるため注意が必要です。特に BtoB の場合、企業規模や業種が合っていたとしても、部門が合致しないだけで成果が出ない場合もあります。配信面とターゲットは合致度が高いか、常にチェックしておく必要があります。

「**サイトの直帰率**」の分析も欠かせません。直帰率はサイトに訪問したユーザーが次のページに遷移せずに直帰した率を表しており、通常ページであれば50〜60％程度が目安です。記事ページであれば、その記事だけ読んで満足する人も多いため80〜90％になります。サイトに来た人の滞在してくれる率が高ければ、サイトを回遊し、コンバージョンポイントまで到達する人も多くなるため、まずは入り口となる直帰率の改善は重要です。

「**フォーム遷移率**」では、各フォームに到達してからのフォーム入力が完了し、コンバージョンとなった率を見ます。一般的に、通常のフォームの遷移は30％前後になることが多く、フォームの期待値（そのフォームに至る前に資料ダウンロードや問い合わせメリットをプレゼンテーションして期待させる）がうまくコントロールできていると数値も上がっていきます。

リード化が進むと、その中で有効なリードがどのくらいあるかという有効「**リード率**」や「**商談率**」も重要となります。改善を試みる際は、実際に有効なリードになったユーザーの閲覧履歴を分析し、同様の経路を再現するような対策を検討します。

本来はどの広告から来た人が、どんな経路をたどり、いつ受注したのかを正確に分析できればベストですが、営業が介在する営業プロセスの場合、広告閲覧から受注まで数ヶ月／数年以上に及ぶタイムラグがあり、更にシステム間でデータを正確に統合する必要があるため一筋縄ではいきません。まずは、ステップを細かく分析し、改善と検証を繰り返すことで最終的な成果へのインパクトが大きいものを探っていくことが現実的です。

マーケティングと営業の分業体制を動かしていくには、大元となるリード情報が必

図1 Web マーケティングの KPI と改善項目の例

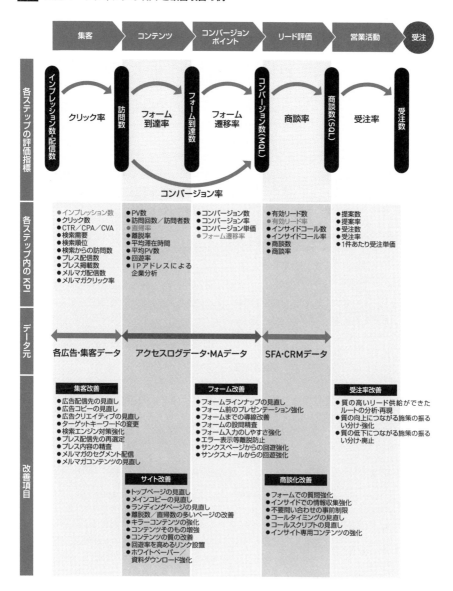

要量供給されることが前提となります。訪問がしづらい時代では、オフライン施策からリード獲得が困難となり、Webに求められるリード数が大幅に増えた企業も多いと思います。リードを増やすといった時に、安直に広告を増やすのではなく、全体を数値で捉え、焦点を絞った対策を心がけていただければと思います。

①SEO

Search Engine Optimization（検索エンジン最適化）の略。SEOとは、検索エンジンに適切に評価されるためにWebサイト／ページの内部対策・外部対策等を最適化すること。SEOを通じて検索の上位表示を狙い、自然検索からの流入増加を目指す。検索エンジンは検索を行うユーザーにとってよりよい検索結果が出力されることを目指しており、検索エンジンが推奨しない方法で上位表示を狙うことは検索エンジンスパムとして扱われ、ペナルティを受けることもある。

②コンテンツマーケティング

コンテンツマーケティングとは、コンテンツの発信を通じて顧客を育成するマーケティング活動。特に集客を目的する場合、コンテンツサイトに多数の有益な記事情報や画像・動画情報を発信することで、その分野・テーマに関心のある顧客の獲得を目指す。また、顧客の育成段階により有用なコンテンツは異なることから、集客段階だけでなくインサイドセールスからの情報発信なども含め、コンテンツを活用したマーケティング活動を総合的にコンテンツマーケティングと呼ぶこともある。

③リードジェネレーション

リードジェネレーションとは、商談や見込み顧客の種となるリードをオフライン／オンライン問わず様々な施策を用いて獲得する一連の活動。

④リードナーチャリング

リードナーチャリングとは、商談や見込み顧客の種となるリードを育成し、営業が有効に活動できる状態へと押し上げるための一連の活動。メール配信やセミナー開催などを通じてニーズの顕在化を捉え、案件化の可能性が高い状態へと育成する。

⑤リードクオリフィケーション

リードクオリフィケーションとは、獲得したリードから、購買や商談化の可能性が高い顧客を選別し、整理すること。実務上はリードが持つ基本的なスコア（企業規模や業種の合致度）に行動のスコア（サイト訪問やメール反応）を合算するスコアリングなどを通じて、リードに優先度を付与する。

⑥デマンドジェネレーション

デマンドジェネレーションとは、案件化の可能性の高い顧客を営業へとつなげる一連の活動。一般的に、リードを生み出すリードジェネレーション、獲得したリードを育てるリードナーチャリング、育成されたリードを選別・整理をするリードクオリフィケーションの3つのステップで達成される。

⑦直帰率／離脱率

直帰率は、Webサイトへ訪問して次のページを見ずにすぐに帰ってしまったユーザーの割合。離脱率は、Webサイトの各ページを閲覧・回遊し、それ以上の行動を起こさずに離脱してしまったユーザーの割合。各ページの善し悪しを測るうえで参考にされる。

⑧コンバージョン率（CV率）

コンバージョン（CV）とはユーザーが成果に到達したことを指す用語。成果は各サイトやマーケティングフェーズで様々であり、メールアドレス獲得であることもあれば問い合わせ完了であることもある。訪問者数や訪問回数に対してコンバージョンが発生した率がコンバージョン率（CV率）であり、サイトが顧客を顕在化させるのにどのくらいの力があるのか測る指標になっている。

Chapter

10

統合戦略に向けたロードマップ

これまでの章で提供された各ノウハウを参考にしながら、営業とマーケティングの統合戦略を立案・推進するためのロードマップを解説します。自社の課題を実務的に振り返りやすいようにチェックポイントとして整理をしました。重点的に対策を打つポイントを明確にし、ぜひ統合戦略を実現するための足掛かりにしていただければと思います。

Writer：渥美 英紀

　営業とマーケティングの総合的な見直しには、現状を振り返りながらも、オンライン営業が当たり前になるという変化を捉え、次の新しいモデルを目指すことが必要です。この「新しいモデル」を検討する際には単なる変化への対応や、単なる営業プロセスの変化ではなく、データを統合的に分析し、効果的にフィードバックし、将来的にデータを徹底的に活用できる土台を作り上げていくことが重要となります。

　統合的な見直しに向けたロードマップは **図1** の手順が参考になります。まず①「**戦略の見直し**」として、市場や顧客そのものからの見直しを行います。次に、「仕組みの見直し」として、②「**営業プロセスの在り方、それを実現する組織の役割分担**」を行い、新しい営業プロセスを実現するための③「**システムの構築・改修**」を検討します。

　更に、新しい仕組みに合わせて、各実行計画を見直します。④「**商談化までのプロセス**」では、リードを生み出す仕組みや、現在保有しているリードを活用する方法を見直して商談化を目指します。インサイドセールスを介在させる営業プロセスを採用する場合は、商談の種をマーケティングとインサイドセールスで連携して作り、商談レベルまで顕在化させます。⑤「**受注化のプロセス**」ではブラックボックス型の営業を避け、標準化された商談プロセスを推進し、⑥「**受注後**」は一貫してカスタマーサクセスが顧客のビジネスゴールを目指す形へと進化させます。オンライン商談が当たり前となる変化を捉えながら、具体的な実行計画へと落とし込んでいきます。

　計画が大きなものになれば、当然プロジェクト推進の難易度が上がります。大きな変化を生み出すには、⑦「**推進体制**」も同時に見直すことが欠かせません。マーケティングや営業の推進体制、推進に必要な人材やスキルの確保、それらを横断的に活動できる体制を構築します。短期的にはプロジェクトチームを結成するなど、実行が根付くまでの体制を検討します。

　最後に、⑧「**統合的に検証がしやすい仕組み**」を構築し、モニタリングするKPIを決め、定期的に改善するプロセスを固めていきます。ロードマップを全体として、一連の流れで見直しを行うことで、全体像を見据えながら、部分最適にならない計画を立案することができます。この検証/改善プロセスはすでに一定の検証データをもっている会社では、「仕組みの見直し」と同時に検討したほうがより洗練された計画ができます。

　ポイントは新しい仕組みを目指す大方針がハードランディングかソフトランディングかということです。ハードランディングするならば、強力なリーダーシップと全社的な危機感の醸成が不可欠です。ソフトランディングを目指すならば、改善可能性のインパクトが大きいものに改善計画を絞り込み、効果検証を積み上げながら、見直しの領域を広げていく段階的な計画が必要となります。

図1 新しい時代に向けた営業 × マーケティングの見直しロードマップ

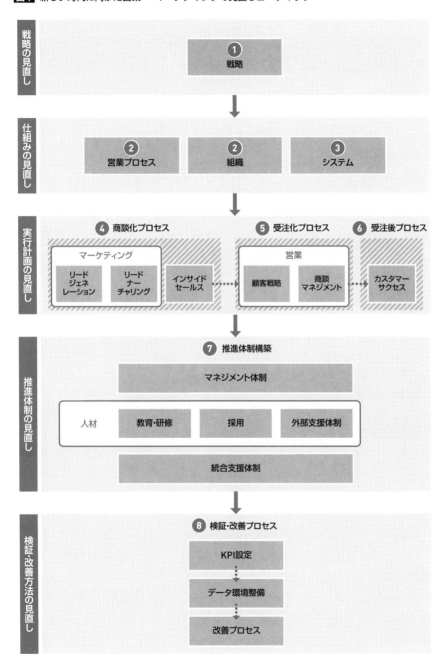

　ここからはロードマップに従い、実務的な重要ポイントをチェックリスト形式で振り返ります。

　戦略の見直しでは、コロナ禍において3Cの領域に大きな変化が起こり、顧客や自社、市場も変化していることが大きな潮流です。活況となる市場もあれば、不調な市場もあります。顧客のチャレンジが積極化する部分もあれば、新しい取り組みに慎重になる部分もあります。これら自社を取り巻く新しい環境下でのベースとなる戦略の見直しを行います。

　この振り返りに有効な図が2-1の「法人営業マネジメントの概念図」です。「戦略」「市場」「顧客」「商談」「活動」の5つの観点から大局的にチェックします。「戦略」の視点では、外部環境・内部環境の分析を経て、重点施策の内容や優先度を見直します。「市場」の再評価を行い、ターゲットとする顧客に見直しの必要がないか検討します。また、外部環境の変化に対応するため、主力の製品やサービスは市場への適合性に問題ないか？新しい切り口や売り方の検討はできないか？など新たな可能性の検討も行います。

　「顧客」の切り口では、特に重点顧客の変化がないかを見直します。もし、もともと設定していた重点顧客の業績が思わしくなければ、重点顧客そのものを見直さなければならないかもしれません。また、重点顧客の中で新たなホワイトエリアができていないかという視点も重要です。「商談」の視点では、マーケティングと営業の活動として、商談創出の仕組みがうまく機能しているかも振り返る必要があります。オフラインからオンラインへの変化が急速であり、Webマーケティングの活用やオンライン商談に対応できているかをチェックします。また見込み度合いが浅い段階から商談化を目指すインサイド型の商談創出の機能ができているかもチェックします。「活動」の視点では、創出された商談に的確な進捗があるか。進捗させるための標準化や案件マネジメントの体制が構築できているかを見直します。これら大局的な戦略を振り返り、見直しポイントを明確にしていきます。

　もうひとつの参考図は1-7の「戦略の全対象とBSC」です。BSCなどのフレームワークを使って営業戦略自体を可視化する取り組みを行います。見直された全体の戦略を図式化、数値化し、多くのメンバーに理解をしやすくします。

　ただし、1章でも指摘がなされている通り戦略は作るだけでは実行されません。戦略は、正しく理解され、納得しなければ行動に変わりません。戦略が実際に行動として浸透するまでに、理解しやすい情報発信や自己決定を促進するコミュニケーションなどさまざまな工夫を通じて戦略が体現されていきます。戦略が実際に行動に変わるまでを念頭において作戦を練ることが重要です。

**押さえるべき
環境の変化**

- コロナ禍におけるお客様の環境変化
- オンラインを中心としたコミュニケーションへの変化
- 市場環境における自社のポジショニングの変化
（営業においても、マーケティングにおいても）

**見直し
チェック項目**

- [ ] 現在の営業戦略において重点施策の優先度に変化はないか？
- [ ] 主力の製品やサービスの市場への適合性に問題はないか？
- [ ] ターゲットとする顧客、特に重点顧客に見直しの必要がないか？
- [ ] 重点顧客の内部に新たなホワイトエリアができていないか？
- [ ] Webマーケティングを中心としたオンラインマーケティングが活用できているか？
- [ ] インサイド型の見込み顧客を創出する仕組みが確立されているか？
- [ ] 営業の標準化やマネジメント体制ができているか？
- [ ] オンライン営業の環境に合わせ新しい切り口や売り方の可能性はないか？
- [ ] 営業とマーケティングを横断した戦略となっているか？
- [ ] 戦略が多くのメンバーに理解されるまで計画できているか？

**見直しの
ポイント**

戦略は作るだけでは実行されない。
理解され、浸透することまでを見越して、
準備をしなければならない。

現状の営業プロセスや組織の弱点をしっかりと理解し、見直しを行います。営業プロセスや組織を見直す上では、そのモデルが新たな戦略に基づき中長期的に成長できるモデルになっているかという視点が重要です。まずは、ベンチマークとしてThe Modelに代表される4つのプロセスに照らし合わせて見直すと網羅的な計画になります。

この振り返りに有効な図が1-3の「**セールスイネーブルメントの本来的意味**」です。組織としての定義をする前に、まずプレイヤーとして必要な役割を見直します。「マーケティング」ではリードの創出／MQLの創出が有効に機能しているか見直します。マーケティングの機能が変化に対応できていない場合は組織再編を含めた抜本的な見直しを検討します。特にデジタルマーケティングへの変化への対応は、求められる資質やノウハウもこれまでのものと大きく変わってくる可能性があります。そのため、現在のやり方や組織に対してどのくらい期待ができるのかは冷静に判断しなければなりません。

また、「インサイドセールス」の役割では、リードを精査し優先度をつけ、検討段階が未熟なものはSQLへの押し上げる機能があるかを検討します。現在行っている手法があれば、十分な成果を上げているかを検証していきます。ここまでのマーケティング・インサイドセールスで供給される案件が潤沢でないと、そのあとのプロセスも順調に遷移しません。

次に「フィールドセールス」の役割では、オンライン営業が当たり前となる環境で、案件を受注に導くための準備が問われます。フィールドセールスが過度に広範囲の役割を担っているのであれば、他の組織と行動範囲の再配分を行い、効率的に活動ができる仕組みを目指します。

「カスタマーサクセス」の役割では、受注だけをゴールとせず、契約後の顧客を成功に導く機能があるかを見直します。営業が受注後の案件や既存顧客にかかりっきりになっているケースもあります。あるべき営業成果からみたときに、活動レベルでの役割分担を検討し、効果的な組織体制を検討します。それぞれの企業でさまざまな組織名称があると思いますが、これらの4つの機能がまず充足できているかを確かめていきます。

更に、5章冒頭の「**成長企業が注目するメソッド「The Model」とは**」を参考に具体的にどのような数字の受け渡しを行い、分業体制を構築するのかを検討します。5章でも指摘がある通り、分業化はプロセスの明確化や、ノウハウ蓄積による専門性の強化などのメリットをもたらします。一方、分業で懸念されるのは、組織的な分断や統合的な

2　営業プロセス・組織の見直し項目

押さえるべき 環境の変化	● 訪問を中心とした営業から訪問しない営業への転換 ● 見えなくなるデータと見やすくなるデータが鮮明に分かれる ● 合理的な分業組織体制が主流に

見直し チェック項目	☐ 現状の営業プロセスが、中長期的に存続できるモデルになっているか？
	☐ The Model 型の営業・マーケティングの分業モデルに当てはめたとき、弱点となっているポイントはないか？
	☐ 過度に発言力が強い部門があり、その部門だけがやりやすい仕組みになっていないか？
	☐ マーケティングは営業にとって有効に機能しているか？
	☐ インサイドセールスに代表される商談の前裁きの活動が有効に機能しているか？
	☐ フィールドセールスの守備範囲は明確か？
	☐ カスタマーサクセスに代表される受注後の活動が有効に機能しているか？
	☐ マーケティングと営業に共有するMQL／SQL基準はあるか？
	☐ マーケティングと営業に適切な協力関係があるか？
	☐ 統合的なデータに基づき、改善活動や支援活動をする仕組みがあるか？

見直しの ポイント	As IsよりもTo Beを目指す。 The Modelに代表される自社の営業×マーケティングの あるべきモデルを明確化する。

視点の欠落です。そこで横断的支援を行うセールスイネーブルメントやそれぞれの組織を動かすマネジャーの役割は大きいといえます。また、これら横断的な活動の根拠となる、SFAやCRMなどのシステムによる正確な情報把握も欠かせません。いずれにしても表面的な営業プロセス改善や組織の分割では、かえって軋轢を増やすだけになりかねません。戦略に基づき、自社にとって中長期的に成長できるモデル化への進化を目指します。

　営業とマーケティングのほとんどのプロセスがシステム化される傾向にあり、あらゆるデータが取得しやすくなってきました。今後更にデータ活用の可能性が広がっていくことを念頭に置くと、システムの活用や浸透はほぼ必須となったと言って過言ではないでしょう。

　システムの見直しにあたって、まずはシステムのカバー領域と、その浸透度合いを測ります。システム化の範囲については、5-1の「**SFAは企業の基幹システムへ**」が参考になります。需要と供給のそれぞれの接点から、自社がカバーできているシステムの範囲を確認します。もし、すべてのプロセスをシステム化するということが難しい場合は、コアとなるシステムから徐々に拡張することが現実的です。システム活用のメリットの実証を積み重ね、組織・メンバーへの浸透をはかりながら段階的にシステム化を進めていきます。

　更に、それらシステムの浸透度合いを測ります。浸透度合いを測るには、データ登録数や保持データ数が活用度合いの参考になります。システムへのログイン状況、ログインメンバーなどからも実際の活動にどの程度活用されているか推察ができます。活用・浸透度合いが思わしくないシステムはシステム自体のリプレイスや、活用の在り方の見直しなどの新たなプランニングが必要になります。

　システムの導入やシステムの活用度合いを大幅に上げたい場合にはシステム導入・活用プロジェクトを新たに組むことが理想的です。プロジェクトチームでは、システムの導入を目標にするのではなく、どのようにシステムを活用・浸透させるのかという運用後のイメージまでを明確にして目標設定する必要があります。これらプロジェクトチーム体制について参考になる図は、5-4の「**活用推進チームの体制と役割の明確化**」です。システム連携なども念頭に置くと活用範囲は広範囲にわたることから、横断的なチームが必要です。

　更に、システム化がある程度進んでくると、膨大なデータの量をどのように保持するか、またそれらシステム連携をどのように行うか、そして連携したデータが流通しやすいように形式や精度をどのようにそろえるかという課題が出てきます。IT部門や外部支援企業なども巻き込みながら、理想とするシステム活用状態を目指していきます。

　システム活用のポイントは、最終的に各システム利用ユーザーがベネフィットを感じられることです。特にSFAなどのシステムは、はじめは強制力で全員が情報入力をしたとしても、負担感だけがある状態では長く続きません。また、MAなどのシステムも単に自動化ツールとして活用しても管理者が楽になるだけで、肝心の顧客がメリットを感じられなくなる可能性もあります。

押さえるべき 外部環境の変化	
	● 営業・マーケティングを取り巻く多様なデータ取得が可能に
	● データのシームレスな連携と、それらを活用しやすい環境へ
	● AIの活用に向けた実証実験や準備が活発化

見直し チェック項目	
☐	営業・マーケティングの基本的なシステム基盤の整備ができているか?
☐	SFAの整備・有効活用ができているか?
☐	MAの整備・有効活用ができているか?
☐	CRMの整備・有効活用ができているか?
☐	システム間の連携ができ、顧客に紐づく統合的な分析ができるか?
☐	名寄せ・クレンジングなどを通じてデータベースを高い精度で活用できる土台ができているか?
☐	膨大なデータ量に対応できるデータ基盤があるか?
☐	システムの活用度合いがリアルタイムで把握できているか?
☐	システムの活用度合いを把握し、適切な対処ができているか?
☐	システムが全体として浸透し、全社的に活用する文化ができているか?

見直しの ポイント	システムの活用を義務で成り立たせるのではなく、 ベネフィットで実証する。 将来的にデータやAIと協働する土台を作り上げる。

　営業とマーケティングのシステム化が広範囲化することで、SFAやMAは顧客を知るための重要なインフラになっています。今後、益々多様なデータが蓄積されるようになることが予想されます。AIや自動化を積極的に味方にし、売り方そのものが企業の強みとなる将来を描けるようにシステムの整備を進めることが重要です。

　商談化プロセスが上手くいっている会社では、リードの供給が潤沢であり、増やしたいときに案件を増やせる操縦性があります。コンテンツマーケティングでリード獲得が上手くいっている会社などでは、潤沢なリストにダウンロードコンテンツやオンラインセミナーを配信することで、案件の創出が計画的にできます。逆に、商談化プロセスで、会場型のセミナーやアウトバウンドコールなどのオフライン施策を中心に展開をしてきた会社は、大きな転換を迫られています。

　デジタルマーケティングへの転換へは、まずはハウスリストの状態をしっかりと見直すことが必要です。ハウスリストがあるとしても、住所や電話番号だけでは結局オフライン施策しかできません。メールアドレス化や会員化が十分にできていて、はじめてデジタルマーケティングに移行できます。そのため、ハウスリストがオフラインデータ中心であれば、それらをデジタル化する施策が必要になります。一方保有しているリストそのものが乏しい場合は、リストの増強から計画を練らなければなりません。

　リストを潤沢にするためには、Webマーケティングの活用が有効です。このWebマーケティングの見直しについて参考になる図は、9-6の「**Webマーケティングの基本的なプロセス**」です。集客方法、提供するコンテンツ、落としどころとなるコンバージョンポイントを適切に設計することで、MQLを獲得することを目指します。ただし、ターゲットによってはWebだけに頼るのではなく、オンラインとオフラインのハイブリッドで計画することも重要です。例えば、「郵送DMやアウトバウンドコールでオンラインセミナーを告知し、会員登録を促す」や「営業商談時にアンケート回答を依頼して、アドレス化を促す」といった取り組みです。オンライン化を推進することで、リストの再利用の可能性が高まります。

　また、インサイドセールスの役割も重要です。まだインサイドセールス組織がないのであれば、7-2の「**インサイドセールス組織の作り方–7つのステップ**」が参考になります。組織ができた後も、マーケティングとインサイドセールスとの連携は不可欠です。顧客への一貫性を保つためのコピーやメッセージの共有、制作するコンテンツの連動、価格や事例情報などの情報制限をそれぞれの組織でどこまで行うかといった設計など、綿密なやり取りが求められます。

　今後、顧客がオンラインを中心とした情報収集にしか頼ることができない状況が続けば、なおさらWebを中心とした商談前情報の重要度が増していくことが予想されます。一方で、各社が一挙にそのようなアクションを行うことで、総体としてのメール・Webセミナー・広告量が増え、いままでうまくいっていた企業も埋もれてしまう可能性があります。競合の動きや新しい手法の登場に目配りをしながら、常に実験を積み上げていくことが求められます。

押さえるべき
外部環境の変化

- あらゆるマーケティング手法がオフラインからオンライン重視へ
- 営業前プロセスの重要度が増大する
- 競合他社も積極的にWebを活用することで自社施策が埋もれる可能性の検討

見直し
チェック項目

- [ ] ハウスリストのデータが精査され、活用できる状態にあるか?
- [ ] ハウスリストのうち、住所や電話番号だけでなく、デジタルマーケティングに耐えうるメールアドレス等の情報が十分にあるか?
- [ ] マーケティング施策から新規リードが定常的に獲得できる状態にあるか?
- [ ] MQL／SQLのルールが明確か?
- [ ] リードの質を判断するコンテンツを供給できているか?
- [ ] インサイドセールスが行動しやすいような、事前情報の捕捉ができているか?
- [ ] リードのクオリフィケーションの方法論が確立し、常に見直しが図られているか?
- [ ] マーケティングとインサイドセールスで一貫したメッセージ・コンテンツの設計ができているか?
- [ ] 定期的な手法の実験・見直しができているか?

見直しの
ポイント

- コントロールできるマーケティングへ。
  マーケティング施策により商談の増減ができる操作性を獲得し、商談化がある程度予測可能な体制を構築する。

　今、訪問をしない、もしくは訪問しなくても成り立つ営業プロセスへの変革が求められています。オンライン営業が中心となる環境が長く続くことで、今までの営業環境へと戻ったとしても、オンライン営業の利便性に気づいた顧客は元通りの営業を求めなくなるかもしれません。企業側としては、オフライン／オンラインいずれの形を求められても、適宜メリットに応じて対応できる営業プロセスを構築することが重要です。

　まずは営業プロセスの標準化が必須のアクションとなります。標準化の基本となるのは、オンライン営業でも着実な成果を上げているハイパフォーマーの分析です。ただし、特定のハイパフォーマーしかできない手法は、再現性がなく、標準プロセスとして適切ではありません。標準化という言葉の通り誰もが再現できること念頭に置き、実行しているアクションや手順を整理していきます。この標準営業プロセスで参考になるのは、2-6の「**標準営業プロセスマップ**」です。プロセスが明確に区切れるようになると、システムもより有効に機能するようになります。商談のステップが営業の感覚的な「確度」の管理から具体的な事象である「進度」として記録されるようになります。また、営業ステップごとのノウハウを共有し、他の人がそのノウハウを再活用できるようになり、成功モデルがより重厚なものになっていきます。

　標準営業プロセスが明確になると、改めて営業スキルの見直しも行っていく必要があります。オンライン営業への転換により、これまで通りの攻め方が通じないかもしれません。ここで参考になるのが、3-3の「**オンライン営業で重要となるスキル**」です。営業スキル全体から、更にオンライン営業で重点化するスキルを見直し、標準営業プロセスを実行できるようにトレーニングを強化します。

　社内に目を向けると、社内のマネジメントやOJTにもオンライン化の波が来ていることは見逃せません。テレワークに伴い営業の会議や指導もオンライン化したことで、標準化が進んでいない企業では、個々の営業担当が効果的な活動をしているのか捉えづらくなっています。かといって、結果数字だけマネジメントしようとしても、支援策が行動の後手に回り、パイプラインの上流に先手の対策を打つことができません。そこで案件マネジメントの設計図として3-6の「**顧客戦略の立案**」が参考になります。事前に顧客や案件ごとに標準営業プロセスで行う行動を定義することで、行動との差を把握し、予定とのギャップを埋めるための方法について建設的な議論ができます。オンラインでも行動可能な顧客戦略を立案・遂行し、マネジャーは3章・4章でも紹介されたコーチングやマネジメントの手順を参考にしながら、仮説と実行成果を埋める手助けをしていきます。

押さえるべき
外部環境の変化

- オンライン営業が常態化／ハイブリッド化する傾向
- 標準となる営業プロセスそのものにもオンライン化が影響
- 社内のマネジメントやコーチング／OJTプロセスにも変化

見直し
チェック項目

☐ ハイパフォーマーの分析ができているか？
　成功要因をつかめているか？

☐ 標準営業プロセスが把握できているか？
　オンライン営業に対応できているか？

☐ 営業フェイズを明確に定義できているか？

☐ 営業フェイズごとのノウハウを蓄積できているか？

☐ オンライン営業に合わせた営業スキルの見直しができているか？

☐ オンライン営業に向けたスキル強化ができているか？

☐ 社内のマネジメントがオンラインに対応できているか？

☐ OJTやコーチング、スキルアップ研修などがオンラインに対応できているか？

☐ 案件マネジメントがオンラインを前提として顧客ごとに立案されているか？

☐ 定期的に標準営業プロセスを見直し、レベルアップを図れているか？

見直しの
ポイント

ハイパフォーマーの行動を再現可能にする。
営業プロセスの標準化により、
質の高い営業の再現性を高める。

　こういったマネジメントサイクルを繰り返すことで、標準営業プロセス自体にも良い結果／悪い結果がフィードバックされ、より洗練されたモデルになっていきます。

カスタマーサクセスの考え方や手法は、自社が取り扱う製品・サービスがサブスクリプションモデルでなくても有効です。

受注後の営業担当者の動きは企業によってさまざまです。営業からは完全に手が離れることもあれば、案件のプロジェクトマネジャーとして最後まで面倒をみることもあります。その企業内でも営業担当によってバラバラのアクションになっている場合もあります。営業の手が過度に受注後プロセスにかかっているなら、このカスタマーサクセスの視点が営業の効率化・標準化を助けてくれるかもしれません。

まずは、営業の受注後の動き方を振り返り、無駄を省き効率化できる点はないか検討します。他方で、顧客の視点から見直し、現状のサポートを越える支援ができないかを検討します。

営業を効率化しながらも、顧客の成功確率が上がる可能性があれば、カスタマーサクセスを別組織として立ち上げる効果が期待できます。また、現在の受注後プロセスが受動的なサポート組織しかなく、顧客の継続率や再受注率が低い場合も同様にカスタマーサクセスによって、新しいモデルが構築できないかを検討していきます。

カスタマーサクセス組織を作るには、受注後のカスタマージャーニーの分析が不可欠です。契約後や受注後に顧客がどのように、顧客の成功までの道筋をたどるのかを整理し、その道筋に対してどのような支援ができるのかを具体化していきます。カスタマージャーニーの例については8-3の「**契約後のカスタマージャーニー**」が参考になります。カスタマージャーニーと顧客の階層に合わせて、ハイタッチ／ロータッチ／テックタッチでの各支援策を検討し、現在不足している機能を強化します。

また、別の角度で見るとカスタマーサクセスは受注後の顧客を知るための重要な組織です。日々のサービス利用状況に加え、ハイタッチ／ロータッチ／テックタッチ各施策の活用状況を捕捉することで、顧客をリアルタイムに把握するデータが蓄積していきます。データが蓄積されることで、立案される仮説もより練度を増していきます。

顧客のデータをたくさん持つことができれば、カスタマーサクセスは様々な部門に良い影響を与えることができるようになります。フィールドセールスには既存顧客の追加商談を、マーケティングにはコンテンツや集客施策へのヒントを、サービス開発には次期開発計画へのヒントを、経営には経理数字だけでは分からない顧客の実態を、それぞれ発信することができます。カスタマーサクセスは受注後を担当する部門だけが意識すれば十分というものではありません。顧客の情報がカスタマーサクセスを通じてさまざまな部門へ伝達され、会社全体へ浸透することで、顧客を中心に考えるビジネスの基盤が整っていきます。

押さえるべき
外部環境の変化
- サポート／支援体制もオンライン化の傾向に
- 顧客のビジネスゴールや期待そのものが変化している可能性の考慮
- サービス利用状況やサポート利用状況のユーザーデータの捕捉が容易に

見直し
チェック項目
- [ ] サポートとカスタマーサクセスの役割分担ができているか？
カスタマーサクセスの役割を果たす活動ができているか？
- [ ] 顧客のビジネスゴールを理解しているか？
それを支援する部門があるか？
- [ ] 受注後のカスタマージャーニーを理解しているか？
- [ ] 受注後のカスタマージャーニーに合わせてコンテンツや対応が準備できているか？
- [ ] ハイタッチ向けの個別対応メニューが充実しているか？
- [ ] ロータッチ向けの集団対応メニューが充実しているか？
- [ ] テックタッチ向けの一括対応メニューが充実しているか？
- [ ] チャーンレートなど主要KPIの把握できているか？
- [ ] 成功スコアが測定可能で、常に確認できる状態にあるか？
- [ ] 多部門連携し、受注後の顧客の情報が社内に拡散される仕組みがあるか？

見直しの
ポイント
顧客の成功へ寄り添う。
カスタマージャーニーごとに能動的な対策を打ち、
成功スコアをハイレベルに保つ。

　労働人口の減少が叫ばれる中、優秀な営業担当やマーケティング人材を確保するだけでも難しくなっています。加えて営業やマーケティングのシステム化が着々と進んでおり、それらのテクノロジーを自在に活用できる専門性の高い人材となると、なお人材は潤沢ではありません。一方で、働き方が多様化し、マーケティングやテクノロジー分野ではクラウドワーカーや副業といった多様な人材供給環境ができつつあることも見逃せません。

　推進体制を考える上では、まず目指すモデルや実行計画に対して、不足している人員やスキルを見極めることが重要です。その不足している人員やスキルについて明確にし、「育成」によって社内リソースから確保するのか、「採用」によって新たに人材を確保するのか、「外部支援」によって必要な専門性とマンパワーを確保するのかを検討していきます。どの選択肢も決して簡単ではありませんが、自社内での育成は欠かすことができません。一時的に採用や外部委託を行うにしても、その人材や会社、スキルを評価するための基本的な知識が必要だからです。また、採用や外部支援はマーケティングや営業の特定のスキルがあったとしても、自社に固有の製品知識や業界知識が最初からあるわけではありません。育成環境はしっかりと整え、最終的には自走できるようなモデルを目指す必要があります。特に営業人材の育成については、4-1の「**営業人材育成モデル**」が参考になります。中長期的に人材を輩出できるように地盤を固めていく必要があります。最終的には自走化を目指すとしても、求める人材やスキルが不足している場合は、立ち上げ期、並走期、自走期に分けて外部支援も活用しながら中長期的な推進体制を構築します。

　また、人材と合わせて大切なのが、マネジメントの方法とマネジャーの育成です。4章で指摘されているようにマネジャーの育成は特に重要です。マネジャーが育つことで、組織間が対立するのではなく潤滑的に動くようになり、多くのメンバーに波及効果があります。マネジャーの育成はこのマネジメントの仕組みと合わせて見直していきます。

　更に、横断的な組織の在り方についても議論が必要です。セールスイネーブルメントに代表される横断的な組織が介在することで、メンバーのスキルが一部不足している場合でも補完することができます。また、全体的な視点を持ちながら、もし軌道がそれてしまった場合に、軌道修正もしやすくなります。セールスイネーブルメントという名称ではないとしても、例えば、システムの導入などをプロジェクトチーム型で推進してきた場合は、その組織が横断的な後継組織となり、統合的な視点を絶やさないようにするような工夫もできるでしょう。

押さえるべき
外部環境の変化

- マネジメントや研修・ミーティングレベルにもオンライン化の波
- 労働人口の減少や専門性の高い人材の不足
- クラウドワーカーや副業など多様な人材供給環境

見直し
チェック項目

- [ ] 新しい営業モデルに合わせたスキルやコンピテンシーが明確にできているか?
- [ ] 必要な営業・マーケティングのスキルを持つ人材を確保できているか?
- [ ] 営業・マーケティングのスキルを高める研修や支援体制が構築できているか?
- [ ] 専門性を確保できる採用活動や外部支援体制確保ができているか?
- [ ] マネジャーの育成モデルは確立しているか?
- [ ] オンライン環境に合わせたマネジメントに適したツールが導入されているか?
- [ ] コーチングやコミュニケーションの在り方が、オンライン化に適用できいるか?
- [ ] 将来的な自走化を目指した準備ができているか?
- [ ] 営業とマーケティング全般を見渡しながら、横断的な支援ができる組織や体制があるか?
- [ ] それら統合的な組織に組織を横断してアクションを主導できる権限があるか?

見直しの
ポイント

成功に必要な体制を逆算する。
自走化・内製化の推進と多様な人材リソースの活用を
バランスよく行う。

　この検証や改善に関する方法の見直しは、一定の経験値がある組織では②③の「仕組みの見直し」と同時に行うことが理想的です。まだ、経験の浅い組織であれば参考となる数字が乏しいことから、計画を進め、実情に合わせながら数字や検証方法を確定するほうが現実的です。

　まずは目指す営業プロセスや組織の在り方に合わせて、これまでの章で登場した各ステップでのKPIを参考に、目標とする数値と値を設定していきます。また、それらのKPIにインパクトを与える周辺の数字も捕捉できるようにしていきます。個々の営業活動やマーケティングの各施策、それらの成否も蓄積されていくことで、データによる検証が可能な統合プラットフォームを目指していきます。

　ただし、データを有効に扱う組織へと変革する上で、大前提として3つの点をクリアしなければなりません。1つは、データが正しいことです。データを提供する各部門がデータを隠したり、欠損があったり、うそがある状態であったりすると、正確な分析ができません。これはシステムが義務的に使われており活用の浸透度合いが思わしくない場合などに起こりがちです。システムへの入力が自身にとって有用であり、データ提供者にとっても良いフィードバックとして返ってくるというベネフィットまで設計ができることが理想的です。

　2つ目は正確なデータが連携できることです。多様なデータが連携し、蓄積するとデータも膨大になります。データの量への対応は不可欠です。また、データの持ち方や整形方法、クレンジングなどが正しくないと、データはあっても活用できないという状態になりかねません。データの質への対応も不可欠です。データの量と質への対応が担保されて、初めてあらゆるメンバーが活用できる土台となります。

　3つ目はデータが開かれていることです。データは公平に、どんな切り口からも見られるように公開され、多様な視点（ダッシュボードも、ドリルダウンも）で見ることができることが重要です。ただし、階層や立場によって見たいデータは異なるため、さまざまなパターンのダッシュボードを用意するなどの工夫が必要です。立場別の見せ方については5-9の「立場に応じたダッシュボードの見せ方/内容」が参考になります。

　これらのデータの3つのポイントを押さえた上で、データを活用し改善へとつなげていきます。しかし、データを置いているだけでは改善は遂行されません。改善施策の指揮系統として、セールスイネーブルメント組織や各部門長などの権限を明確にし、統合的な視点から改善策を講じるプロセスを確立します。一方で、各組織で改善内容を自ら発見し、実行できるようにする工夫も大切です。無理してデータを見に行かなくても見える、気づく仕掛けをすることで、自発的な改善実行へとつなげていくことができます。

押さえるべき
外部環境の変化

- セールステック・アプリケーションなどのシステムの多様化
- データの質が多様化し、データの量が膨大に
- 営業・マーケティング分野における本格的なAI活用事例が増大

見直し
チェック項目

- [ ] 戦略レベルでのKPI決定・測定はできてるか?
- [ ] マーケティングのKPI決定・測定はできてるか?
- [ ] インサイドセールスのKPI決定・測定はできてるか?
- [ ] フィールドセールスのKPI決定・測定はできてるか?
- [ ] カスタマーサクセスのKPI決定・測定はできてるか?
- [ ] 統合部門のKPI決定・測定はできてるか?
- [ ] 多様なデータを蓄積し、自由度高く扱えるだけのデータプラットホームが実現できているか?
- [ ] ダッシュボードをはじめとする全体像をつかめる工夫があるか?
- [ ] だれでもドリルダウンして詳細データが見れる自由度の確保はできているか?
- [ ] データを活用する人が自ら気づくためのアラートや能動的にデータを活用するための仕組みが用意されているか?

見直しの
ポイント

公平なデータへのアクセスが成熟した組織に導く。
データを鳥の目からも、アリの目からも自在に見ることができるデータプラットフォームの構築を。

本格的なAI活用に向けて

近年、SFAやMAといった企業の根幹に関わるシステムだけでなく、多様なセールステックが登場し、普及を拡大しています。Salesforceでは、ビジネスアプリケーションのマーケットプレイス「AppExchange」を展開しており、SFAやCRMといったコアとなるシステムと連携できる周辺の領域にもさまざまアプリケーションが登場しています。今後も、システム範囲拡大に伴い多様なデータが取得できるようになることが予想されます。特に、営業とマーケティングの分野では、すでに多くの自動化ツールが活用されており、これまで単なる自動化を行っていたツールも、判断にAIが入ることでより頼もしいツールになります。実際に、AIを本格的に活用した事例も増えてきています。

AIの活用については、インプット（活用するデータ）とアウトプット（出力するデータや活用する自動化ツール）に分けて考えると整理しやすくなります。

インプットでは、The Modelに代表される4つのプロセスのデータ間のデータ保持と連携が重要です。マーケティングであれば、広告成果が営業での受注データとつながることで、同じリード獲得単価であっても商談価値から見ると広告の評価が変わることもあります。特にリードタイムが長いBtoB商材では長い目で分析しないと効果が分からないマーケティング施策もありMQLレベルではなく、SQLやLTVまで見越した詳細の広告成果分析が期待されます。

また4つのプロセスと人事データのクロスも先行例があります。例えば、どのような教育研修を受けたメンバーの営業成績がよいのかを分析し、成果から逆算し研修メニューを立案するといったケース。また、メンバーのスキルや具体的な行動を解析し、適切なタイミングでコーチングを行うようなケースなどです。更に、業績データとの紐づけでは、パイプラインから売上や利益の予測が精密になることが期待されます。精度が上がれば、生産計画や次期開発計画、人事計画など経営のより根幹の計画へと有益な示唆を与えます。

ここまで見てきた「営業とマーケティングの統合戦略」を見直す意味は単にオンライン時代の環境に適用するというものではありません。営業もマーケティングの活動がデータ化されることで、顧客を知るためのデータがあらゆる角度から蓄積できるようになります。データを基に営業とマーケティングが統合的に立案され、連動して動くようになります。その循環が、新たな顧客の体験を生み出し、さらなる顧客の反響データが蓄積され、精度が上がっていきます。これらの一連の流れを通じて、顧客との接点が統合的にデータ化され、中長期的な成長の土台になるのです。訪問ができない前提で考えることで、強靭なモデルを考える大きなヒントをくれています。

図1 本格的な AI 活用に向けた準備へ

インプット

マーケティング	インサイドセールス	フィールドセールス	カスタマーサクセス
広告データ 広告出稿、反響のよかった広告、特定の企業が反応した広告のデータなど	**MA** MAに蓄積されるアクセスデータ・メール等への反響データ	**SFA** 営業活動の履歴や日報、商談情報などのSFA活用データ	**CRM** 契約、売上、利用情報などの顧客データ
IPアドレス ウェブサイト訪問時のIPアドレスを基にした企業アクセスデータ	**Web閲覧履歴** オープンサイトに加えて、会員サイトやクローズサイトを含めた閲覧履歴データ	**セールスログ** メール配信や電話など、細かなセールス活動の履歴データ	**ヘルプデスク情報** ヘルプやサポートの活用状況データ
外部企業情報 ハウスリスト増強や質の向上のための外部企業データ	**イベントデータ** ウェビナーやオンラインイベントの参加状況、参加時のアンケートデータ	**オンライン商談データ** オンライン商談時の音声や映像データ	**サービス利用状況** サービスのログイン状況や利用状況データ
CXツール Web接客やチャットシステムなどの顧客体験向上のためのツールデータ	**商談音声データ** アウトバウンド／インバウンド時のコールの音声や議事データ	**名刺情報** 過去の名刺データや、名刺の変更情報、変更履歴データ	**FAQ・サポートサイト** サポートサイトなど自己解決向けのツールの活用データ

他部門データ

業績データ	人事・組織データ	教育・研修データ	アンケートデータ
売上や利益率などの業績データ	組織メンバーや評価、経歴、給与などの人事データ	受講した研修や研修での成績など教育データ	ユーザーアンケートやCS調査、社内アンケートなど

AIや自動化ツール活用

アウトプット

AIによる自動化

マーケティング自動化	初動対応の自動化
広告配信やコンテンツ閲覧、フォーム遷移、メール配信などの自動化	初動対応やカスタマージャーニー対応の最適化・自動化
アポイント自動化 商談アポイントメントや初期アプローチの自動化	**提案・見積の自動化** 提案資料・見積作成の自動化・高速化
契約対応の自動化 契約や与信などの契約対応の自動化	**顧客サポートの自動化** オンボード自動化や成功スコアに合わせたサポートの実現

AIによる高度予測

AIターゲティング	コンテンツ最適化
重点顧客やアタックリストの優先度をAIが取得・判定	過去の閲覧状況や反響のある広告、商談状況から最適なコンテンツや接客方法を選択
コンタクト方法の最適化 接触方法や時間帯などコンタクト方法の最適化	**AIによる研修最適化** 業績データとの連動性が高い研修選定や実施方法の最適化
業績・パイプライン予測 マーケティング初期段階からの業績予測やパイプラインマネジメントの高度化	**AI人事考課・採用支援** 人事考課の高度化や採用時のコンピテンシー・スキル診断

　個々の施策を高い確率で成功に導くことは決して簡単ではありません。自社なりの新しいモデルへと変革するためには、粘り強いアクションが必要です。ぜひ、本書を参考にしていただきながら、新しいモデルの獲得を目指していただきたいと思います。

株式会社パーソル総合研究所
PERSOL RESEARCH AND CONSULTING CO., LTD.

　当社は営業力強化の分野で30年以上の実績があります。この間、「営業パーソンのスキルアップ」「営業プロセスの標準化」「新規開拓力の強化」「営業戦略の立案」「顧客との長期的な関係構築」「SFAの導入・活用コンサルティング」など、営業のさまざまなテーマと向き合い、自動車、ヘルスケア、ITをはじめ幅広い業種において、お客様の課題解決を支援してきました。個人の能力開発にとどまらず、営業現場での実践や定着を通じて営業成果の実現を見据えた伴走型の支援を強みとしています。

　この30年で「営業」は大きく変化しました。当社は、30年前からグローバルで培われたノウハウを活用し、科学的な顧客アプローチや顧客の真のニーズを明確にする営業スキルを獲得する研修プログラムを提供してきました。また、商品の特徴や利点にフォーカスした営業から、顧客のビジネスにより深くコミットし顧客の課題に対して自社の総合力をもって創造的な解決策を提供するソリューション営業への転換を図る事例も多く支援しています。組織をあげたソリューション営業は、顧客と自社の双方が利を得られる長期的なパートナーシップ形成につながり、この信頼関係が競争優位を実現し、長期にわたって自社の成長と発展を支えるものと考えます。更に、昨今では、営業組織の枠を越え、マーケティングやカスタマーサクセスなど顧客接点に関わるすべての機能に一貫した施策を促す組織横断的なセールスイネーブルメントという考え方を取り入れたテーマにも取り組んでいます。また、コロナ禍で急速に進むオンライン営業への転換を包括的にサポートするマネジメントガイドも公開しています。

　パーソル総合研究所は、2021年4月、パーソルラーニング（旧 富士ゼロックス総合教育研究所）と同社が組織統合し、新生パーソル総合研究所としてスタートしました。

　パーソルグループのシンクタンク・コンサルティング機関として、「はたらいて、笑おう。」というグループビジョンの下、「一人ひとりの"はたらく力"を解き放ち、人と組織の躍進を実現する」ことを使命としています。労働人口の減少や個人の就業意識の多様化、サービス産業化やデジタル化、リモートワークや兼業/複業の進展など、急速に変化する労働環境において、これまでにはない新たな雇用のあり方や働き方、組織マネジメントや人材開発が求められています。

　こうした環境において、営業力強化を含む人材開発・組織開発に加え、組織・人事分野を強みとするシンクタンク、コンサルティング、タレントマネジメントといった事業を1社に統合することで、ソリューション間の連携強化を図り、ますます複雑化し難易度が高まっているお客様の人事・組織課題に多面的に寄り添い、これまで以上にご信頼とご期待を頂けるよう取り組んで参ります。

1 営業力強化の全体像「体系的な営業マネジメント力強化の取り組みモデル」

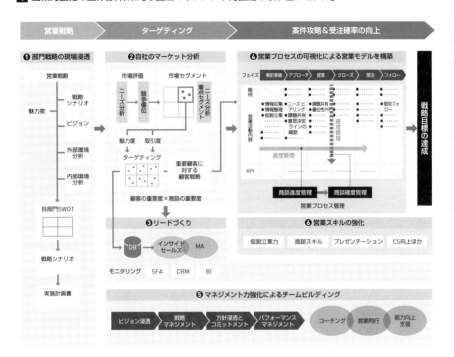

2 パーソル総合研究所の特徴

人と組織の躍進パートナーとして
課題に向き合い、解決に寄り添う

すべての出発点は〈人〉。
一人ひとりの力がいかんなく発揮されれば、必ず組織は成長する。
パーソル総合研究所は、人と組織に関するさまざまな調査・研究活動を通して《知》の創造・発信に努めるとともに、そこで得た《知》を活用しながら、コンサルティング、人材開発・教育支援、タレントマネジメントといったソリューション提供を通じて、お客様の人と組織の躍進を実現します。

公式サイト　https://rc.persol-group.co.jp/

株式会社セールスフォース・ドットコム
salesforce.com Co.,Ltd.

セールスフォース・ドットコムは、「お客様の成功が、私たちの成功」という信念のもと、サブスクリプションモデルで世界No.1のCRM（顧客管理システム）を提供する企業です。1999年米国サンフランシスコで創業し、翌年2000年には日本オフィスを立ち上げ、国内でも規模や業種業態を問わず、多くのお客様をご支援してきました。

また、「ビジネスは社会を変えるための最良のプラットフォーム」という創業者マーク・ベニオフの理念を体現する企業としても知られています。創業当初から毎年、就業時間の1%、株式の1%、製品の1%を寄付する取り組みである1-1-1モデルを通じてビジネスと社会貢献を両立してきました。

こういった活動は外部機関からもご評価をいただいており、Forbes誌による「世界で最も革新的な企業」ほか、フォーチュン誌の「働きがいのある会社100選」にも11年連続で選出されています。

製 品

Salesforce Customer 360というコンセプトのもと、マーケティングから営業活動、購入後のサポートに至るまで、企業と顧客の接点を包括的にカバーし、お客様を360度理解するための製品群を提供しています。これらのアプリケーションは拡張性と柔軟性に優れたひとつのプラットフォームの上に構築されており、顧客情報を一元管理することができます。

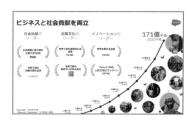

ここでは、本書で取り上げるセールスとマーケティングの製品についてご紹介します。

Salesforce Sales Cloud

Salesforceが提供するSFA（営業支援システム）です。見込客の開拓、提案活動、リピーター作りまでの全ての営業プロセスを一元的に管理し、目標管理や売上予測を的確に行うことで、売上向上に直結する営業活動を実現します。

詳細はこちら https://www.salesforce.com/jp/products/sales-cloud/overview/

①顧客の情報もチームの状況を漏れなくリアルタイムに把握

営業担当者が入力した情報は即時レポートやダッシュボードに反映。最新の情報を元に取るべきアクションを決めることができます。同じプラットフォームで動くMAや他のアプリケーションと連携することで、オンライン上の動きや他部門との接触履歴も一画面で確認し、顧客一人ひとりへの理解を深め、最適な活動を行うことが可能です。

②営業プロセスを改善して生産性を向上

顧客とのメールを手入力で記録したり、承認を取得するためにマネージャーが帰社するのを待つ必要はもうありません。作業は自動化して、顧客との商談に割ける時間を増やしましょう。もちろん、Sales Cloudはモバイルにも対応しているので、出先やテレワーク中でも生産性を下げずに業務を行うことができます。

③AIを活用したスマートでインテリジェントな営業活動

CRMのためのAIであるEinsteinがSalesforceに蓄積されたデータを分析し、営業担当者に示唆を与えてくれます。例えば、Einsteinによって点数化された見込み度合を元に優先順位付けをすることで、より成約に至りやすい顧客から順にアプローチし効率の良い営業活動を行うことができます。

▍ Salesforce Pardot

Salesforceが提供するMA(マーケティングオートメーション)です。施策実行を自動化し、顧客のオンライン上における活動を可視化することで、営業やマーケティング担当者が少ない人数や投資で大きな成果を上げられるようサポートします。

詳細はこちら https://www.salesforce.com/jp/products/marketing-cloud/marketing-automation/

①ベストなタイミングで適切な内容を届ける1to1のマーケティングを実現

メール開封、リンククリックといった顧客のアクションや時間経過などの条件に基づき、自動的にマーケティング施策を実行します。動的なデータを活用して、顧客の興味関心に合わせてパーソナライズされたコンテンツを届けましょう。

②営業ともシームレスに連携し商談を支援

取得した情報はマーケティングのみならず営業チームとも共有。過去に送ったメールを開いている、価格ページを訪問しているなど、顧客が営業担当者に連絡する前の動きを捕捉し、アプローチのチャンスを逃しません。

③分析機能で投資対効果や施策の結果を把握してPDCAを回せる基盤づくり

様々なマーケティング施策を一つのプラットフォームで一元管理しましょう。それぞれの活動がどの程度成果に繋がったのか、キャンペーンの成果をチャネル別に分析することで次の予算をどの施策に投資するか、データドリブンで建設的な判断を可能にします。

著者プロフィール

株式会社ウィット

渥美 英紀

株式会社ウィット 代表取締役
BtoBのさまざまな業界の売上アップ・ブランド強化・営業改善など300
以上のプロジェクトを推進。代表を務める株式会社ウィットでは、ウェ
ブマーケティングを高い確率で成功に導くことをコンセプトに、コン
サルティング・ウェブマーケティング支援・ウェブサイト制作・コンテ
ンツ制作などを行う。2009年に『ウェブ営業力』(翔泳社)、2011年に
『Webマーケティング基礎講座』(翔泳社・共著)、2017年に『BtoBウェ
ブマーケティングの新しい教科書』(翔泳社)を執筆。

株式会社パーソル総合研究所

坂口 陽一

株式会社パーソル総合研究所 エグゼクティブコンサルタント
学校法人東京スクール・オブ・ビジネスで販売士講師を経て、富士ゼロッ
クス株式会社教育事業部に入社。その後、富士ゼロックス総合教育研
究所(現パーソル総合研究所)に転籍し、コンサルティング営業部門の
責任者(兼プリンシパル・コンサルタント)として、自動車業界、製薬業
界、金融業界など200社以上を担当。講師では、営業力、マネジメント力、
リーダーシップ力、モチベーション向上など研修受講者数50,000名以
上を修了させる。現在は、ベストパフォーマンストレーナーの役割を担っ
ている。

河村 亨

株式会社パーソル総合研究所 シニアコンサルタント
1990年、機械商社を経て富士ゼロックス総合教育研究所(現パーソル
総合研究所)に入社。営業力強化を中心とした教育の営業やマネジメン
トに携わり、2004年よりシステムを活用し、教育の成果を創出するた
めのSFA現場定着コンサルティングに従事。2010年より営業戦略の立
案/展開⇒実行/定着をトータルで強化する「戦略実行支援」を展開、現
在に至る。著書に「自ら考え戦略的に動く営業集団をつくる 3つのフ
レームワーク」「Sales Enablement アカウント型BtoB営業における
営業力強化」など。

株式会社セールスフォース・ドットコム

秋津 望歩

株式会社セールスフォース・ドットコム マーケティング本部 プロダクトマーケティングシニアマネージャー
SIerでの文教市場の営業担当を経て、2015年にセールスフォース・ドットコムへインサイドセールスとして入社。インバウンド、アウトバウンドの両方を担当し、入社以来15ヶ月連続で達成。2016年よりCRMおよびB2Bマーケティングオートメーション関連の製品マーケティングを担当。

広瀬 佑貴

株式会社セールスフォース・ドットコム ソリューション営業本部 Pardot第二営業部 部長
大学院卒業後、BtoBマーケティング支援のベンチャー企業に入社。アウトバウンドテレマーケティングの営業を経て、MAツールの新規営業を担当。2016年にセールスフォース・ドットコムに入社し、同社の扱うMAツール「Pardot」の国内販売の立ち上げに参画。現在同チームのマネジメントに従事。

鈴木 淳一

株式会社セールスフォース・ドットコム セールスディベロップメント本部 執行役員 本部長
広告系ベンチャー企業の営業マネージャーを経て、2010年インサイドセールスとしてセールスフォース・ドットコムに入社。外勤営業を経験した後、インサイドセールス部門にてマネジメントを行う。インサイドセールスにてスタートアップ/中堅中小およびエンタープライズ部門を統括。インサイドセールス、The Model、SaaSのノウハウ提供も行う。

坂内 明子

株式会社セールスフォース・ドットコム カスタマーサクセス統括本部 サクセスプログラム本部 本部長
大学卒業後、米シアトルの新聞社にてインターンシップを経験し、帰国。その後、2004年セールスフォース・ドットコム入社、インサイドセールス（内勤営業）、カスタマーサクセス（CRM活用支援）、セールスエンジニアを経験し、現在はお客様向けサービスの企画やマーケティングを、コミュニティ運営を含めて担当している。

ブックデザイン・作図	宮嶋章文
レイアウト	BUCH$^+$
編集	関根康浩

訪問しない時代の営業力強化の教科書
営業×マーケティング統合戦略

2021 年 5 月 19 日　初版第 1 刷発行

著　　　者	株式会社セールスフォース・ドットコム 株式会社パーソル総合研究所
編 著 者	渥美英紀（あつみひでのり）
発 行 人	佐々木幹夫
発 行 所	株式会社翔泳社（https://www.shoeisha.co.jp）
印刷・製本	株式会社廣済堂

ISBN 978-4-7981-6791-6　　　　　　　　　　　　　　　　　　Printed in Japan